Freiheit, Wettbewerb und Wirtschaftsordnung

Wirtschaftswissenschaftliche Fakultät
der Albert-Ludwigs-Universität Freiburg

Walter Eucken Institut Freiburg

Freiheit, Wettbewerb und Wirtschaftsordnung

Hommage zum 100. Geburtstag
von Friedrich A. von Hayek

Herausgegeben
von
Viktor Vanberg

Haufe Verlagsgruppe
Freiburg · Berlin · München
1999

Die Deutsche Bibliothek – CIP-Einheitsaufnahme

Freiheit, Wettbewerb und Wirtschaftsordnung :
Hommage zum 100. Geburtstag von Friedrich A. v. Hayek /
Wirtschaftswissenschaftliche Fakultät der Albert-Ludwigs-
Universität ; Walter-Eucken-Institut, Freiburg. Hrsg. von
Viktor Vanberg. – Freiburg i. Br. ; Berlin ; München :
Haufe-Verl.-Gruppe, 1999
ISBN 3-448-03985-3

ISBN 3-448-03985-3 Best.-Nr. 00918

Einband-Entwurf: Marei Bittner, Graphik *freelance*, Freiburg
Satz und Druck: Rombach Druck- und Verlagshaus GmbH & Co. KG, Freiburg

Gliederung

Vorwort

Friedrich August von Hayek, geboren am 8. Mai 1899 in Wien, studierte in seiner Heimatstadt Rechts- und Staatswissenschaften. Nach den Promotionen zum Dr. jur. im Jahre 1921 und zum Dr. rer. pol. im Jahre 1923 folgte 1929 die Habilitation. Ab 1931 lehrte Hayek an der London School of Economics, wo er sich mit dem sozialistischen, dem keynesianischen und dem neoklassischen Gedankengut kritisch auseinandersetzte. Das Buch „The Road to Serfdom" (1944) und die Aufsatzsammlung „Individualism and Economic Order" (1948) sind lebhafte Zeugnisse dieser Schaffensphase. 1950 wechselte Hayek an die University of Chicago. Hier entstand neben „The Sensory Order" (1952) und „The Counter-Revolution of Science" (1955) das epochale Werk „The Constitution of Liberty" (1960) über die Grundlagen freiheitlicher Gesellschaftsordnungen.

1962 nahm Hayek den Ruf auf einen Lehrstuhl für Wirtschaftspolitik an der Albert-Ludwigs-Universität in Freiburg an und wurde wenig später in den Vorstand des Walter Eucken Instituts gewählt. In der folgenden Zeit entstanden unter anderem seine wichtigen Beiträge zur Theorie spontaner Ordnungen und die Konzeption des Wettbewerbs als eines Entdeckungsverfahrens. 1967 wurde Hayek emeritiert, übernahm aber die Vertretung seines früheren Lehrstuhls bis 1969. Die Bedeutung seines Werkes kommt nicht zuletzt darin zum Ausdruck, daß er 1974 den Nobelpreis für Wirtschaftswissenschaften erhielt. Nach einem mehrjährigen Aufenthalt als Honorarprofessor in Salzburg kehrte Hayek 1977 nach Freiburg zurück. Das Walter Eucken Institut ernannte ihn 1978 zu seinem Ehrenpräsidenten. In dieser Zeit vollendete er die Trilogie „Law, Legislation and Liberty" (1974, 1976, 1979), die in wesentlichen Teilen bereits in den sechziger Jahren entstanden war und die neben „The Constitution of Liberty" als Hayeks wichtigstes Werk anzusehen ist. 1988 erschien seine erneute Generalabrechnung mit dem Sozialismus „The Fatal Conceit – The Errors of Socialism“. Hayek starb am 23. März 1992 in Freiburg.

Friedrich August von Hayek kam 1962 nach Freiburg, um, wie er in seiner Antrittsvorlesung am 18. Juni 1962 sagte, „die Überlieferung aufzunehmen und fortzuführen, die Eucken und sein Kreis in Freiburg und in Deutschland geschaffen haben.“ Walter Eucken, Mitglied der Fakultät von 1927 bis 1950, war Begründer der Freiburger Schule, konnte aber durch seinen frühen Tod das begonnene Werk nicht weiterführen. Hayek gab der Freiburger Schule wesentliche neue Akzente und erweiterte sie zu einer umfassenden Theorie über die Funktionsbedingungen marktwirtschaftlicher Ordnungen und über die Grundlagen freiheitlicher Gesellschaftsordnungen insgesamt.

Wie kaum ein anderer Sozialwissenschaftler dieses Jahrhunderts hat er die Forschung auf diesen Gebieten vorangetrieben und geprägt.

* * *

Am 8. Mai 1999 wäre Friedrich August von Hayek einhundert Jahre alt geworden. Die Wirtschaftswissenschaftliche Fakultät der Albert-Ludwigs-Universität Freiburg und das Walter Eucken Institut gedenken des großen Ökonomen und Sozialphilosophen, indem sie ihm das vorliegende Buch widmen. Es umfaßt, im Original und in deutscher Übersetzung, zwei Vorträge, die James Buchanan und Douglass North im Rahmen der Festveranstaltung anläßlich des hundertsten Geburtstages am 6. Mai 1999 in Freiburg hielten, sowie die Neuauflage von sechs Friedrich-August-von-Hayek Vorlesungen, die in den Jahren 1989 bis 1994 Herbert Giersch, Christian Watrin, Ernst-Joachim Mestmäcker, James Buchanan, Erich Hoppmann und Hans Albert bestritten und die als Monographien beim Haufe Verlag erschienen sind.

Die Wirtschaftswissenschaftliche Fakultät und das Walter Eucken Institut danken Viktor Vanberg dafür, daß er die Herausgabe des vorliegenden Bandes übernommen hat, und sie danken Wendula Gräfin von Klinckowstroem für die Übersetzung der Vorträge von James Buchanan und Douglass North in die deutsche Sprache.

Professor Dr. Günter Knieps
Dekan der Wirtschaftswissenschaftlichen Fakultät
der Albert-Ludwigs-Universität Freiburg

Dr. habil. Lüder Gerken
Direktor des Walter Eucken Instituts Freiburg

Vorwort des Herausgebers

Wie können Menschen ihr Zusammenleben in einer für alle Beteiligten möglichst wünschenswerten Weise ordnen, angesichts der unvermeidlichen Begrenztheit des Wissens, auf das sie sich bei ihren diesbezüglichen Bemühungen stützen können? Diese Frage kann man wohl als das zentrale Thema ansehen, das sich durch F. A.von Hayeks umfangreiches Lebenswerk hindurchzieht, und das den sich über sechs Jahrzehnte erstreckenden Produkten seiner wissenschaftlichen Schaffenskraft eine bemerkenswerte Kohärenz verleiht. Um diese Frage geht es bei Hayeks Kritik an der „Anmaßung von Wissen", die er bei jenen gesellschafts- und wirtschaftspolitischen Konzeptionen diagnostiziert, für die er den Namen „konstruktivistischer Rationalismus" geprägt hat, von den umfassenderen Vorstellungen sozialistischer Gesellschaftsplanung bis hin zu diversen moderateren Konzepten von Wirtschaftssteuerung. Und um diese Frage geht es ebenso bei Hayeks Verteidigung der Grundprinzipien einer freiheitlichen Gesellschaftsordnung und bei seinen Argumenten zur universellen Bedeutung von „Wettbewerb als Entdeckungsverfahren", als dem wichtigsten Instrument, das Menschen zur Verfügung steht, um in den verschiedensten Bereichen ihrer Problemlösungsbemühungen Wissen aus Erfahrung gewinnen zu können. Daß Wettbewerb dabei stets in eine geeignete Rahmenordnung einzubinden ist, soll er seine wünschenswerten Wirkungen entfalten, war für Hayek ebenso selbstverständlich wie für die Vertreter der Freiburger Schule, wenn er diesen Gesichtspunkt auch nicht immer so nachdrücklich betonte wie jene.

Die in diesem Band zusammengefaßten Beiträge thematisieren, in der einen oder anderen Form, Probleme, die mit der genannten zentralen Fragestellung des Hayekschen Werkes zu tun haben, Probleme von Freiheit, Wettbewerb und Wirtschaftsordnung.

Viktor Vanberg

Moral und Gemeinschaft in der offenen Ordnung des Marktes

von

James M. Buchanan

I. Einleitung[1,2]

Bietet die allgemeine Geltung des Gleichbehandlungsprinzips im sozialen Zusammenleben eine Grundlage für echte Gemeinschaft zwischen den Beteiligten?[3] F. A. Hayek, für den ein solches Prinzip ein zentrales Merkmal der freiheitlichen Ordnung ist, scheint das Vorhandensein von kommunitaristischen Elementen in seiner eigenen Beschreibung einer solchen Ordnung nicht explizit anerkannt zu haben. Tatsächlich taucht das Wort *Gemeinschaft* in den Registern zu Hayeks wesentlichen Werken nur vereinzelt auf. Zum Teil rührt eine solche Vernachlässigung natürlich daher, daß der „Kommunitarismus" während Hayeks produktiver Zeit noch nicht als ernsthafte philosophische Perspektive in Erscheinung getreten war. Zweck dieses Beitrages soll es daher sein, zwischen Hayeks Moralordnung und dem Gemeinschaftssinn, den moderne Philosophen so positiv beurteilen (Gray, 1995; Sandel, 1996), eine Brükke zu schlagen.

Das Versäumnis, die hier bestehende Beziehung klar zu erkennen, liegt freilich nicht nur auf einer Seite. Hayek unternahm keine Anstrengung, so etwas wie Gemeinschaftssinn in sein Konzept der offenen Moralordnung zu integrieren. Aber ebenso haben gerade die kommunitaristischen Philosophen übersehen, daß die Hayeksche Moralordnung wesentliche kommunitaristische Elemente enthält, selbst wenn diese sich von denjenigen unterscheiden, die üblicherweise hervorgehoben werden.

---

1 Aus dem Amerikanischen übersetzt von Wendula Gräfin v. Klinckowstroem.

2 Ich danke Dennis Coyle, Hartmut Kliemt, Viktor Vanberg und Young Yoon für hilfreiche Kommentare zu einer früheren Fassung dieses Beitrages.

3 Diese Frage ergab sich aus der Diskussion auf einer Liberty Fund Konferenz in Spitzingsee, Bayern, im Mai 1998. Die Konferenz befaßte sich mit dem von mir gemeinsam mit Roger Congleton verfaßten Buch „*Politics By Principle, Not Interest*" (1998), das das Hayeksche Gleichbehandlungsprinzip vom Bereich des Rechts auf politische Mehrheitsentscheidungen ausdehnt. Die Argumentation im Buch enthält keine spezifische Anerkennung kommunitaristischer Elemente, die sich aus der Anwendung der Gleichbehandlungsnorm ergeben könnten. Professor Michael Baurmann machte mich auf diese Beziehung aufmerksam.

In Abschnitt II werde ich die Moralordnung, die strenggenommen als „Hayeksche" bezeichnet werden kann, zusammenfassend darstellen. In Abschnitt III diskutiere ich kurz mein eigenes früheres Bemühen, eine Systematik von Moralumwelten zu entwickeln – eine Systematik, die im Kontext des Kernarguments des vorliegenden Beitrages zunächst Verwirrung zu stiften scheint – eine Verwirrung, die vielleicht auch zu meinem eigenen Versagen, die Rolle von kommunitaristischen Elementen in der klassischliberalen Ordnung richtig einzuschätzen, beigetragen hat. In Abschnitt IV sichte ich Hayeks Werk im Hinblick auf Bezüge zu kommunitaristischen Implikationen. In Abschnitt V diskutiere ich ausführlich die These, daß die Hayeksche Moralordnung stark kommunitaristische Eigenschaften aufweist, die sich allerdings vollkommen von denjenigen unterscheiden können, auf denen in ausgewiesenermaßen kommunitaristischen Schriften der Hauptakzent liegt. In Abschnitt VI gehe ich auf die Bedeutung der relativen Größe der öffentlichen und privaten Interaktionsbereiche ein. Abschnitt VII zieht abschließend ein Fazit.

II. Die Hayeksche Moralordnung

Bei der Ordnung, die das Beziehungsgeflecht zwischen Individuen und Gruppen in dem, was Hayek die „Großgesellschaft" nennt, definiert, geht es nicht um moralisches Verhalten in irgendeinem gängigen Sinn dieses Begriffs. Personen interagieren miteinander weder auf der Basis von instinktiven Impulsen noch auf der Basis von aufgrund vernunftmäßiger Abwägung von Optionen explizit gewählten Maßregeln (Kapitel I in „Die verhängnisvolle Anmassung: Die Irrtümer des Sozialismus", 1988/1996 ist überschrieben „Zwischen Instinkt und Vernunft.")

In der abstrakt idealisierten Ordnung, wie Hayek sie beschrieben hat, verhalten sich Personen in Übereinstimmung mit Regeln, die sie einfach als Teil ihrer Umwelt akzeptieren – Regeln, die zur Tradition ihrer Kultur gehören und die die Individuen weder in

Frage stellen noch ausdrücklich zu verstehen bemüht sind. Diese Regeln oder Verhaltenskodizes, die die kulturelle Situation beschreiben, sind von niemandem speziell ausgewählt worden, weder jetzt noch in irgendeinem vergangenen historischen Zeitalter. Sie haben sich stattdessen in einem langen Prozeß der kulturellen Evolution herausgebildet. Diese Regeln sind allmählich Teil des Traditionsbestandes geworden, in den sich Individuen hineingestellt finden – Traditionen, die für unterschiedliche Umstände Verhaltensweisen vorschreiben und es Personen gestatten zu handeln, ohne notwendigerweise auf irgendein rationales Entscheidungskalkül zurückgreifen zu müssen.

Die evolvierten Verhaltensregeln halten Personen davon ab, sich entsprechend ihren natürlichen oder animalischen Instinkten zu verhalten, aber die Akteure selbst sind vermutlich nicht in der Lage, zwischen diesen Restriktionen und jenen, die ihnen die physische Umwelt auferlegt, zu unterscheiden. In Befolgung von Regeln zu handeln, wie sie durch die Kultur verkörpert werden, heißt nicht, moralisches Verhalten im üblichen Sinn des Wortes zu zeigen. Es existiert kein bewußter innerer Konflikt, keine psychologische Barriere, die der Akteur zu überwinden hätte, um zu tun, was seinen natürlichen Neigungen entgegengesetzt zu sein scheint und in einem gewissen objektivierbaren Sinn auch tatsächlich entgegengesetzt ist. Die Person, die aus dem kulturellen Kokon, der durch das Festhalten an traditionellen Regeln definiert ist, ausbricht und in ihrem Verhalten entweder dem Diktat natürlicher Impulse folgt oder nach vernunftbegründeten Vorschriften oder Normen handelt, ist ein Innovator, dessen Handeln das vorhersagbare soziale Interaktionsmuster stört.

In welchem Sinn können wir dann eine „Hayeksche Moralordnung" positiv bewerten? Zur Beantwortung dieser Frage sind die evolvierten Regeln, die Hayek für die von ihm analysierte klassisch-liberale Gesellschaft kennzeichnend hält, auf ihren expliziten Inhalt hin zu untersuchen. Die einfache Erkenntnis, daß sich Regeln und Traditionen in einer Art von kulturellem Evolutionsprozeß herausbilden, reicht hier offensichtlich nicht aus. Diese

Erkenntnis muß mit einer positiven Beurteilung der Art einhergehen, daß das Überdauern solcher Regeln für sich genommen Legitimation genug ist. Wie viele Kritiker festgestellt haben, droht Hayek die Gefahr Panglosscher Schicksalsergebenheit.

Wenn wir jedoch hinter die in seinen philosophischen Äußerungen unmittelbar zum Ausdruck kommende Auffassung blicken und genauer betrachten, was Hayek wirklich in diesem ganzen Teil seines Vorhabens im Sinn gehabt zu haben scheint, so ist offenkundig, daß sein Thema stets „Die Verfassung der Freiheit" war. Wie sein unter diesem Titel erschienenes Hauptwerk betonte, ist das Gleichbehandlungsprinzip das bedeutsamste Merkmal von Regeln. Organisationsprinzip für die „Großgesellschaft" ist die Gleichbehandlung bei der Anwendung von Regeln auf alle am Spiel beteiligten Personen. Personen sollen sich gleichberechtigter Freiheit erfreuen, und es ist bemerkenswert, daß Hayek (1976) sich in diesem Zusammenhang den Überlegungen von Rawls (1971) anschloß, der dem Prinzip gleicher Freiheit lexikographisch gegenüber jedweder subsidiären Verteilungsnorm den Vorrang einräumte.

Das Gleichbehandlungsprinzip impliziert eine nicht-diskriminierende Behandlung aller Personen in der in Frage kommenden Gemeinschaft – eine Behandlung, die notwendigerweise ohne Ansehen der Person erfolgen muß. Hayek betont wiederholt die abstrakte Natur der Regeln einer offenen Ordnung – abstrakt in dem Sinn, daß keine unterscheidende oder spezifizierende Identifikation erforderlich ist.[4] Die Konzentration auf diesen Gesichtspunkt

---

4 Man mag fragen, ob HAYEK konsistent ist, wenn man seine Diskussion der Neigung des Menschen, sich mit Mitgliedern seiner kleinen Stammesgemeinschaft zu identifizieren und Außenseiter auszuschließen, mit seiner allgemein gehaltenen Argumentation zum Thema *„Der Primat des Abstrakten"* (Hayek, 1978/1996, 114–129) vergleicht, in der er behauptet, separate und spezielle Identifikation finde erst statt, nachdem abstrakte Ideen ihren Platz gefunden haben. Als erstes muß eine Person als Mitglied der menschlichen Spezies – eine abstrakte Kategorie – wahrgenommen werden, *bevor* sie als ein Mitglied des Stammes identifiziert werden kann. In diesem Sinn führt die Ausweitung des Gleichbehandlungsprinzips auf Personen jenseits der Stammesgrenzen die „natürliche", abstrakte Sicht des Menschen als Menschen wieder ein.

führt vielleicht dazu, die Aufmerksamkeit von dem eigentlichen moralischen Gehalt der Regeln abzulenken.

Der evolutionäre Prozeß, aus dem die verhaltensbeschränkenden Regeln hervorgehen, kann nicht so offen verlaufen, wie es Hayeks Kommentare bisweilen unterstellt haben. Er suchte nach einer rechtfertigenden Herleitung für die Herrschaft des Gesetzes sowie für die Ethik des wechselseitigen Respekts und der Reziprozität des Handelns, doch er scheute davor zurück, diese Herleitung an rational konstruierten Argumenten festzumachen. Zum Teil vermutlich deshalb, weil Hayek es für notwendig befand, jedwedem solcher Prinzipien abzusprechen, daß sie Gegenstand einer expliziten Wahlhandlung durch irgendeine Person oder Gruppe zu irgendeinem Zeitpunkt sein könnten.

Als empirische Behauptung kann Hayeks Schlußfolgerung, daß das charakteristische zentrale Merkmal der freiheitlichen Ordnung nicht explizit im Sinn einer bewußten Selektion aus möglichen Alternativen gewählt sein konnte, akzeptiert werden. Viele Regeln der beobachteten Ordnung müssen sich in der Tat evolutionär herausgebildet haben. Aber Hayek hat den potentiellen Wert unterschätzt, den die „als ob"-Rekonstruktion einer solchen Ordnung aus einem rationalen Kalkül heraus haben kann. Anscheinend hat er fehlgeleiteten Bemühungen eines gesellschaftlichen Konstruktivismus so sehr mißtraut, daß er den legitimierenden Wert einer rationalen Rekonstruktion übersah und stattdessen die kulturelle Evolution sowohl als explanatorisches als auch als rechtfertigendes Argument benutzte. Im Vergleich zum Hayekschen evolutionären Ansatz erhebt die rationale Rekonstruktion der Regeln der offenen freiheitlichen Ordnung keinen oder nur einen geringen Erklärungsanspruch. Doch ist ihr normativer Gehalt in bezug auf die Frage der Legitimation wohl überlegen und, mehr noch, ihr Diskriminierungspotential ist größer. Zahlreiche Regelbündel mögen sich herausgebildet haben, aber nur wenige von ihnen mögen den Kriterien einer vertragstheoretischen Rekonstruktion standhalten. Außerdem, und das ist für das Thema dieses Beitrages wichtig, könnte Hayeks Furcht vor dem Konstruktivismus ihn veranlaßt haben, Möglichkeiten für schrittweise institutionelle Anpassungen, die die Effizienz der freiheitlichen Moralordnung erhöhen, zu vernachlässigen – Anpassungen, die Ausfluß eines rationalen Beurteilungsvorgangs wären.

In der offenen Ordnung der Großgesellschaft respektieren Personen im allgemeinen das Recht, das sich aus der Schlichtung konkreter Konflikte heraus zu universal anwendbaren Regeln entwickelt hat, wie es das Beispiel des englischen Common Law zeigt. Jenseits des Rechts befolgen Personen jedoch Normen, die sich, von außen betrachtet, als nicht-ausbeuterische, nicht-opportunistische und nicht-diskriminierende Behandlung von anderen klassifizieren lassen, auch wenn sie kein subjektives Bewußtsein davon haben, daß ein solches Verhalten in sich durchaus „moralisch" ist und insofern gewissermaßen sowohl zur Natur als auch zu opportunistischem Vorteil im Gegensatz steht. Hayeks Enthusiasmus für eine solche idealisierte Ordnung der Interaktion zwischen einer nichtidentifizierten und weitumspannenden Zahl von Teilnehmern ist leicht zu verstehen, vielleicht besonders von Ökonomen. Auf das Wesentliche zurückgeführt ist die idealisierte Ordnung hier wenig mehr als die auf alle Interaktionen ausgedehnte und verallgemeinerte klassische Einsicht der Ökonomen, daß Austausch allen beteiligten Parteien wechselseitige Vorteile bringt – Vorteile, die realisiert werden können, wenn die Sicherheit besteht, daß es im Austauschprozeß selbst kein Streben nach opportunistischer Übervorteilung gibt. Hayeks Moralordnung entspricht derjenigen eines wohl funktionierenden offenen Marktzusammenhangs.

Der spezifisch Hayeksche Beitrag zu Erklärung und Verständnis liegt in seiner Hypothese, Personen hätten im Lauf des kulturellen Evolutionsprozesses gelernt, in Übereinstimmung mit den allgemeinen Regeln und Traditionen zu handeln, auf denen das Funktionieren der offenen Ordnung basiert. Es überrascht nicht, daß Hayek grandiosen Entwürfen besonders kritisch gegenüberstand, die ein Befolgen von Verhaltensnormen voraussetzen, die losgelöst von historischer Erfahrung allein aus der Vernunft abgeleitet sind.

III. Moralgemeinschaft, Moralordnung und Moralanarchie

Die Hayeksche Moralordnung läßt sich gründlicher verstehen, wenn wir diese Ordnung im Vergleich zu ihren Alternativen betrachten. In einer früheren Arbeit, die direkt durch Hayeks Schriften beeinflußt war (Buchanan, 1981), habe ich eine dreiteilige Klassifikation entwickelt: 1) Moralgemeinschaft, 2) Moralordnung und 3) Moralanarchie. Ich nutzte diese Klassifikation, um die moralische Umwelt einer beliebig herausgegriffenen Gesellschaft als eine bestimmte Mischung aus diesen drei stilisierten Mustern menschlicher Interaktion zu beschreiben. Die Hayeksche Moralordnung, das zweite Glied in dieser Reihe, wurde bereits in Abschnitt II diskutiert.

Mit *Moralgemeinschaft* beziehe ich mich auf eine Situation, in der Personen als nur künstlich zu separierende Einheiten in einem festverbundenen Ganzen miteinander in Beziehung stehen. Dabei ist die individuelle Persönlichkeit als solche zumindest weitgehend aufgehoben, und ein wirklich unabhängiges, separates Interesse gibt es nicht. Ökonomen benutzen den Terminus „Nutzeninterdependenz", um auf die hier skizzierte Beziehung hinzuweisen, doch der Terminus selbst kann irreführend sein, weil er unterstellt, daß separate, individuell bewertete Nutzenströme theoretisch definiert werden können. Soziologen haben den Begriff der „Einbeziehung des anderen" benutzt. Sieht man aber von Definitionsunterschieden ab, so geht es um das uns vertraute zentrale charakteristische Merkmal einer Moralgemeinschaft. Personen handeln, als ob sie in allen Aspekten ihres Verhaltens die Interessen anderer Menschen miteinschlössen. Das Standardbeispiel sind die Mitglieder einer Familieneinheit. Die Mutter hat das Wohlergehen des Kindes im Auge, möglicherweise sogar soweit, daß sie sein Wohlergehen oder Interesse über ihr eigenes stellt, wenn sich letzteres überhaupt in der Theorie separat identifizieren läßt. Man verwendet hier üblicherweise den Begriff „Liebe". In einer Moralgemeinschaft bringen die Mitglieder einander Liebe entgegen, zumindest bis zu einem gewissen Grad und in einer sinnvollen Bedeutung des Wortes.

Moralanarchie läßt sich der Moralgemeinschaft auf einem eindimensionalen Spektrum gegenüberstellen, auf dem man „Liebe", „Nutzeninterdependenz" oder „Einbeziehung anderer" mißt. In einer so typisierten Moralanarchie verfolgen Personen gänzlich separate und individualisierte Zwecke; andere Personen werden ganz einfach als Teil der natürlichen Umwelt behandelt und ebenso benutzt. In einer Moralanarchie gibt es zwischen einem anderen menschlichen Wesen und einem nicht-menschlichen Lebewesen keinen Unterschied, und seine Besonderheit wird nur in voraussagbaren Reaktionsunterschieden auf Anreize gesehen.

Die in Abschnitt II beschriebene Moralordnung paßt nicht gut in ein eindimensionales Spektrum, auf dem sich Moralgemeinschaft und Moralanarchie in ihrer Gegensätzlichkeit lokalisieren lassen. In gewisser Hinsicht ist die Moralordnung orthogonal zu jeder Maßdimension, mit Hilfe derer die anderen beiden Interaktionsmuster bezeichnet werden können. In der typisierten Moralordnung braucht es zwischen den separaten Personen keine Liebe zu geben; auch herrscht keine Nutzeninterdependenz. Gleichwohl werden Personen nicht behandelt, als seien sie Teil der natürlichen Umwelt. Stattdessen werden Personen als Personen behandelt, als menschliche Wesen, mit denen man in Wechselbeziehung steht und die wechselseitigen Respekt verdienen. Dieses Konzept einer Interaktionsordnung findet seine philosophischen Wurzeln in Kants Gebot, Personen immer als Ziele und niemals als Mittel zu behandeln. Doch, was von Hayek richtig gesehen und für sein Denken einflußreich wurde, die Interessen anderer Personen gehen nicht in irgendeine explizite Verhaltensmotivation ein. In das Entscheidungskalkül geht das Kantsche Gebot vielmehr als moralische Beschränkung ein, nicht als ein Argument der Nutzenfunktion. In den Kategorien des Hayekschen Denkansatzes liegt diese Beschränkung in Regeln und Traditionen, die sich herausgebildet haben, und wird nicht bewußt als mögliche Entscheidungsvariable wahrgenommen.

Die dreiteilige Klassifizierung mag in bezug auf das Kernargument dieses Beitrages verwirrend sein, weil der Terminus *Gemeinschaft* nur im Sinne der bekannten Nutzeninterdependenz-Bedeutung benutzt wird. Die Argumentation im vorliegenden Beitrag zielt indessen darauf ab, daß die auf Reziprozität beruhende Moralordnung auch, allerdings in einem eher generellen Wortgebrauch, Gemeinschaft darstellt, wenn auch Gemeinschaft hier, was die Psychologie interaktiven Verhaltens anbelangt, kategorial andere Merkmale annimmt.

IV. Begrenzte Exegese

Während ich Hayeks Schriften bei der Arbeit an diesem Beitrag erneut las, überraschte mich wiederholt sein Unvermögen, die kommunitaristischen Elemente explizit zu erkennen, die nahezu notwendigerweise in einer Interaktionsstruktur angelegt sind, die auf kulturell evolvierten Verhaltensregeln beruht, insbesondere wenn man seine häufigen Hinweise auf das Einander-Kennen bedenkt, das es Akteuren gestattet, Personen danach zu identifizieren, ob sie solche Regeln befolgen oder nicht.

> „Ordnung ... bedeutet daher im wesentlichen, daß das individuelle Handeln von richtiger Voraussicht geleitet ist und daß die Leute nicht nur wirksamen Gebrauch von ihrem Wissen machen, sondern auch mit großem Vertrauen voraussehen können, w e l c h e Zusammenarbeit sie von anderen erwarten können." *(Die Verfassung der Freiheit, 1971, S. 193.)*

Der grundlegende Unterschied, um den es hier geht, ist der zwischen Personen, die sich an die Regeln der Moralordnung halten, und Personen, die sich nicht daran halten.

> „Wer die Regeln einhält, wird als besser betrachtet in dem Sinne, daß er einen höheren Wert verkörpert verglichen mit dem,

der sie nicht einhält und dem infolgedessen die anderen möglicherweise nicht den Zutritt zu ihrer Gesellschaft gestatten."
(Recht, Gesetzgebung und Freiheit, Band 3, Die Verfassung einer Gesellschaft freier Menschen, S. 230.)

„Nur die Befolgung ihrer Regeln läßt den Einzelnen zum Mitglied einer Gesellschaft werden und verleiht ihm Rechte."
(Recht, Gesetzgebung und Freiheit, Band 3, Die Verfassung einer Gesellschaft freier Menschen, S. 232.)

Offensichtlich scheint Hayek einen Interaktionszusammenhang im Auge gehabt zu haben, in dem Personen in der Lage sind, voraussichtliche Übertreter von Regeln auszugrenzen. Umgekehrt sind in einer echten Interessengemeinschaft Regelbefolger notwendigerweise willkommen, selbst wenn die Beziehung unpersönlich bleibt.

Hayeks Diskussion der Ursprünge des Terminus *Katallaktik* enthält einen faszinierenden Verweis, der hier unmittelbar zutrifft.

„Der Ausdruck Katallaktik ist vom griechischen Verb *katallattein*, ... abgeleitet, das bezeichnenderweise nicht nur austauschen bedeutete, sondern auch *zu einer Gemeinschaft zulassen* und *aus einem Feind in einen Freund verwandeln*."
(Recht, Gesetzgebung und Freiheit, Band 2: Die Illusion der sozialen Gerechtigkeit, S. 150. Erste Kursivsetzung im Original, die übrigen hinzugefügt.)

Vielleicht unterließ Hayek es, den bedeutungsvollen Wert von Gemeinschaft zu betonen, weil sich „das, wozu Mitglieder gehören" und was Wert verkörpert, nicht so einfach definieren läßt.

„... alles, was wirklich sozial ist, [ist] in einer Großen Gesellschaft notwendig allgemein und abstrakt."
(Recht, Gesetzgebung und Freiheit, Band 2: Die Illusion der sozialen Gerechtigkeit, S. 26.)

„Was Menschen zu Mitgliedern derselben Zivilisation macht und sie befähigt, in Frieden zusammen zu leben und zu arbei-

ten, ist, daß ... ihre Anstrengungen in der Verfolgung ihrer individuellen Ziele ... durch dieselben abstrakten Regeln geleitet und beschränkt werden."
(Recht, Gesetzgebung und Freiheit, Band 2: Die Illusion der sozialen Gerechtigkeit, S. 27f.)

„Obgleich ... eine geringe Übereinstimmung ... über konkrete ... Handlungen bestehen kann, so kann doch ... eine weitreichende Ähnlichkeit in ihren Meinungen bestehen – eine Übereinstimmung, die nicht besondere ... Ereignisse betrifft, sondern gewisse abstrakte Züge des gesellschaftlichen Lebens ... Aber die Unbestimmtheit der uns zur Verfügung stehenden Ausdrücke macht es schwierig, dieses klar darzustellen."
(Recht, Gesetzgebung und Freiheit, Band 2: Die Illusion der sozialen Gerechtigkeit, S. 29.)

V. Die Marktkultur als Gemeinschaft

Ob Hayek selbst das Potential für gemeinschaftliche Bindungen im Nexus der Reziprozität, d. h. in einem Netzwerk von Austauschbeziehungen, das alle wechselseitigen Übereinkünfte einschließlich der politischen einschließt, tatsächlich voll erkannt hat, ist nicht so wichtig wie die Frage, ob solche Bindungen dazu beitragen können, die gesellschaftliche Ordnung vor drohender Erosion und moralischem Verfall zu bewahren. Moderne Klassisch-Liberale, Hayek eingeschlossen, haben im Allgemeinen versäumt, den positiven Wert deutlich zu machen, der durch persönliche Beteiligung an einer gesellschaftlichen Ordnung erfahren werden kann, die durch eine allgemeine Achtung vor gemeinsamen Werten und Regeln definiert ist. Zum Teil geht dieses Versäumnis zurück auf den mehr als ein Jahrhundert währenden Widerstand gegen Versuche, das Individuum auf eine zellartige Existenz in künstlichen Kollektiveinheiten zu reduzieren. Sicherung der Freiheit vor dem Kollektiv – Freiheit zu bewahren –, das war zu Recht das primäre

Ziel des post-marxistischen Klassisch-Liberalen. Es überrascht nicht, daß die Ablehnung des Kollektivismus – als Idee und als Praxis – eine komplementäre Blindheit gegenüber den kommunitaristischen Elementen nach sich ziehen sollte, die in einer wohl funktionierenden, durch liberale Werte geformten Gesellschaftsordnung vorhandenen sind.

Die individualistisch-kollektivistische Dialektik wurde zu dramatisch dargestellt, als ob der Fehlschlag des kollektivistischen Ideals einen Rückzug auf vollkommene individuelle Autonomie nach dem Muster der oben diskutierten Moralanarchie zur Folge haben müßte. Dieses Mißverständnis beschränkt sich bei weitem nicht nur auf den Dialog unter politischen Philosophen. Es findet auch praktischen Eingang in die Reformen, die auf Vorstellungen basieren, daß Märkte Wunder wirkten, sobald alle politisch motivierten Kontrollen beseitigt sind. Wie Hayek und viele andere dargelegt haben, erfordert es mehr als Freiheit von politischen Eingriffen, wenn Märkte gut funktionieren sollen. Selbst wenn das wesentliche Rahmenwerk (die „Gesetze und Institutionen", eingeschlossen der Schutz von Eigentum und Vertrag) eingerichtet ist, muß auch ein allgemein befolgtes Bündel von Regeln gelten, eine Ethik, die das individuelle Verhalten beschränkt.

Die Notwendigkeit solcher verhaltensbeschränkender Grundlagen marktwirtschaftlicher Interaktion wird weithin anerkannt. Was nicht annähernd so viel Anerkennung und Verständnis findet, ist das Gefühl eines gemeinsamen Vorhabens, das bei den Beteiligten aufkommt, sobald, wenn und indem sie Regeln und Verhaltensnormen befolgen. Ist es nicht möglich, daß solche Regeln, wie Hayek behauptet, aus einem Prozeß kultureller Evolution hervorgehen und daß sie gleichzeitig denen, die sie befolgen, ein konkretes Mittel an die Hand geben, sich miteinander zu identifizieren und dadurch ihre persönlichen Bedürfnisse nach Mitgliedschaft in einer Gemeinschaft zu befriedigen? Regeln dienen als Restriktionsparameter von Verhalten, aber gleichzeitig auch der bewußten, wenn auch impliziten Überzeugung, daß andere in gleicher Weise Restriktionen unterliegen.

Gemeinschaft, soweit sie sich eher durch Verhaltenspraxis als durch genetisches Erbe oder religiösen Glauben konstituiert, gestattet eine nahezu grenzenlose Ausdehnung des miteinander geteilten Zusammenhalts, weil für die Mitgliedschaft keine zusätzliche Qualifikation gefordert ist. Es braucht keine Nutzeninterdependenz als solche zu geben, auch keine Akzeptanz von ritualisierten Normen und Praktiken, die über die grundlegenden Verhaltensregeln hinausgehen. Doch es kann der Interaktionsgemeinschaft als solcher und daher auch dem Recht auf Mitgliedschaft eine bewußte und positive Bewertung beigelegt werden. Als Vergleich sei hier die genetisch verbundene Familieneinheit betrachtet. Diese Gemeinschaft ist vermutlich durch ein gewisses, bei jedem Mitglied vorhandenes, positives Interesse am Wohlergehen der anderen Mitglieder gekennzeichnet. Diese Affektketten greifen ineinander und definieren die umschlossene Gemeinschaftseinheit. Im Gegensatz dazu ist es in der Gemeinschaft, die sich durch die Befolgung von Regeln des wechselseitigen Respekts und der Gleichbehandlung definiert, nicht erforderlich, daß irgendein Mitglied ein direktes Interesse am Wohlergehen irgendeines anderen angebbaren Mitglieds hat. Dennoch kann gleichzeitig dem Zusammenhalt als solchem Wert beigelegt werden, weil jedes Mitglied erkennt, daß es seine eigenen privaten Zwecke und persönlichen Interessen nur im Rahmen der Gemeinschaft voranbringen kann.

Ökonomen mag die hier dargelegte Argumentation verständlicher werden, wenn sie sie zum bekannten Fall öffentlicher Güter in Beziehung setzen. In einem solchen Fall profitieren Personen privat von dem Wohlstand, der durch die Bereitstellung und Finanzierung von Gütern oder Leistungen entsteht, die allen Mitgliedern einer daran teilhabenden Gruppe gemeinschaftlich zur Verfügung gestellt werden. Zwar ist keine Nutzeninterdependenz als solche damit verbunden, aber die technologisch bedingte Gemeinschaftlichkeit in der Nutzung macht die Beteiligten dennoch voneinander abhängig. Außerdem besteht ein wertmäßiger Unterschied zwischen der Mitgliedschaft in der teilhabenenden Gruppe und einem möglichen Ausschluß von der Mitgliedschaft. Es ist deshalb angemessen, diesen wertmäßigen Unterschied als den Wert von Gemeinschaft als solcher zu bezeichnen. Eine Person sichert sich einen positiven Wert aus der „Zugehörigkeit" zu der Gruppe, die gemeinsam das öffentliche Gut produziert.

Wir können diesen bekannten, besonderen Fall auf den allgemeineren Fall einer kulturellen Ordnung übertragen, indem wir an privat bewertete Vorteile denken, die sich allein aus der Mitgliedschaft in einer regelngesteuerten Gemeinschaft ergeben. Konkrete öffentliche Güter oder Leistungen, seien sie gemeinsam oder separat bereitgestellt, brauchen hier nicht involviert zu sein. Woran man teilhat, ist der Interaktionszusammenhang von Beziehungen, innerhalb dessen das Verhalten von anderen im Rahmen der Beschränkungen vorhersagbar ist, die durch die Regeln der gemeinsamen Kultur definiert sind.

Diese Vorteile werden separat bewertet, und es braucht unter den Teilnehmern keine Nutzeninterdependez zu geben. Aber die Mitgliedschaft in der Gruppe, die sich durch gemeinsame Einhaltung der Spielregeln auszeichnet, stellt für die Mitglieder eine Quelle positiven persönlichen Nutzens dar, und ein Verlust der Mitgliedschaft bedeutet Nutzenentgang. Dann existiert ein positiver Wert der „Zugehörigkeit" zu der Gruppe, die sich in das kulturell evolvierte Erbe teilt, und Personen können etwas tun, um das Netz an Beziehungen zu erhalten und zu bewahren. Und ein Regelverstoß von Personen, die innerhalb des Zusammenhalts verbleiben, legt allen Personen, die weiterhin die Regeln befolgen, Nutzenverluste auf.[5]

Man beachte, daß eine Identifizierung und Qualifizierung für eine Mitgliedschaft in den hier diskutierten Gemeinschaften keine anderen persönlichen Qualitäten verlangt als die voraussichtliche Befolgung des für interaktives Verhalten geltenden Regelbündels –

5 Als Folge des in den 1960er Jahren stattfindenden Zusammenbruchs der Regelbefolgung nahm der die Universität ausmachende Wert der „Gemeinschaft der Wissenschaftler" für die meisten Beteiligten mit Sicherheit ab.

Regeln, die in vielen Fällen nur geringfügig restriktiv sein mögen. Nichtsdestoweniger wird gegenüber den Personen, die sich daran halten, so etwas wie unpersönliche Zuwendung oder Loyalität bestehen bleiben. Ihnen wird als „Spieler im Spiel" Anerkennung zuteil und man wird sie in diesem Sinne von anderen Personen unterscheiden.

Jüngere Beiträge zur Entscheidungstheorie haben dargelegt, daß Personen keine Rationalitätsprinzipien zu verletzen brauchen, wenn sie sich durchweg in Übereinstimmung mit so etwas wie den Hayekschen Regeln des wechselseitigen Respekts verhalten. In Simulationen von wiederholten Gefangenendilemma-Spielen haben Vanberg und Congleton (1992) gezeigt, daß das Vorhandensein einer Abwanderungsmöglichkeit Spielern zu überleben gestattet, die in den Einzelspielen nie die nicht-kooperative Strategie wählen. Ron Heiner, Dieter Schmidtchen und Max Albert (erscheint demnächst) haben gezeigt, daß die Möglichkeit wechselseitiger Voraussagbarkeit des Verhaltens zusammen mit einiger Reaktionsinterdependenz selbst in einmaligen Gefangenendilemmasituationen für reziprok kooperatives Verhalten eine rationale Basis bieten können. In dem Ausmaß, wie diese und andere Erweiterungen der Theorie rationaler Entscheidung Erklärungen liefern, wird die von Hayek betonte kulturelle Evolution für das Verständnis der beobachteten Abwesenheit eines strikt opportunistischen Verhaltens, wie es sich aus herkömmlichen Modellen ergibt, entbehrlich. Moderne Bemühungen, die Rationalitätsprinzipien zu erweitern, sind indes nicht zur kommunitaristischen Schlußfolgerung gelangt. Weder Vanberg/Congleton noch Heiner/Schmidtchen/Albert haben behauptet, die auf irgendeiner Wechselseitigkeit der Anerkennung basierende „Mitgliedschaft" könne unter den Personen, die durch eine solche Anerkennung zu einer identifizierbaren Teilgruppe einer größeren Population werden, ein Gefühl von Gemeinschaft hervorrufen.

Eine Interpretation der Marktkultur als Gemeinschaft erlaubt Klassisch-Liberalen eine unmittelbare Reaktion auf moderne kommunitaristische Kritiker des Marktkapitalismus, die behaupten, daß die marktwirtschaftliche Ordnung hochgeschätzte kulturelle Traditionen zerstört. Diese Kritiker haben die Zerstörung einer bestimmten Art von kulturellen Regeln im Auge, ignorieren aber die Rolle, die ein wohl funktionierender Markt bei der Errichtung eines alternativen Bündels von Regeln spielt, dessen Befolgung die Bildung einer alternativen Form von Gemeinschaft anzeigt, die potentiell umfassender und hinsichtlich des ökonomischen Erfolgs sicherlich produktiver ist als eine Gemeinschaftsform, deren Ordnung auf nicht verallgemeinerbaren Beziehungen beruht.

Der Markt, als eine kulturelle Gemeinschaft betrachtet, sollte Personen erst und nur dann offenstehen, wenn sie eine „Bereitschaft, sich an die Regeln zu halten", erkennen lassen. Moralanarchisten als opportunistischen Maximierern in nicht-wiederkehrenden Interaktionen sollte die Teilnahme an dem laufenden Spiel nicht gestattet werden. Sie sollten aus der tätigen Gemeinschaft herausgehalten werden durch Gesetze, die von der für die Gemeinschaft handelnden politischen Agentur eingeführt und durchgesetzt werden. Der durch die Gemeinschaft an sich verkörperte Wert wird in dem Maße zerstört, in dem die Beobachtung gemacht wird, daß Personen, die die Grundregeln verletzen, daraus auch noch für sich einen besonderen Vorteil ziehen können. Eine korrupte marktwirtschaftliche Ordnung verliert den Gemeinschaftsvorteil und wird anfällig sowohl für konservative Restauration effizienzzerstörender Traditionen als auch für kollektivistische Eingriffe, die darauf abzielen, die Anomie kultureller Anarchie auszubeuten.

VI. Politischer Konflikt und Marktgemeinschaft

Wir können zumindest einige der Gründe dafür benennen, warum der in der Marktkultur verkörperte Gemeinschaftssinn in der zweiten Hälfte des 20. Jahrhunderts abgenommen zu haben scheint und das nicht nur aufgrund seiner mangelnden Erwähnung in den Schriften moderner Klassisch-Liberaler wie Hayek. Ich vermute, daß das zentrale Merkmal der Wirtschaftsentwicklung in dieser Periode, nämlich die Zunahme des Anteils des öffentlichen oder kollektiven Sektors, direkt dazu beigetragen hat, daß im Umgang der Menschen untereinander der Respekt für die Regeln der Reziprozität untergraben wurde.

Modellhaft kann der kollektive oder politische Sektor als ein komplexer Austauschprozeß behandelt werden. So geht es in der vertragstheoretischen Tradition der politischen Philosophie um Bemühungen, Politik mit Hilfe von Austauschmodellen zu analysieren. Personen kommen überein, eine kollektive Einrichtung, den Staat, als ein institutionelles Mittel der Bereitstellung von Gütern und Leistungen zu organisieren, die von Privaten nicht ohne weiteres produziert werden, einschließlich der Rechtsstruktur, die ihrerseits Personen, Eigentum und Verträge schützt. Sobald diese kollektive Einrichtung tätig wird, können Personen so modelliert werden, als ob sie Steuerzahlungen gegen öffentlich bereitgestellte Güter und Leistungen tauschen, die privat bewerteten Nutzen stiften.

In dem Maße, in dem sich die in vielfältiger Weise am politischen Prozeß im weitesten Sinn beteiligten Personen als Mitwirkende in einem komplexen Tauschzusammenhang betrachten, weitet sich die durch die Regeln des wechselseitigen Respekts beschriebene kulturelle Gemeinschaft über die Märkte hinaus aus und schließt den kollektiven Sektor mit ein. Tatsächlich verschwindet in einer solchen Modellvorstellung jede kategoriale Unterscheidung zwischen Markt und Politik. Über die Jahrhunderte hinweg haben indessen Gegner der vertragstheoretischen Konstruktionen argumentiert, daß Politik nicht so zu erklären ist und auch nicht so modelliert werden sollte, als ob es bei ihr im Kern um einen komplexen Austausch unter Teilnehmern eines gemeinsamen Unternehmens gehe. Diejenigen, die vertragstheoretische Erklärungen sowohl in ihren positiven als auch in ihren normativen Varianten ablehnen, legen zwei gegensätzliche Modellkonstruktionen vor.

In der ersten, die man als den idealistischen Zweig der politischen Philosophie bezeichnet, wird der Staat oder das Kollektiv zumindest in einigen wesentlichen Aspekten zu einer über-individuellen Entität und zur institutionellen Verkörperung einer motivierenden Kraft, die anstrebt, was für alle Teilnehmer in dem organisierten politischen Gemeinwesen wahr, gut und schön ist. Personen, die im Auftrag des Staates handeln, müssen gemäß dieser Vorstellung alle separierbaren privaten Interessen zugunsten des Wohlergehens der Kollektiveinheit unterdrücken. Die Sorge um andere muß allererstes Motiv für das Handeln sein, und eine solche Anteilnahme hat sich bis an die willkürlich gezogenen Grenzen der politisch organisierten Einheit zu erstrecken. Wenn man die empirische Möglichkeit eines solchen Verhaltens bezweifelt, dann stellt man auch den Wert dieser Idealkonstruktion in Frage. Versuche, eine politische Ordnung zu errichten, die auf Verhaltensanforderungen basiert, die das Menschenmögliche übersteigen, können nur fehlschlagen. Welches Verhalten aber soll man von Personen erwarten können, denen mit Machtbefugnissen ausgestattete Positionen übertragen werden? Wenn dem Staat und seinen Agenten Aufgaben in der Annahme übertragen werden, daß es ein „Allgemeinwohl“ gibt, was können diese Amtsträger anderes tun, als zu versuchen, dieses „Wohl“ entsprechend ihrer Interpretation und Interessensicht zu fördern? Dabei werden die Interessen der Amtsträger notwendigerweise durch die Grenzen ihrer eigenen moralischen Fähigkeiten bestimmt (Buchanan, 1978). Sind diese begrenzten Interessen einmal in kollektive Entscheidungen umgesetzt, werden sie zur einzigen und ausschließlichen „Lösung“ für alle Mitglieder der politischen Gemeinschaft. In diesem Arrangement gibt es einfach keinen Platz dafür, daß Personen ihre eigenen separaten und wechselseitig kompatiblen Ziele weiterhin frei verfolgen können. Eine Politik, die auf diesem idealistischen Modell beruht und keine Verbindung zur Verhaltenswirklichkeit hat, mindert zwangsläufig den Wert von Gemeinschaft, den andernfalls eine offene regelngeleitete Austauschkultur schaffen könnte.

Zu ähnlichen Schlußfolgerungen führt die Untersuchung eines zweiten Politikmodells, das häufig vertragstheoretischen Konstruktionen gegenübergestellt wird. Dieses zweite Modell, das in einem empirisch-erklärend-beschreibenden Sinn sowohl vertragstheoretischen als auch idealistischen Ansätzen überlegen zu sein scheint, geht von der Annahme aus, daß weit eher Konflikt als Austausch im Zentrum von Politik steht und daß es sich bei dem „Spiel" notwendigerweise um ein Null- oder Negativsummenspiel handelt, im Gegensatz zum Positivsummenspiel des vertragstheoretischen Modells.

In einer solchen Politik des Konflikts streben Personen nach Verteilungsgewinnen, und Erfolg oder Mißerfolg werden in dieser Kategorie gemessen. Ein solcher politischer Prozeß bringt Interessen zwangsläufig zu einander in Gegensatz; jegliche Reziprozität aus austauschartigen Beziehungen wird schon als Möglichkeit verneint. Wenn diejenigen, die auf welcher Ebene und in welcher Rolle auch immer, am politischen Prozeß beteiligt sind, das ganze Unternehmen in solchen Kategorien wahrnehmen, muß ihnen zwangsläufig jede – ob in kultureller Evolution entstandene oder ausdrücklich gewählte – Vorstellung fremd werden, die eine Befolgung von Regeln des wechselseitigen Respekts vorschreibt (Buchanan, 1978). Wenn ich über die Politik versuche, mir auf deine Kosten Verteilungsgewinne zu sichern, wie kann ich dann überhaupt glauben, mit meinem Verhalten deine berechtigten Interessen zu fördern, so wie du sie ausdrücken möchtest ? Der politische Konfliktzusammenhang weitet die als Moralanarchie beschriebene Verhaltensumwelt zu Lasten der als Moralordnung beschriebenen Umwelt aus. Der Verfall der Moralordnung, der, wie es scheint, im Laufe des Jahrhunderts und insbesondere in den Jahrzehnten seit dem Ende des Zweiten Weltkriegs in dem Maße beobachtbar war, in dem sich die dramatische Ausweitung der relativen Größe des kollektiv-politischen Sektors vollzog, sollte uns daher nicht überraschen.

VII. Schlußfolgerungen

Aus der Erkenntnis, daß Mitgliedschaft im ausgedehnten Marktzusammenhang Sehnsüchte nach Gemeinschaft stillen könnte, ergeben sich Implikationen für die Politik. Diese Implikationen betreffen planvolle Maßnahmen, die die wechselseitige Identifikation von Personen zumindest etwas erleichtern können. Anpassung an ein gleichförmiges Bündel von kulturellen Normen und Praktiken (einschließlich der Sprache) erleichtert das zwischenmenschliche Verständnis, während kulturelle Vielfalt wechselseitiges Verstehen erschwert. Diese generelle Schlußfolgerung ist unanfechtbar, doch läßt sich nicht daraus folgern, daß eine bestimmte kulturelle Umwelt anderen gegenüber als überlegen hingestellt wird. Es ist der *Multi*kulturalismus, der zerstörend wirkt, nicht die vermeintliche Überlegenheit irgendeiner spezifisch definierten Teilkultur in einer beobachteten Vielfalt.

Das Hayeksche Evolutionsargument unterstellt, daß Personen ihr Verhalten nicht so ohne weiteres ändern werden, wenn sie sich zwischen separaten kulturellen Umgebungen hin- und herbewegen. Geht man davon aus, daß dieses Argument auch nur teilweise empirisch zutrifft, so folgt, daß eine kultur-blinde Immigrationspolitik fehlgeleitet sein kann, besonders dann, wenn Immigrantengruppen beabsichtigen, autonome kulturelle und sprachliche Identitäten beizubehalten.

„Der Markt" ist nicht eine automatisch universalisierbare gewachsene Kultur, die sofort ihre Wunder wirken kann, wenn nur die erforderliche Gesetzesordnung geschaffen wird. Der Markt ist als eine Kultur der Reziprozität ein „öffentliches Gut", vorteilhaft für alle, die teilnehmen, und er sollte als solches gewürdigt werden. Verstöße gegen die grundlegende Ethik sind „öffentliche Übel", die für alle Beteiligten gleichermaßen zerstörerisch sind. Die im Markt allgegenwärtige Exit-Option reduziert Abhängigkeit von ethischen Normen auf ein Niveau, das deutlich unter dem bleibt, was in nicht-marktlichen Interaktionen für eine auch nur erträgliche Effizienz erforderlich ist. Sowohl Verfechter als auch

Gegner der offenen marktwirtschaftlichen Ordnung machen aber einen entscheidenden Fehler, falls sie glauben, die Notwendigkeit von Verhaltensstandards sei aufgehoben. In dem Ausmaß, in dem die Unentbehrlichkeit eines gemeinsamen Normenbündels anerkannt ist, muß die – ob bewußte oder unbewußte – Befolgung dieser Reziprozitätsnormen selbst Quelle und Sinn für echte Gemeinschaft liefern.

Ist die offene Ordnung, die die Hayeksche Großgesellschaft beschreibt, möglich? Können Teilnehmer an einer solchen Ordnung, indem sie Regeln befolgen, die das Zusammenleben bei gleichzeitiger Verfolgung getrennter Interessen gestatten, ein ausreichendes Gefühl der „Zugehörigkeit" entwickeln? Es stimmt, daß die verallgemeinerte und offene Ordnung des Marktes in zahlreichen Verhaltensdimensionen die Anforderungen an Gemeinsamkeit minimiert. Nichtsdestotrotz ist ein gewisses Maß an Gemeinsamkeit erforderlich. John Rawls (1993) hat die Notwendigkeit eines Minimalkonsenses in einer freiheitlichen Ordnung betont. Kann dieser Konsens genügend kommunitaristischen Wert in sich bergen, um den internen Zusammenhalt zu sichern?

Diese Fragen können nur dann bejaht werden, wenn Klassisch-Liberale ihre Verteidigung der kulturellen Gemeinschaft, die die grundlegenden Gesetze und die Moral freiheitlicher Märkte verkörpert, deutlicher artikulieren. Normatives Ideal ist nicht ein *Laissez-faire* ohne qualifizierende Adjektive. Das normative Ideal muß *Reziprozität* einschließen, die in der Tat erlaubt, zwischen denen, die wirklich „dazugehören" und denen, die nicht dazugehören, eine scharfe Trennungslinie zu ziehen.

Hayeks Beitrag zum Sieg über die Idee des Sozialismus ist unbestritten. Hayeks Nachfolger können auf die Idee des Kommunitarismus eine Erwiderung geben, indem sie sie in einer mit ihrem eigenen Ansatz konsistenten Weise aufgreifen. Eine ausdrückliche öffentliche Anerkennung der kulturellen Ordnung des offenen Marktes kann gleichzeitig individuelle Freiheit sichern, wirtschaftlichen Wohlstand fördern und das Verlangen nach Solidarität befriedigen.

Literatur

Buchanan, James M. „Markets, States, and the Extent of Morals"; *American Economic Review* 68 (May 1978): 364-68.

Buchanan, James M. *Moral Community, Moral Order, and Moral Anarchy*, The Abbott Memorial Lecture No. 17 (Colorado Springs: Colorado College, 1981).

Buchanan, James M. and Roger D. Congleton. *Politics by Principle, Not Interest: Toward Nondiscriminatory Democracy* (Cambridge and New York: Cambridge University Press, 1998).

Gray, John. *Enlightenment's Wake: Politics and Culture at the Close of the Modern Age* (London and New York: Routledge, 1995).

Hayek, Friedrich A. *The Constitution of Liberty* (Chicago: University of Chicago Press, 1960); deutsche Übersetzung: *Die Verfassung der Freiheit*, Walter Eucken Institut, Wirtschaftswissenschaftliche und wirtschaftsrechtliche Untersuchungen 7, Tübingen: Mohr 1991.

Hayek, Friedrich A. *Studies in Philosophy, Politics and Economics* (Chicago: University of Chicago Press, 1967).

Hayek, Friedrich A. Law, Legislation and Liberty, Vol. 1, Rules and Order (Chicago: University of Chicago Press, 1973); deutsche Übersetzung: *Recht, Gesetzgebung und Freiheit*, Band 1: *Regeln und Ordnung*, München: Verlag Moderne Industrie, 1980.

Hayek, Friedrich A. *Law, Legislation and Liberty, Vol. 2, The Mirage of Social Justice* (Chicago: University of Chicago Press, 1976); deutsche Übersetzung: *Recht, Gesetzgebung und Freiheit, Band 2: Die Illusion der sozialen Gerechtigkeit*, Landsberg a. Lech: Verlag Moderne Industrie 1981

Hayek, Friedrich A. „The Primacy of the Abstract", in Friedrich A. Hayek *New Studies in Philosophy, Politics, Economics and the History of Ideas*, London: Routledge 1978, 35-49; deutsche Übersetzung: „Der Primat des Abstrakten", wiederabgedruckt in Friedrich A. Hayek *Die Anmaßung von Wissen. Neue Freiburger Studien*, hrsg. v. W. Kerber, Walter Eucken Institut, Wirtschaftswissenschaftliche und wirtschaftsrechtliche Untersuchungen 32, Tübingen: Mohr 1996, S. 114-129.

Hayek, Friedrich A. *Law, Legislation and Liberty, Vol. 3, The Political Order of a Free People* (Chicago: University of Chicago Press, 1979); deutsche Übersetzung: *Recht, Gesetzgebung und Freiheit, Band 3: Die Verfassung einer Gesellschaft freier Menschen*, Landsberg a. Lech: Verlag Moderne Industrie 1981.

Hayek, Friedrich A. *The Fatal Conceit: The Errors of Socialism* (Chicago: University of Chicago Press, 1988), deutsche Übersetzung: *Die verhängnisvolle Anmaßung: Die Irrtümer des Sozialismus*, Walter Eucken Institut (Hrsg.), Wirtschaftswissenschaftliche und wirtschaftsrechtliche Untersuchungen 34, Tübingen: Mohr 1996.

Heiner, Ron, Dieter Schmidtchen, and Max Albert. „Rational Contingent Cooperation in the One-Shot Simultaneous Prisoner's Dilemma Nash Equilibria with Endogenous Information", *Public Choice*, (erscheint demnächst).

Rawls, John. *A Theory of Justice* (Cambridge, Mass.: Harvard University Press, 1971).

Rawls, John. *Political Liberalism* (New York: Columbia University Press, 1993).

Sandel, Michael J. *Democracy's Discontent: America in Search of a Public Philosophy* (Cambridge, Mass.: The Belknap Press of Harvard University Press, 1996).

Smith, Adam. *The Wealth of Nations* (New York: Random House, 1937).

Vanberg, Viktor and Roger D. Congleton. „Rationality, Morality and Exit," *American Political Science Review* 86 (June 1992): 418-31.

Morality and Community in the Extended Market Order

by

*James M. Buchanan**

* I am indebted to DENNIS COYLE, HARTMUT KLIEMT, VIKTOR VANBERG, and YONG YOON for helpful comments on an earlier draft.

I. Introduction

Does common adherence to the norm or principle of generality in social interaction offer a basis for genuine community among participants?[1] F. A. Hayek, for whom such principle is a critical feature of the liberal order, does not seem to have explicitly recognized the presence of communitarian elements in his own description of such an order. Indeed, the word *community* appears only infrequently in the indices of the relevant Hayek works. In part, of course, such an oversight or neglect stems from the fact that ‚communitarianism', as a serious philosophical perspective, had not made its appearance during Hayek's productive years. The purpose of this paper may, therefore, be stated to be that of constructing the bridge between the Hayekian moral order and the sense of community that is evaluated, positively by modern philosophers (Gray, 1995; Sandel, 1996).

The failure to recognize the relationship here is not, however, one-sided. Hayek made no effort at integrating any sense of community in his conception of his extended moral order. But the communitarian philosophers, especially, have also failed to recognize that the Hayekian moral order does contain important communitarian elements, even if these are different from those that are familiarly stressed.

In Section II, I shall summarize the moral order that may properly be called „Hayekian". In Section III, I discuss briefly my own earlier effort at developing a taxonomy of moral environments – a taxonomy that may seem initially to be confusing in the context of this paper's central argument, a confusion that may

---

1 This issue emerged from discussion at a Liberty Fund conference in Spitzingsee, Bavaria in May 1998. The conference was concentrated on our book, *Politics By Principle, Not Interest*, (1998), written jointly with ROGER CONGLETON, which extends the Hayekian principle of generality from law to majoritarian politics. The book's argument does not include specific recognition of communitarian elements that may emerge from application of the generality norm. Professor MICHAEL BAURMANN initially suggested the relationship.

have contributed to my own failure to appreciate communitarian elements in the classical liberal order. In Section IV, I survey the Hayek works for references with communitarian implications. In Section V, I discuss substantively the claim that the Hayekian moral order does exhibit strong communitarian features, but features that may be quite different from those stressed in avowedly communitarian writings. In Section VI, the discussion is related to the importance of the relative sizes of the public and private sectors of interaction. Finally, Section VII, concludes the paper.

II. The Hayekian Moral Order

The order that defines the network of relationships among individuals and groups in what Hayek calls the „Great Society“ does not embody moral behavior in any familiar usage of this term. Persons do not interact, one with another, on the basis of either instinctual impulses or explicitly selected precepts emergent from some reasoned weighing of options. (Chapter One in *The Fatal Conceit,* 1988, is entitled „Between Instinct and Reason.“)

In the abstractly idealized order, as defined by Hayek, persons behave in accordance with rule that they simply accept as a part of their environment – rules that are traditional within the culture, rules that individuals neither call into question nor make much explicit effort to understand. These rules, these codes of conduct, that describe the cultural setting have not been specifically chosen by anyone, whether currently or in some past historical period. They have, instead, emerged through a long process of cultural evolution. These rules have gradually become a part of the set of traditions within which individuals find themselves – traditions that dictate ways of behaving under differing circumstances and that allow persons to behave without necessary recourse to any calculus of rational choice.

The evolved rules of conduct constrain persons from behaving in accordance with their natural or animalistic instincts, but the actors themselves may be unable to distinguish between these constraints and those that prescribes the physical environment. To act in accordance with the rule, as embodied in the culture, is not to exhibit morality, in the ordinary sense of the word. There is no consciousness of internal conflict, no psychological barrier that the actor must surmount in doing what may seem to be, and in a certain objectifiable sense is, contrary to natural proclivities. The person who breaks out of the cultural cocoon, as defined by adherence to the traditional rules, and behaves either as natural impulses dictate or in response to some reasoned precept or norm, is an innovator whose action disturbs the predictable pattern of social interaction.

In what sense, therefore, can we place a positive evaluation on „Hayekian moral order“? Response to this question requires examination of the explicit content of the evolved rules that Hayek considers to be descriptive of the classical liberal society that he conceptually observes. Clearly, the simple recognition that the rules and traditions emerge from some sort of cultural evolutionary process ist not sufficient here. This recognition must be accompanied by a positive evaluation to the effect that the survival of such rules, in itself, legitimizes them. As many critics have suggested, Hayek stands in danger of Panglossian acquiescence.

If we go beyond the formal stance expressed in his philosophical statements, however, and look more closely at what Hayek really seems to have had in mind in this whole part of his enterprise, we know that the subject of his inquiry remained „the constitution of liberty.“ And, as his major treatise under this title emphasized, the principle of generality is the primary characteristic of the rules. The organizing principle for the „Great Society“ is equality in the application of the rules to all persons who participate in the game. Persons are to enjoy equal liberty, and it is worth noting here that Hayek (1976) did associate his own efforts with those of Rawls (1971), who placed the principle of equal liberty lexicographically prior to any subsidiary distributional norm.

The generality principle implies nondiscriminatory treatment of all persons in the relevant community-treatment that must necessarily be impersonal. Hayek repeatedly emphasizes the abstract nature of the rules of the extended order – abstract in the sense that there is no differential or particularized identification required.[2] Concentration on this characteristic feature tends, perhaps, to draw attention away from the moral content of rules, as such.

The evolutionary process from which the rules that constrain behavior emerge cannot be as open-ended as Hayek's sometime comments seem to have suggested. He sought to offer a justificatory derivation for the rule of law and for the ethics of mutual respect and of reciprocity in dealings, but he shied away from tying this derivation to rationally constructed arguments. In part, this is presumably because Hayek felt it necessary to reject any such principles as objects of explicit choice, on the part of any person or group, at any time.

Empirically, Hayek's inference that the characteristic central feature of the liberal order could not have been explicitly chosen, in the sense of conscious selection from a set of alternatives, may be accepted. Many rules of the observed order must, in fact, have evolved. But Hayek did not appreciate the potential value of the „as if" reconstruction of such an order from a rational calculus. He seemed so fearful of misguided efforts at social constructivism that he overlooked the legitimizing value of a rational reconstruction and chose, instead, to use cultural evolution both as an explanatory and a justificatory argument. By comparison with the Hayekian evolutionary enterprise, the rational reconstruction of the rules of the extended liberal order makes little or no claim at

---

2 We may question HAYEK's consistency when we place his discussion of man's natural proclivity to identify with members of his small tribal community, to the exclusion of outsiders, alongside his more general argument under the rubric *„The Primacy of the Abstract"* (HAYEK, 1978, 35–49) that suggests separate and particular identification takes place only after the emplacement of abstract ideas. A person must, first, be recognized as a member of the human species, an abstract category, before he can be identified as a member of the tribe. In this sense, the extension of the generality principle to persons beyond the tribe reintroduces the „natural" abstract category of man-as-man.

explanation. But its normative value in proffering legitimacy may be superior, and, furthermore, its potential for discrimination is greater.

Many sets of rules might have evolved; only a few of these might survive the criteria of contractarian reconstruction. Also, and importantly for the subject matter of this paper, Hayek's fear of constructivism may have caused him to neglect prospects for incremental institutional adjustments that enhance the efficacy of the liberal moral oder – adjustments that may be suggested from an exercise of rational evaluation.

In the extended order of the Great Society, persons, generally, abide by the law which, itself, has evolved from particular settlements of disputes into rules of universal application, the English common law being the exemplar here. Beyond the law, however, persons behave in accordance with norms that may be externally classified as exhibiting nonexploitative, nonopportunistic, and nondiscriminatory treatment of others, even though there is no internal consciousness that such behavior is, in itself, explicitly „moral" and is, in this sense, somchow contrary to either nature or to opportunistic advantage. Hayek's enthusiasm for such an idealized order of interaction among an unidentified and widely inclusive number of participants is readily understood, perhaps especially by economists. Reduced to its essentials, the idealized order here is little more than an extension and generalization to all interactions of the classical economists' insight that there exist mutual gains from exchange between and among any and all trading partners – gains that may be realized upon guarantees that behavior in the exchange process itself does not exhibit effort to secure differential opportunistic advantage. Hayek's moral order is that of the properly functioning extended market nexus.

The distinctive Hayekian contribution to explanation-understanding lies in his hypothesis that persons may have learned, through the cultural evolutionary process, to act in accordance with the general rules and traditions required to make the extended order operative. It is not surprising that Hayek was especially critical of grandiose schemes that depend on behavioral adherence to norms derived from reason alone and divorced from history.

III. Moral Community, Moral Order, and Moral Anarchy

The Hayekian moral order may be more fully understood if we compare and contrast this order with its alternatives. In an earlier paper that was directly influenced by Hayek's writings (Buchanan, 1981) I developed a three-set classification: 1) moral community, 2) moral order, and 3) moral anarchy. I used this classification to describe the moral environment of any designated society as some appropriate mix among these three stylized patterns of human interaction. The Hayekian moral order, the second member of the set, has already been discussed in Section II.

By moral community, I refer to the setting in which persons relate, one to another, as artificially identified units in a more cohesive whole. Individualized personhood, as such, is sublimated, at least to a large degree, and genuinely independent interest does not separably exist. Economists use the term „utility interdependence" to refer to the relationship here, but this term, itself, may be misleading because it presumes that separated utility streams, as evaluated individually, may be conceptually defined. Sociologists have used the term „other-regardingness". Definitional differences aside, however, the central characteristic feature of moral community is familiar. Persons act as if they include the interests of others than themselves in all aspects of their behavior. The members of a family unit offer the standard example. The mother considers the welfare of the child, possibly even to the extent of placing his welfare or interest above that of her own, if indeed this latter interest could even be conceptually indentified separably. A familiar descriptive term here is „love". In a moral community, members love one another, at least to some degree and in some meaningful sense of the term.

Moral anarchy may be contrasted with moral community along a unidimensional spectrum that measures „love"; „utility interdependence"; or „other-regardingness": In moral anarchy, as stylized, persons seek wholly separate and individualized purposes; other persons are treated quite simply, as parts of the natural environment and are used as such. Another human being, in moral anarchy, is nothing different from a nonhuman animal and is unique only in predicted differences in responses to stimuli.

Moral order, described in Section II, does not fit well on any unidimensional spectrum that locates and contrasts moral community and moral anarchy. In one sense, moral order is orthogonal to any dimensional measure along which the other two patterns of interaction may be depicted. In the stylized moral order, there need be no love between and among the separate persons, as such; there is no utility interdependence. At the same time, however, persons are not treated as if they are parts of the natural environment. Instead, persons are treated as persons, as reciprocating human beings, deserving of mutual respect. This conception of an order of interaction finds its philosophical roots in Kant's precept that persons are to be treated always as ends and never as means. But, as properly understood and as influential in Hayek's thought, other persons' interests, as such, do not enter into any explicit motivation for behavior. The Kantian precept enters the choice calculus as a moral constraint rather than as an argument in the utility function. Translated into the Hayekian intellectual construction, this constraint is present in the evolved rules and traditions and is not consciously sensed as a potential choice variable.

The three-element classification may be confusing in relation to the central argument of this paper because the term community is used only in application to the familiar utility interdependence meaning. The argument of this paper, however, is to the effect that the moral order of reciprocity also embodies community, in a more general usage, even if community here takes on categorically different features for the psychology of interactive behavior.

IV. Limited Exegesis

In my re-reading of Hayek's writings in preparing this paper, I have been repeatedly surprised at his failure explicitly to recognize the communitarian feedbacks that are almost necessarily present in the interaction structure that incorporates behavior in accordance with culturally evolved rules and especially in juxtaposition with his frequent reference to the mutual recognition that allows actors to identify persons who do and who do not adhere to such rules.

> „Order … means essentially that individual action is guided by successful foresight, that people not only make effective use of their knowledge, but also can foresee with a high degree of confidence what collaboration they can expect from others."
> *(The Constitution of Liberty, p. 160.)*

The categorical distinction to be made is that between those persons who adhere to the rules of the moral order and those who do not.

> „Those who observe the rules are regarded as better in the sense of being of superior value compared to those who do not, and whom in consequence the others may not be willing to admit into their company."
> *(Law, Legislation and Liberty, vol. 3, The Political Order of a Free People, 1979, p. 171.)*

> „What makes an individual a member of society and gives him claims is that he obeys its rules."
> *(Ibid., p. 172.)*

It seems clear that Hayek did envisage an interaction setting in which persons are able to discriminate against prospective rule violators. Obversely, rule followers are necessarily welcomed into a genuine community of shared interest, even if the relationship remains impersonal.

Hayek's discussion of the origins of the term, catallactic, contains a fascinating reference that is directly applicable.

„The term, ‚catallactics', was derived from the Greek verb, *katallattein,* ... which meant, significantly, not only ‚to exchange', but also *‚to admit into the community'.* And *‚to change from enemy into friend'.*"
(Law, Legislation, and Liberty, vol. 2, The Mirage of Social Justice, 1976, p. 108. First italics in original, others supplied.)

Perhaps Hayek neglected to emphasize the meaningful value of community because „that to which members belong" and which does embody value does not, itself, lend readily to definition.

„... all that is truly social is of necessity general and abstract in a Great Society."
(Ibid., p. 11.)

„What makes men members of the same civilization and enables them to live and work together in peace is that in the pursuit of their individual ends ... the impulses are ... are guided and restrained by the same abstract rules."
(Ibid., p. 12.)

„... there can exist little agreement ... on concrete acts [but] there may still exist ... a far-reaching similarity in their *opinions* – an agreement which concerns not particular ... events but certain abstract features of social life ... But to bring this out clearly is made difficult by the vagueness of the expressions at our disposal."
(Ibid., p. 13.)

V. The Market Culture As Community

Whether or not Hayek himself fully recognized the potential for communal bonding in a nexus of reciprocity, a trading network generalized to include all mutual agreements, up to and embodying the political, is of less importance than the question as to whether such bonding, can serve as the preserving force for the maintenance of social order against threatened erosion toward moral degeneracy. Modern classical liberals, Hayek included, have generally failed to convey the positive value that may be experienced through personal participation in the social order that is itself defined by general adherence to common standards and rules. In part, of course, this failure is traceable to the century-plus opposition to efforts to reduce the individual to cell-like existence in artificial collective units. To secure freedom from the collective – to preserve liberty – this was, properly, the predominant objective for the post-Marxist classical liberal. It is not surprising that the rejection of collectivism, both in idea and in practice, should have involved a complimentary neglect of an appreciation for the communitarian elements in a well-functioning social order informed by liberal value norms.

The individualistic-collectivist dialectic was too dramatically posed, as if the failure of the collectivist ideal should have implied recourse to full individual autonomy in some image akin to that in moral anarchy discussed earlier. And this misunderstanding is by no means confined to the dialogues among political philosophers. It finds practical embodiment in the reforms that are based on notions that markets will work wonders once all politicized controls are removed. As Hayek and many others have suggested, more than liberty from the intrusions of politics is required if markets are to work well. Even if the essential framework is in place (the „laws and institutions", including protection of property and contract), there must be also a commonly observed set of rules, an ethics, that constrains individual behavior.

These behavior-constraining foundations of market interaction have been widely recognized to be necessary. What has not been nearly so well appreciated and understood is the sense of shared purpose felt by participants when, if, and as they adhere to rules and standards of conduct. Is it not possible that such rules may emerge from a process of cultural evolution, as Hayek suggests, while, at the same time, offering adherents a concrete means of identifying one with another, and, thereby, satisfying personal desires for community membership? Rules serve as parametric constraints on behavior, but, at the same time, within a conscious, if implicit, understanding that others are comparably constrained.

Community, as established by behavioral practice rather than by genetic heritage or religious belief, allows for extensions of the sharing nexus almost without limit, because there is no required additional qualification for membership. There need be no utility interdependence, as such, and no acceptance of ritualistic norms and practices outside the realm of behavior within the rules themselves. But there may exist a conscious and positive evaluation placed on the community of interaction, as such, and hence on the rights of membership. By way of comparison, consider the genetically-linked family unit. This community is, presumably, described by the presence in each member of some positive interest in the well-being of other members. These chains of affection connect to define the inclusive community unit. By contrast, in the community defined by behavioral adherence to rules of reciprocal respect and generality in treatment, there need be no positive interest on the part of any member for the well-being of any other identified member. But, at the same time, value may be placed on the nexus, as such, because each member recognizes that only by way of community can her own private purpose, and personal interest, be advanced.

Economists may unterstand the argument here more clearly by relating it to the familiar public-goods setting. In this setting, persons benefit, privately, from the value generated by the provision and financing of a good or service that is jointly made available to all members of the sharing group. There is no utility interdependence, as such, involved, but persons are, nonetheless, made interdependent through the technologically determined commonality in usage. And there is a differential in value between membership in the sharing group and possible exclusion from membership. It is appropriate, therefore, to call this difference a value of community, as such. A person secures a positive value from „belonging" to the group that commonly shares in the public-goods enterprise.

We may transform this familiar, and limited, setting into the more general framework of a cultural order by thinking of privately valued benefits that are offered simply by membership in the rule-governed community. There need be no concrete public good or service involved here, either jointly or separately supplied. That which is shared is the interactive nexus of relationships, within which the behavior of others is predictable within those constraints defined by the rules of the common culture.

These benefits are separately valued, and there need be no utility interdependence among participants. But membership in the group that shares common fidelity to the rules of order is a source of positive personal utility to members, and any loss of membership promises utility loss. There is, then, a positive value of „belonging" to the group that shares in the culturally evolved heritage, and persons may act so as to maintain and preserve the network of relationships. Further, any defection from the rules by persons who remain within the nexus must act to impose utility losses on all persons who continue to abide by the rule.[3]

Note that identification-qualification for membership in the communities discussed here does not depend on any personalized qualities, other than predicted adherence to the set of rules for interactive behavior – rules that may be minimally constraining in many circumstances. There will remain, nonetheless, an impersonal attachment or loyalty, of sorts, to those persons who pass muster. They will be acknowledged to be „players in the game"; and thereby they will be distinguished from other persons.

Recent contributions in choice theory have suggested that persons need not depart from precepts for rationality when they consistently behave in accordance with something like the Hayekian

3 The value of the „community of scholars" that described the university was surely reduced, for most participants, by the breakdown in rule-following that occurred in the 1960s.

rules of reciprocal respect. In simulations of repeated PD encounters, Vanberg and Congleton (1992) have demonstrated that the availability of an exit strategy allows players to survive who consistently reject the defect option in separate plays. Ron Heiner, Dieter Schmidtchen, and Max Albert (forthcoming) have shown that prospects for mutual predictability in behavior, along with some response interdependence, may offer rational bases for reciprocally cooperative behavior, even in apparent one-shot PD settings. To the extent that these, and other, extensions in rational choice theory are explanatory, the cultural evolution emphasized by Hayek becomes unnecessary in offering understandings of the observed absence of the strictly opportunistic behavior generated within traditional models. The modern efforts to extend rationality principles have not, however, made the communitarian inference. Neither Vanberg-Congleton nor Heiner-Schmidtchen-Albert have suggested that the „membership" based on any mutuality of recognition may evoke a sense of community between and among particular persons, who through such recognition become an identifiable subset of a larger population.

Interpreting the market culture as community allows classical liberals to respond readily to modern communitarian critics of market capitalism who charge that the market order is destructive of valued cultural traditions. These critics concentrate on the destruction of a particular set of cultural rules while neglecting the role of a well-functioning market in the construction of an alternative set of rules, adherence to which signifies the presence of an alternative community, one that is potentially more inclusive and surely more productive of economic value than those organized by nongeneralizable relationships.

The market, considered as a cultural community, should not be open to all persons until and unless there are signals that indicate a „willingness to play by the rules". Moral anarchists, as opportunistic maximizers in nonrecurrent interactions, should not be allowed to enter the ongoing game. They should be kept outside of the effective community by laws adopted and enforced by the political agency for the community. The value of community, as such, is dissipated to the extent that persons who are observed to violate the basic rules are also observed to be able to secure differential advantages from so doing. The corrupted market order loses communitarian advantage and becomes vulnerable to both conservative restorations of efficiency-destroying traditions and collectivist intrusions designed to exploit the anomie of cultural anarchy.

VI. Political Conflict and Market Community

We may identify at least some of the reasons why the sense of community embodied in the market culture seems to have been eroded in the second half of the twentieth century, and not only because of the neglect of articulation in the writings of modern classical liberals like Hayek. I suggest that the central fact in the economic development over this period, which is the increase in the relative size of the public or collective sector, has been directly instrumental in undermining adherence to the rules of reciprocity in interpersonal dealings.

Ideally, the collective or politicized sector may be treated as a complex exchange process. The contractarian tradition in political philosophy embodies efforts to analyze politics in models of exchange. Persons agree to organize a collective agency, the state, as an institutional means of securing goods and services not readily produced privately, including the legal structure which, itself, protects persons, property, and contract. And, as this collective agency operates, persons can be modeled as if they exchange tax payments for publicly provided goods and services that yield privately valued benefits.

To the extent that persons who participate variously in politics, inclusively defined, consider themselves to be engaged in a complex nexus of exchange, the cultural community described by the rules of reciprocity extends beyond markets to include the collective sector. Indeed, in this model, any categorical distinction between the market and the polity disappears. Throughout the centuries, however, opponents of the contractarian constructions have argued that politics is not explained, and should not be modeled, as if its central feature involves complex exchange among participants in a sharing enterprise. Those who reject contractarian explanations, both in their positive and normative variants, advance two opposing constructions.

In the first, referenced as the idealist strand in political philosophy, the state or collectivity is supra-individualistic, at least in some of its essential aspects, and becomes the institutional embodiment of a motivational force that seeks that which is true, good, and beautiful for all participants in the organized polity. Persons who act on behalf of the state must, in this conceptualization, genuinely sublimate all privately separable interests to the well-being of the collective whole. Other-regardingness must be the primary motivation for action, and such concern must extend to the arbitrary limits of the politically organized unit. If the empirical feasibility of such behavior is challenged, the value of the idealized construction is called into question. Attempts to put in place a political order based on behavioral requirements that are beyond the possible can only fail. But what behavior is appropriate for those persons placed in positions of authority? If the state and its agents are assigned tasks on some presumption that there is a „common good“, how can those in authority do other than seek to advance this „good“ in terms of their own interpretation and interest? And, necessarily, the interests of those in authority will be determined by the limits of their own moral capacities (Buchanan, 1978). Once implemented in collective action, these limited interests will become the mutually-exclusive „solution“ for all members of the political community. In this setting, there is simply no space for persons to remain at liberty to pursue their own separable and mutually compatible ends. A politics that has its origins in this idealistic model, but with no connection to behavioral reality, must reduce the value of community that an extended rule-ordered exchange culture might otherwise attain.

Similar conclusions follow from examination of a second model of politics that is often advanced in opposition to contractarian constructions. This second model which, in some empirical-explanatory-descriptive sense, may seem to dominate both contractarian and idealistic efforts, proceeds from the presumption that politics is centered on conflict rather than exchange and that the „game" is, necessarily, zero or negative sum, as opposed to positive sum contractarian stylization.

In this politics of conflict, persons seek differential distributional advantage, and success or failure is so measured. The very process of politics pits some interests against others; any mutuality from exchange-like relationships is denied, even as prospect. If persons who engage in politics, at any level and in any role, think of the whole enterprise in these terms, they must, necessarily, shift out of any mode or mind-set, whether culturally evolved or explicitly chosen, that dictates adherence to rules that suggest reciprocal respect (Buchanan, 1978). If I seek, through politics, to secure distributional gain at your expense, how can I possibly think of my behavior as furthering your legitimate interests, as you might express them? The political nexus of conflict extends the behavioral environment described as moral anarchy relative to that environment described as moral order. We should not, therefore, be surprised at the lapse from moral order that seems to have been observed as the relative size of the collective-politicized sector has so dramatically expanded over the century, and especially in the decades since World War II.

VII. Conclusions

There are implications for policy that emerge from the recognition that membership in the extended market nexus may satisfy communitarian yearnings. These implications involve deliberative actions that may promote marginal improvements in persons' mutual identification. Assimilation into a uniform set of cultural norms and practices (including language) facilitates interpersonal understanding; cultural diversity makes mutual understanding more difficult. This general conclusion cannot be challenged, but no inference can be drawn that sets up or defines particular cultural environments as being superior to others. It is *multi*culturalism that becomes the destructive element, not the putative superiority of any specifically defined subculture in some observed mix.

The Hayekian evolutionary argument suggests that persons may not readily modify their behavior as they shift among separate cultural settings. Acceptance of the empirical validity of this argument, even in part, suggests that culturally-blind immigration policy may be misguided, and especially as and if immigrant groups seek to maintain autonomous cultural and linguistic identities.

„The market" is not an automatically universalizable emergent culture ready to work its wonders only if the requisite legal order is put in place. The market, as a culture of reciprocity, is a „public good", beneficial to all who participate, and it should be valued as such. Violations of the foundational ethics are „public bads", damaging alike to all parties. The exit option, which is omnipresent in the market, is effective in reducing dependence on ethical norms to a level that remains well below that required for even tolerable efficacy in nonmarket interactions. But both supporters and opponents of the extended market order make a critical mistake when they presume that the necessity of behavioral standards is eliminated. And, to the extent that a common set of norms is acknowledged to be required, the adherence to these norms of reciprocation, whether consciously or unconsciously implemented, must itself provide a source and sense of genuine community.

Is the extended order that describes the Hayekian Great Society possible? Can participants in such an order find a sufficient sense of „belonging" through adherence to the rules that allow living together while at the same time pursuing separable interests? The generalized and extended order of the market does, indeed, minimize the demands for commonality along many dimensions of behavior. But some such communality is nonetheless required. John Rawls (1993) has emphasized the necessity of minimal consensus in a liberal order. Can this consensus carry with it enough communitarian value to insure the presence of internal cohesion?

These questions can be answered in the affirmative only if classical liberals become more articulate in their defense of the cultural community that embodies the generalization of the basic law and morality of free markets. The normative ideal is not *laissez faire* without qualifying adjectives. The normative ideal must include *reciprocity*, which does, indeed, allow for a sharp delineation between those who genuinely „belong" and those who do not.

Hayek's contribution in the victory over the idea of socialism cannot be questioned. Hayek's successors can respond to the idea of communitarianism by incorporating it consistently within their own outlook. An explicit public appreciation for the cultural order of the extended market can simultaneously secure individual liberty, promote economic prosperity, and satisfy demands for solidarity.

References

Buchanan, James M. „Markets, States, and the Extent of Morals", *American Economic Review* 68 (May 1978): 364-68.

Buchanan, James M. *Moral Community, Moral Order, and Moral Anarchy*, The Abbott Memorial Lecture No. 17 (Colorado Springs: Colorado College, 1981).

Buchanan, James M. and Roger D. Congleton. *Politics by Principle, Not Interest: Toward Nondiscriminatory Democracy* (Cambridge and New York: Cambridge University Press, 1998).

Gray, John. *Enlightenment's Wake: Politics and Culture at the Close of the Modern Age* (London and New York: Routledge, 1995).

Hayek, Friedrich A. *The Constitution of Liberty* (Chicago:

University of Chicago Press, 1960).
Hayek, Friedrich A. *Studies in Philosophy, Politics and Economics* (Chicago: University of Chicago Press, 1967).
Hayek, Friedrich A. *Law, Legislation and Liberty,* Vol. 1, *Rules and Order* (Chicago: University of Chicago Press, 1973).
Hayek, Friedrich A. *Law, Legislation and Liberty,* Vol. 2, *The Mirage of Social Justice* (Chicago: University of Chicago Press, 1976).
Hayek, Friedrich A. *New Studies in Philosophy, Politics, Economics and the History of Ideas* (Chicago: University of Chicago Press, 1978).
Hayek, Friedrich A. *Law, Legislation and Liberty,* Vol. 3, *The Political Order of a Free People* (Chicago: University of Chicago Press, 1979).
Hayek, Friedrich A. *The Fatal Conceit: The Errors of Socialism* (Chicago: University of Chicago Press, 1988).
Heiner, Ron, Dieter Schmidtchen, and Max Albert. „Rational Contingent Cooperation in the One-Shot Simultaneous Prisoner's Dilemma Nash Equilibria with Endogenous Information", *Public Choice*, forthcoming.
Rawls, John. *A Theory of Justice* (Cambridge, Mass.: Harvard University Press, 1971).
Rawls, John. *Political Liberalism* (New York: Columbia University Press, 1993).
Sande, Michael J. *Democracy's Discontent: America in Search of a Public Philosophy* (Cambridge, Mass.: The Belknap Press of Harvard University Press, 1996).
Smith, Adam. *The Wealth of Nations* (New York: Random House, 1937).
Vanberg, Viktor and Roger D. Congleton. „Rationality, Morality and Exit", *American Political Science Review* 86 (June 1992): 418–31.

Hayeks Beitrag zum Verständnis des Prozesses wirtschaftlichen Wandels

von

Douglass C. North

I.[1,2]

In der Forschung von Ökonomen ist der Versuch, den Prozeß des wirtschaftlichen Wandels zu verstehen, das am meisten vernachlässigte Gebiet. Ökonomische Theorie ist statisch; indes führt in der Welt dynamischen Wandels, in der wir leben, ein statisches Theoriekonzept andauernd zu falschen Rezepten für die Politik. Infolgedessen ist der Bereich der wirtschaftlichen Entwicklung verhängnisvoll verkümmert; und nicht einmal in den entwickelten Volkswirtschaften wird recht verstanden, wohin die Entwicklung geht. Das jüngste Interesse an evolutorischer Ökonomik ist freilich eine ermutigende Entwicklung.[3]

In der menschlichen Evolution ist im Unterschied zur Darwinschen Evolution die Intentionalität der Spieler das entscheidende Merkmal. Doch welche Absichten hegen die Spieler und wie führen diese Absichten in ihrer Gesamtheit zu Wandel? Diese Frage war für Friedrich Hayek, den Pionier auf dem Weg zum Verständnis des Prozesses wirtschaftlichen Wandels, ein zentrales Anliegen.[4] Zu Beginn möchte ich seine Position kurz skizzieren.

Kollektives Lernen als der wesentliche Bestandteil der Hayekschen Theorie der kulturellen Evolution besteht aus dem generationenübergreifenden Ansammeln von Wissen, Werkzeugen, Haltungen, Werten und Institutionen, die sich durch selektive Ausmerzung weniger geeigneter Verhaltensformen herausgebildet haben. Sie haben dem langsamen Test der Zeit in einem evolutori-

---

1 Aus dem Amerikanischen übersetzt von WENDULA GRÄFIN V. KLINCKOWSTROEM.

2 Mein Dank gilt ELISABETH CASE, die das Manuskript redigiert hat.

3 Für einen Überblick über die Literatur siehe ULRICH WITT, *Explaining Process and Change: Approaches to Evolutionary Theory*, ANN ARBOR: University of Michigan Press, 1992.

4 Einen ausgezeichneten Überblick über Hayeks evolutorische Ansichten gibt VIKTOR VANBERG, „*Cultural Evolution, Collective Learning, and Constitutional Design*", in DAVID REISMAN, ed., *Economic Thought and Political Theory*, Boston: Kluwer Academic Publishers, 1994; dt. Ausgabe: Kulturelle Evolution und die Gestaltung von Regeln, Walter Eucken Institut, Vorträge und Aufsätze 144, Tübingen: Mohr 1994.

schen Prozeß von Versuch und Irrtum standgehalten. Die Kultur einer Gesellschaft verkörpert infolge dieses Evolutionsprozesses die herausgefilterte Erfahrung der Vergangenheit, eine Erfahrung, die das Wissen, das jemand eigenständig im Laufe eines einzigen Lebens hätte ansammeln können, bei weitem übersteigt. Wenn wir dieses Argument mit Adam Smiths grundlegender Einsicht verbinden, daß die Arbeitsteilung nicht nur ein Weg zur effektiveren Nutzung unserer Fähigkeiten war, sondern, mehr noch, die Hauptquelle für die Zunahme unserer Produktivität ist, dann ist das Anwachsen des von einer Kultur verkörperten Wissensbestandes eng mit der Zunahme von Spezialisierung und Arbeitsteilung verknüpft. Weil aber die Arbeitsteilung eine Teilung des Wissens mit sich bringt und verschiedene Arten von Wissen auf verschiedene Weise organisiert werden, erfordert die Koordination des Wissens, um wirksam zur Lösung menschlicher Probleme beitragen zu können, mehr als ein Preissystem. Zunehmende Komplexität von Wirtschaftssystemen impliziert, daß die institutionelle Struktur eine entscheidende Rolle im Hinblick darauf spielt, inwieweit unterschiedliches Wissen integriert und zur Problemlösung bereitgestellt wird. Das Wissensproblem, um mit Hayek zu sprechen, ist das Problem, eine Methode zu finden, die das unter den einzelnen Mitgliedern einer Gesellschaft verstreute Wissen nicht nur am besten nutzt, sondern auch deren Fähigkeit zur Entdeckung neuer Tatsachen am besten nutzbar macht.[5]

Hayeks wegweisender Beitrag lag darin, daß er den gesamten Prozeß menschlichen Wandels in Zusammenhang mit der kulturellen Evolution brachte – einem Evolutionskonzept, das Adam Smiths Einsichten ergänzt – und, mehr noch, daß er die grundlegende Rolle erkannte, die den menschlichen Vorstellungsmustern in diesem Prozeß zukommt.

---

5 F. A. HAYEK, *Recht, Gesetzgebung und Freiheit*, Bd. .3: *Die Verfassung einer Gesellschaft freier Menschen*, Landsberg am Lech: Verlag Moderne Industrie 1981, S.247, Anm.7.

II.

Die Herausformung von Vorstellungsmustern gründet sich auf Lernprozesse, zu deren Verständnis uns das aufstrebende Gebiet der Kognitionswissenschaft die notwendigen theoretischen Einsichten zu geben verspricht. Obgleich die Entwicklung dieses Gebiets eine lange Vorgeschichte hat, ist die Hauptforschungsarbeit doch erst in jüngerer Zeit in Gang gekommen; und erst in den vergangenen zwei Jahrzehnten haben die Ergebnisse die ökonomische Theorie zu beeinflussen begonnen – zu einem Gutteil dank der bahnbrechenden Arbeiten von Herbert Simon. Hayeks außergewöhnlicher Beitrag „The Sensory Order" – zwar 1952[6] veröffentlicht, aber tatsächlich bereits „1920 zu Papier gebracht, wenn auch in einer recht laienhaften Weise"[7] – war daher nahezu ein halbes Jahrhundert vor dem Zeitpunkt konzipiert worden, zu dem die Forschung in den Sozialwissenschaften begann, sich mit dem Lernprozeß und der Herausbildung von Vorstellungsmustern auseinanderzusetzen.[8]

Für Hayek sind Vorstellungsmuster ein Konstrukt des Geistes, das auf interpretierenden Sinneswahrnehmungen beruht.[9] „Wirklichkeit" wird von uns nicht einfach reproduziert. Vielmehr konstruieren wir Klassifikationssysteme, um die äußere Umwelt zu interpretieren. „Wahrnehmung ist somit immer eine Interpretation, eine Zuordnung von etwas in eine oder mehrere Klassen von Objekten ... Die Qualitäten, die wir den erfahrenen Objekten zuschreiben sind strenggenommen überhaupt keine Eigenschaften dieses Objekts, sondern ein System von Beziehungen, mit deren

---

6 F. A. Hayek, *The Sensory Order*, Chicago: University of Chicago Press, 1952.

7 Vgl. F. A. Hayek, *„The Sensory Order after 25 Years"*, in Walter Weimer and David Palermo, eds., *Cognition and the Symbolic Processes,* Vol. 2 Hillsdale, N.J.: Lawrence Erlbaum and Associates, 1982, S. 288.

8 Hayeks Studie hatte, als sie 1952 publiziert wurde, wie er selbst eingesteht, sehr wenig Einfluß auf das Fach.

9 Für eine ausgezeichnete Zusammenfassung der Hayekschen Kognitionstheorie siehe William Butos and Roger Koppl, *„Hayekian Expectations: Theory and Empirical Applications"*, Constitutional Political Economy, 1993,Vol. 4, No. 3.

Hilfe unser Nervensystem sie klassifiziert oder, um es anders auszudrücken, alles, was wir über die Welt wissen, hat die Eigenschaft von Theorien und alles, was 'Erfahrung' tun kann, ist, diese Theorien zu verändern." [10] Hayek versteht das semipermanente Verbindungsnetz zwischen den Nervenfasern als Abbildung des Klassifikationsprozesses. Aufgrund dieses Musters formt der Geist ein Modell seiner unmittelbaren Umgebung. Eine Neuinterpretation von Wirklichkeit geschieht dann, wenn das vorherrschende Modell oder Orientierungsmuster zu unvorhergesehenen Ergebnissen führt und somit eine Neuklassifizierung zwingend wird, um einen besseren „Realitätsbezug" herzustellen. Einer solchen Neuklassifizierung sind indessen durch tiefverwurzelte (stillschweigende) Regeln, die die Anpassungsflexibilität des Geistes bestimmen, Grenzen gesetzt.

Für Hayek ist der Geist untrennbar mit der Umgebung verbunden. „ ... der Apparat, mit dessen Hilfe wir etwas über die Außenwelt lernen, ist selbst das Produkt einer Art Erfahrung. Er wird geformt durch die Bedingungen, die in der Umwelt, in der wir leben, herrschen, und er repräsentiert eine Art genetische Reproduktion der Beziehungen zwischen den Elementen dieser Umwelt, die wir in der Vergangenheit erfahren haben; und wir interpretieren jedes neue Ereignis in der Umwelt im Licht dieser Erfahrung." [11] Infolgedessen können und werden auch häufig die Erfahrungen, die die intellektuellen Klassifikationen im Geist geformt haben, zu Fehlinterpretationen der Probleme führen, die sich dem Individuum stellen. „ ...die Klassifizierung der Anreize, die unsere Sinne aussenden, wird auf einem System von erworbenen Verknüpfungen beruhen, die in partieller und unvollkommener Weise Beziehungen reproduzieren, die zwischen entsprechenden physischen Anreizen bestehen. Das auf diese Weise geformte

---

10 F .A. Hayek, *The Sensory Order*, Chicago: University Press, 1952, S. 143 (Übersetzung W.v.K.). Er beruft sich bei dieser Formulierung auf „my friend Karl Popper, who, however, may not entirely agree with this use I am making of his ideas." S. 143, Anm. 2.

11 Ebenda, S. 165 (Übersetzung W.v.K.).

'Modell' der physischen Welt, wird die in dieser Welt existierenden Beziehungen nur sehr verzerrt widergeben; und die Klassifizierung dieser Ereignisse durch unsere Sinne wird sich häufig als falsch herausstellen, das heißt, Erwartungen wecken, denen die Ereignisse nicht gerecht werden." [12]

Hayeks Sicht der kognitiven Prozesse des Menschen mutet ausserordentlich modern an. Jüngere Beiträge zur Theorie des Konnektionismus, wie sie insbesondere in neueren sozialwissenschaftlichen Arbeiten entwickelt wurden, ergänzen sich mit Hayeks Pionierarbeit besonders gut. Edwin Hutchins liefert eine integrierte Theorie des Geistes und seiner kulturellen Umgebung, die in bemerkenswertem Gegensatz zu der traditionellen kognitionswissenschaftlichen Literatur steht, die das Wesen des kognitiven Prozesses getrennt von seiner historischen, kulturellen und artefaktischen Umgebung untersucht.[13] Erkenntnis, wie Hutchins sie versteht, ist ein interaktiver Prozeß, der die interne Dynamik des individuellen Geistes wie auch die physischen und kulturellen Ressourcen umfaßt, die sich im gesellschaftlichen Kontext finden. Ein solcher Ansatz betont die wichtige kognitive Rolle von gesellschaftlichen Institutionen.

Dieses integrative Konzept des Erkenntnisprozesses ermöglicht es, das kulturelle Erbe systematisch in die Analyse der wirtschaftlichen Leistung im Zeitablauf einzubeziehen. Die verstärkte Spezifizierung der Art und Weise wie individuelle Vorstellungsmuster mit dem sozialen Umfeld zusammenhängen, liefert uns eine Anzahl von Verfahrensweisen, um Kultur und soziale Institutionen direkter in unsere Erklärungsansätze des wirtschaftlichen Wandels einzubeziehen. In der herkömmlichen wirtschaftstheoretischen Analyse besteht das Problem, daß die Vernachlässigung der Auswirkungen von Vorstellungsmustern auf ökonomische Entscheidungen Ökonomen zu Erklärungen wirtschaftlicher Leistung hat kommen lassen, die weder 1) ökonomischen Wandel innerhalb

12 Ebenda, S. 145 (Übersetzung W. v. K.).
13 EDWIN HUTCHINS, *Cognition in the Wild*, Cambridge: MIT Press, 1995.

einer einzelnen Gesellschaft im Zeitablauf noch 2) strukturelle Unterschiede des ökonomischen Wachstums in verschiedenen Gesellschaften in angemessener Weise erfassen. Ideen und Vorstellungsmuster sind von Bedeutung, und die Art und Weise, wie sie entstehen und überliefert werden, ist der Schlüssel zur Entwicklung einer brauchbaren Theorie, die unser Verständnis für die Leistung von Gesellschaften zu einem bestimmten Zeitpunkt wie auch im Zeitablauf verbessern wird.[14]

Institutionen sind ebenso wie kulturelle Vorstellungsmuster kritische Beschränkungen für diejenigen, die Entscheidungen treffen und sind daher wesentliche Größen für die Modellbildung. Aus einem solchen integrativen Ansatz ergeben sich grundlegende Implikationen für das Verständnis wirtschaftlichen Wandels. Die Leistung einer Wirtschaft ist eine Folge der Anreizstrukturen des in Politik und Wirtschaft geltenden institutionellen Rahmens. Die Anreizstrukturen sind wiederum eine Funktion der Ideen und Vorstellungsmuster der Wirtschaftssubjekte. Die Herausbildung von Vorstellungsmustern ist ein dynamischer Lernprozeß, in dem Vorstellungen gebildet, anschließend neue Ereignisse erfahren und daraufhin Vorstellungen verändert werden. Der Prozeß, in dessen Verlauf sich Vorstellungsmuster verändern und weiterentwickeln, ist freilich komplex. Da Lernen stattfindet, kommt es zu Pfadabhängigkeit, sodaß Geschichte von Bedeutung ist, wodurch die Wachstumskurve in einer Wirtschaft wesentlich beeinflußt werden kann. Bevor wir uns daher dem Prozeß gesamtwirtschaftlichen Wandels zuwenden, müssen wir die Rolle von Institutionen und Pfadabhängigkeit in diesem Prozeß untersuchen. Während Hayek nicht explizit eine Theorie der Institutionen und der Pfadabhängigkeit entwickelt hat, stellt die durch die neue Institutionenökonomik erfolgte Entwicklung eine dem Geist seines Konzeptes entsprechende Ergänzung dar, worauf ich im Schlußabschnitt noch zurückkommen werde.

---

14 Dieser und der folgende Abschnitt sind entnommen aus JACK KNIGHT und DOUGLASS C. NORTH, *„Explaining Economic Change: The Interplay between Cognition and Institutions“*, Legal Theory, 1998.

III.

Vom Menschen herbeigeführter ökonomischer Wandel geschieht zum einen, weil das Spiel durch strategisch handelnde Akteure, die die formalen Regeln ändern, absichtlich verändert wird, zum anderen, weil graduelle (und häufig nicht beabsichtigte) Veränderungen bei den informellen Beschränkungen oder Zuwächsen des Wissensbestandes oder mögliche Veränderungen in der Bevölkerungsstruktur stattfinden, die durch andere Faktoren hervorgerufen sein können, als durch Veränderungen von Anreizen oder von Wissen. Unser Hauptaugenmerk hier gilt Veränderungen im Anreizsystem, die dann Veränderungen im Wissensbestand und in der Bevölkerungsstruktur nach sich ziehen, doch das komplexe Zusammenwirken dieser drei Faktoren ist bei weitem noch nicht völlig verstanden und stellt eine zentrale Herausforderung für zukünftige Forschungarbeiten dar. Sobald einmal insbesondere die Anreize zur Vermehrung des Wissensbestandes vorhanden sind, kann sich ökonomischer Wandel als Folge von Institutionen fortsetzen, die für solche Anreize sorgen. Zu diesen Institutionen gehören Patentrechte, Geschäftsgeheimnisrechte und ferner die Reihe von Gesetzen, die die Vermehrung von Wissen und seinen Einsatz zur Lösung von Knappheitsproblemen fördern. In der Tat ist der Aufstieg der westlichen Welt eine im mittelalterlichen Europa beginnende Geschichte des Zusammenspiels zwischen der Entwicklung von Vorstellungsmustern, die die Anfänge wissenschaftlicher Untersuchungen ermutigten, Institutionen, die die Entwicklung des unpersönlichen Tausches und damit das Wachsen von Märkten erlaubten, Innovationen wie dem Buchdruck, die die Informationskosten senkten, politischen Institutionen, die das Fundament für eine repräsentative Regierung legten, und der Einführung von Regeln, die den Ertrag von Innovationen erhöhen, und so fort.

Im folgenden möchte ich den Wandel untersuchen, der absichtlich von Akteuren herbeigeführt wird, deren strategische Position ihnen die Veränderung der formalen Regeln erlaubt. Unternehmer, sowohl in der Politik als auch in der Wirtschaft, versuchen meistens, (1) trotz (Knightscher) Unsicherheit Entscheidungen zu treffen und (2) zu maximieren, was immer auf kurze Sicht ihre Zielfunktion sein mag (seien es Gewinne oder Überleben im Amt oder „Macht“). Beide Punkte bedürfen der Erläuterung.

Wenn sich die Unsicherheit auf eine bekannte Verteilung von Alternativen bezieht, dann kann etwas wie ein Bayesianischer Lernprozeß für den Wandel verantwortlich sein; wenn es jedoch um genuin Neues geht oder die Akteure noch nicht einmal die sich möglicherweise bietenden Alternativen kennen, dann wird das System der Vorstellungsmuster der Spieler, in dem sich die kumulative Erfahrung vieler Generationen widerspiegelt und das sich in dem verkörpert, was wir Kultur nennen, die Entscheidungen bestimmen. Ronald Heiner vertritt die These, daß Spieler angesichts herrschender Unsicherheit Regeln entwickeln werden, die die Entscheidungsmöglichkeiten begrenzen. Daraus folgt nicht, daß die Regeln optimal wären und daß sie, sobald sie aufgestellt sind, zukünftige Optionen der Spieler begrenzen.[15] Vielmehr werden aus der Vergangenheit stammende Erfahrungen der Spieler deren Fähigkeit zur Informationsnutzung beeinflussen. Soweit die zusätzliche Information in dem Sinne „lokal“ ist, daß sie ihm bekannt vorkommt, kann der Akteur die zusätzliche Information effizient nutzen – eine These, die dem muster-basierten Kalkül konnektionistischer Erkenntnismodelle entspricht. Je stärker „nicht-lokal“ die Information ist, um so größer sind die Unsicherheit und das Problem, das sie für eine „vernünftige“ Entscheidungsfindung darstellt.

Der objektive Zweck dieser strategischen Akteure ist im allgemeinen nicht das (wie auch immer verstandene) Wohlergehen der Gesellschaft, sondern das, was sie als kurzfristige Verbesserung ihrer Wettbewerbsposition ansehen. Deren Entscheidungen werden ihrerseits durch die institutionelle Matrix geformt, die die Er-

---

15 Ronald Heiner, *„The Origins of Predictable Behavior“*, American Economic Review, 1983.

träge festlegt. Es gibt daher keinen zwingenden Grund, warum die akkumulierten Entscheidungen, die auf kurzfristige Zweckmaximierung ausgerichtet sind, langfristig Wirtschaftswachstum hervorbringen sollten. Nur im klassischen, von Adam Smith postulierten Fall, würden die kurzfristigen Entscheidungen von Unternehmern den Reichtum der Nationen mehren. Falls die institutionelle Matrix den Spielern Anreize liefert, eher via Preis und Qualität zu konkurrieren – als hinsichtlich anderer Parameter –, dann trifft Adam Smiths glückliche Schlußfolgerung tatsächlich zu. Dieser Punkt muß besonders hervorgehoben werden, da ein Großteil der Literatur unterstellt, Laisser-faire – die Abwesenheit staatlicher Interventionen – sei eine hinreichende Bedingung für gute Leistungen. Dem ist nicht so! Märkte müssen so strukturiert sein, daß Spieler veranlaßt werden, in einer Art und Weise miteinander zu konkurrieren, die den Interessen der Verbraucher dient.[16]

Die institutionelle Struktur, die sich herausgebildet hat, legt fest, wer die strategischen Akteure sind und wie sie ihre Entscheidungen umsetzen können. Aus der Art dieser Struktur ergibt sich indes eine wichtige Folgerung. Die von der Gesellschaft festgelegten Entscheidungsregeln werden entscheidend daran mitwirken, wessen Entscheidungen zählen und wie sie zählen. Entscheidungen, die ohne Rückgriff auf die Politik getroffen werden können, werden die Vorstellungsmuster und Wahrnehmungen der wirtschaftlichen Unternehmer und ihrer Organisationen unverfälscht widerspiegeln; Entscheidungen aber, die nur durch Einschalten der Politik getroffen werden können, werden von dem weitaus größeren Kreis derjenigen abhängen, die sich selbst als von der Entscheidung betroffen wahrnehmen, sowie von dem Ausmaß ihres Zugangs zum politischen Entscheidungsfindungs-

16 VIKTOR VANBERG zeigt, daß HAYEK eben dies im Sinn hatte, wenn er Wettbewerb dahingehend spezifizierte, daß er „durch angemessene rechtliche Regeln eingeschränkt" sein sollte. VIKTOR VANBERG, *Kulturelle Evolution und die Gestaltung von Regeln,* Walter Eucken Institut, Vorträge und Aufsätze 144, Tübingen: Mohr 1994, S. 31.

prozeß. Letzteres führt zu weitaus größerer Unsicherheit in bezug auf das Ergebnis als ersteres.

Noch völlig unbekannt ist die Art und Weise, wie sich informelle Beschränkungen herausbilden. In welchem Verhältnis stehen sie zu Veränderungen bei den formalen Regeln? Wie verläuft deren Entstehungsprozeß? Inwieweit besteht er in bewußtem, beabsichtigtem Wandel und inwieweit vollzieht er sich in kleinen Schritten und unbeabsichtigt? Schließlich, welche Bedeutung hat der Wandel der informellen Beschränkungen für kulturellen Wandel insgesamt?

Auf diese Fragen beginnt eine wachsende Literatur, Antworten zu geben.[17] Die informellen Beschränkungen sind zweifellos ein integraler Bestandteil des institutionellen Rahmens, der menschliche Interaktionen strukturiert. Einige können sich als Ergebnis der unkoordinierten Handlungen von Individuen ergeben. Gewohnheitsregeln können zufällig entstehen und dann durch Nachahmung überliefert werden. Viele informelle Beschränkungen dienen dazu, formale Regeln zu ergänzen, auszuweiten oder zu modifizieren. Einige, wie das Fehdewesen, sind zweifellos Negativsummen-Spiele, und es bleibt rätselhaft, wie sie überdauern konnten.

Wir fragen hier nach den Auswirkungen von informellen Beschränkungen auf die wirtschaftliche Leistung. Die Antwort ist, sie haben direkten Einfluß auf die Transaktionskosten. Normen wie Ehrlichkeit, Integrität, Verläßlichkeit senken die Transaktionskosten. Die Popularität des (von James Coleman geprägten) Terminus „Sozialkapital" ist Ausdruck für die Anerkennung derjenigen Werte und Normen, die auf verschiedenen Arten von Märkten den Austausch erleichtern. Avner Greif hat in einer sehr systematisch angelegten Studie den Einfluß von kulturellen Werten auf den wirtschaftlichen Erfolg untersucht, und zwar anhand einer vergleichenden Analyse von Händlern aus Genua und von Händlern, die im Mittelmeerhandel des elften und zwölften Jahrhun-

17 Einen ausgezeichneten Überblick enthält A. Ben-Ner und L. Putterman, eds., *Economics, Values, and Organization*. Cambridge: The University Press, 1998.

derts kulturelle und soziale Merkmale einer islamischen Gesellschaft übernommen hatten.[18] Er entdeckte in ihrer Organisationsstruktur systematische Unterschiede, die sich auf den Gegensatz von individualistischen und kollektivistischen Verhaltenseinstellungen zurückverfolgen ließen. Um kollektives Handeln durchzusetzen, entwickelten die von der islamischen Welt geprägten Händler gruppeninterne soziale Kommunikationsnetzwerke; obgleich sie in vergleichsweise kleinen homogenen ethnischen Gruppen erfolgreich waren, widmeten sie sich nicht dem unpersönlichen Tauschhandel, der sich bei zunehmender Marktgröße und Händlern unterschiedlicher ethnischer Herkunft ergibt. Demgegenüber entwickelten die Genueser bilaterale Durchsetzungsmechanismen, die zur Überwachung und Durchsetzung von Vereinbarungen die Errichtung formalrechtlicher und politischer Organisationen nach sich zogen – ein institutionell-organisatorischer Entwicklungspfad, der komplexeren Tauschhandel ermöglichte.

Wie kommt es zu einem Normenwandel? Robert Putnam entdeckte in einer einflußreichen vergleichenden Untersuchung des Wohlstandes in verschiedenen Teilen Italiens heute bestehende Unterschiede in der Höhe des Sozialkapitals, die acht Jahrhunderte früher als Folge von unterschiedlichen Verhaltensmustern entstanden waren, nämlich hierarchisch auferlegten Kontrollen einerseits und freiwilligen Quellen der Problemlösung andererseits.[19]

Auch eine Untersuchung von Jean-Phillipe Platteau und Ujiro Hayami[20] verfolgt die Entwicklung von Normen zurück bis auf historisches Quellenmaterial und politische Strukturen; so wird im Fall von Afrika die These vertreten, Umverteilungsnormen seien im Kontext von niedriger Bevölkerungsdichte und Überfluß an

---

18 Avner Greif, *Genoa and the Maghribi Traders: Culture, Commitment, and the Institutional Foundations of States and Markets,* Cambridge: The University Press, 1999.

19 Robert Putnam, *Making Democracy Work,* Princeton: The University Press, 1993.

20 Jean-Phillipe Platteau and Ujiro Hayami, *„Resource Endowments and Agricultural Development: Africa and Asia"*, in M. Aoki and U. Hayami, eds., *Institutional Foundations of Economic Development in East Asia,* London: Macmillan, 1998.

Boden entstanden. Weil im Afrika der Sub-Sahara Boden über geringen Wert verfügt, haben sich Eigentumsrechte an Boden nicht gut etabliert und die auf Landeigentum basierende soziale Schichtenbildung hat sich in ländlichen Gemeinschaften dort nicht so entwickelt, wie es in Asien angesichts von Überbevölkerung und Bodenknappheit geschah. „In solchen Gesellschaften wurzeln Fairneßregeln, die Individuen daran hindern, sich ökonomisch zu emanzipieren, oft in einer typischerweise prä-rationalistischen, magischen Weltanschauung. Unter Bedingungen einer extremen Verwundbarkeit durch die Launen der Natur überrascht es eigentlich nicht, daß geglaubt wird, letztendlich läge die Verantwortung für die Versorgung mit Nahrungsmitteln und anderem Unentbehrlichen bei übernatürlichen Instanzen. Die von Individuen erbrachte Leistung und der erreichte Produktionserfolg werden als zwei separate Sachverhalte betrachtet, die in keinem kausalen Zusammenhang stehen."[21] In einem solchen Kontext bestimmt das Glück den Gewinn, und die Nutznießung eines solchen glücklichen Schicksals sollte nicht auf den Gewinner beschränkt bleiben. Auch „steht zu befürchten, daß Individuen mit hohem Einkommen versucht wären, wenn man ihnen die Wahlfreiheit ließe, sich ihren Solidaritätsverpflichtungen zu entziehen und aus dem wechselseitigen Versicherungsmechanismus auszusteigen (da sie durch Kumulation ihres Einkommensüberschusses in der Lage sind, sich selbst wirksam abzusichern)." Umverteilungsnormen können in einem solchen Zusammenhang als Besteuerung betrachtet werden, zu dem Zweck entworfen, das „Wettrennen um gesellschaftlichen Status"[22] zu zügeln.

Die Implikationen der oben angeführten Berichte über die Herausbildung von formalen Regeln und informellen Beschränkungen lassen darauf schließen, daß der Lernprozeß, der zu Veränderungen in solchen Verhaltensbeschränkungen führt, von der Art und Weise abhängt, wie ein bestehendes System von Vorstellungsmu-

---

21 Ebenda, S. 28 (Übersetzung W. v. K.).
22 Ebenda, S. 28 (Übersetzung W. v. K.).

stern die Informationen filtert, die aus den Erfahrungen gewonnen werden – aus den verschiedenartigen Erfahrungen, denen sich Individuen und Gesellschaften zu unterschiedlichen Zeiten gegenübersehen.

IV.

Das Konzept der Pfadabhängigkeit ist zum Standardbegriff zur Beschreibung eines Phänomens geworden, das, obwohl bisher noch nicht vollkommen verstanden, den Schlüssel zum Verständnis von Erfolg oder Mißerfolg von Wirtschaften bei Veränderungen ihrer Wettbewerbsposition darstellt. Pfadabhängigkeit zieht sich als durchgängiges Merkmal von Gesellschaften durch alle Zeiten und ist eine der bleibenden und wichtigsten Lehren, die aus dem Studium der Vergangenheit zu ziehen sind. Pfadabhängigkeit scheint nicht viel mehr zu bedeuten, als daß Entscheidungen von gestern der Ausgangspunkt für Entscheidungen von heute sind. Aber sie scheint eine Bestimmungsgröße von weitaus grundlegenderer Art zu sein. Die Schwierigkeit einer grundlegenden Veränderung von Pfaden ist evident und sie impliziert, daß der Lernprozeß, in dessen Verlauf wir zu den heutigen Institutionen gelangt sind, zukünftigen Entscheidungen Beschränkungen auferlegt. Pfadabhängigkeit bedeutet mehr als einfach nur dies, daß die Organisationen, die aufgrund der bestehenden institutionellen Matrix entstanden sind, ihr Überdauern und Wohlergehen eben dieser Matrix verdanken und daher versuchen werden, Veränderungen zu verhindern, die ihr Wohlergehen beeinträchtigen würden. Außerdem wird auch das komplementäre Verhältnis zwischen dem System von Vorstellungsmustern und dem institutionellen Rahmen radikalen Wandel verhindern.

V.

Wir sind nun soweit, daß wir die einzelnen Teile zusammensetzen und den Gesamtprozeß wirtschaftlichen Wandels untersuchen können.

Die Systeme von Vorstellungsmustern, die aus Lernprozessen hervorgehen, veranlassen Unternehmer in Politik und Wirtschaft, die durch ihre Entscheidungen die mikro- und makroökonomische Leistung beeinflussen können, eine komplexe Ordnung von Regeln, Normen, Konventionen und Vorstellungsmustern zu errichten, die durch Verfassungen, Eigentumsrechte und informelle Beschränkungen verkörpert wird. Diese wiederum beeinflussen die wirtschaftliche Leistung. Diese Ordnungs-„Struktur" beschränkt nicht nur in einem bestimmten zeitlichen Moment die Wahlmöglichkeiten, sondern ist die Quelle von Pfadabhängigkeit. Sobald politische oder wirtschaftliche Unternehmer versuchen, einige Aspekte der wirtschaftlichen Leistung zu verändern, treffen sie Entscheidungen, die nicht nur aufgrund der üblichen technologischen und einkommensabhängigen Restriktionen, sondern auch durch diesen Ordnungsrahmen beschränkt sind. Beabsichtigt ist dabei, die wirtschaftliche Leistung in eine bestimmte Richtung hin zu verändern. Die Gesamtheit derartiger politischer Maßnahmen führt zu einer ständigen Veränderung des funktionellen Ablaufs des Wirtschaftsprozesses. Dies wiederum führt in einem niemals endenden Prozeß wirtschaftlichen Wandels zu allmählichen Veränderungen in den von Menschen erdachten Modellen.

Im Verlauf der Geschichte haben die Menschen sich bezeichnenderweise immer (zumindest zum Teil) geirrt 1) in ihrem Bemühen, das Funktionieren der Wirtschaft zu verstehen, 2) bei der Konstruktion künstlicher Ordnungsrahmen oder 3) bei den von ihnen durchgeführten politischen Maßnahmen (im besten Falle grobe Werkzeuge zur Erreichung bestimmter Ziele), die unvorhergesehene Folgen haben. Die Wirtschaftsgeschichte läßt sich als großartige Erfolgsgeschichte von enormem materiellem Wohlstandswachstum schreiben, worin sich das säkulare Wachstum des Wissensbestandes widerspiegelt. Aber sie stellt auch ein ungeheures, panoramaartiges Abbild von Entscheidungen dar, die zu Tod, Hungersnöten, verlorenen Kriegen, wirtschaftlichem Niedergang und Stagnation sowie in der Tat zum gänzlichen Verschwinden von Zivilisationen geführt haben. Freilich waren auch die Entscheidungen, die in den Erfolgsgeschichten getroffen wurden, typischerweise eine Mixtur aus Glück vermengt mit klugen Urteilen und unvorhergesehenen Ergebnissen. Betrachten wir zum Beispiel die amerikanische Wirtschaftsgeschichte. Von den ersten Versuchen der Siedlungszeit durch die Kolonialära bis hin zu den Vorstellungen, die zum Unabhängigkeitskrieg führten, hatten die Kolonisten bestenfalls zur Hälfte richtig gelegen. Die Verfassung, mit Sicherheit ein klassisches Beispiel für kluges Urteil, erhielt Unterstützung durch den Zufall (die Ereignisse der 1780er Jahre), das Glück (der Boykott des Konvents durch die Anti-Federalisten) und durch unvorhergesehene Entscheidungen (wie die Entwicklung der unabhängigen Gerichtsbarkeit und des Marshall Court).

Angesichts einer gewissen Hybris, die in den jährlichen Berichten der Weltbank und in den Schriften orthodoxer Ökonomen anklingt, die glauben, nun hätten wir alles im Griff, möchte ich die Grenzen unseres Verständnisses betonen. Es ist wichtig zu verstehen, daß, selbst wenn wir für eine Wirtschaft das richtige Konzept hätten, dies nicht notwendigerweise auch für eine andere das richtige sein muß, und daß, selbst wenn es für heute das richtige wäre, dies nicht notwendig auch für morgen gilt. Ich will damit nicht sagen, daß wir nicht eine Menge über die Bestimmungsgrößen der wirtschaftlichen Leistung gelernt hätten. Das haben wir in der Tat, doch mein kurzer Überblick über die aufeinanderfolgenden Schritte – von unserem Verständis eines Wirtschaftsprozesses über die von uns errichtete Ordnungsstruktur zu den Maßnahmen, die wir im Hinblick auf eine Veränderung der wirtschaftlichen Leistung einsetzen – impliziert, daß es zahllose Knotenpunkte gibt, an denen wir fehlgehen können und auch tatsächlich fehlgehen. Entscheidende Knotenpunkte, an denen es im Hinblick auf die Verbesserung der wirtschaftlichen Leistung kritisch wird, haben sich aufgrund der Art und Weise ergeben, wie sich die Ordnungsstrukturen weiterentwickelt haben, wie politische Maßnahmen gestaltet wurden und wie der Zeitablauf die Formierung von Vorstellungsmustern beeinflußt hat.

Die Ordnungsstrukturen umfassen die politische Ordnung, die

festlegt, wie die Menschen politische Wahlhandlungen durchführen und aggregieren, die Eigentumsrechtsordnung, die die formalen Anreize in einer Wirtschaft festlegt, und die informellen Beschränkungen durch Normen, Konventionen und durch subjektive Vorstellungsmuster. Sie haben sich über viele Generationen hinweg herausgebildet und reflektieren, wie uns Hayek in Erinnerung gerufen hat[23], den aus Versuch und Irrtum bestehenden Selektionsprozeß, der diejenigen Verhaltensmuster, die sich bewährt haben, gegenüber den weniger tauglichen vorgezogen hat. Weil die Erfahrungen einer jeden Gesellschaft einzigartig sind, sind die Ordnungsstrukturen in jeder Wirtschaft verschieden. Sie legen den Wahlmöglichkeiten nicht nur deshalb Beschränkungen auf, weil sich die Organisationen in der betreffenden Wirtschaft auf die von ihnen vorgegebene institutionelle Struktur gründen und ihr Überleben daher von deren Fortbestand abhängt, sondern auch, und vielleicht in noch grundsätzlicherer Art, weil das System von Vorstellungsmustern als ein diesem Ordnungsrahmen komplementärer Teil nur zu äußerst langsamem Wandel neigt. Aufgrund dieses Ordnungsrahmens kommt auch der Pfadabhängigkeit eine solche Bedeutung zu. Wenn der Rahmen zerfällt, wie es im Jahr 1989 in Osteuropa geschah, lassen Schwierigkeiten, eine neue Rahmenordnung zu errichten, deutlich werden, wie wenig wir den Prozeß des wirtschaftlichen Wandels verstehen.

Ebenso entscheidend sind die Maßnahmen, die wir treffen, um die wirtschaftliche Leistung zu verändern. Selbst wenn wir ein „korrektes“ Verständnis für die Wirtschaft und eine (mehr oder weniger) „korrekte“ Theorie über ihre Funktionsweise besäßen, handelt es sich bei den uns zur Verfügung stehenden Maßnahmen nur um sehr grobe Instrumente. Sie sind nur auf Änderungen der

---

23 F. A. Hayek, *The Constitution of Liberty*, Chicago: The University Press, 1960; dt. Übersetzung: *Die Verfassung der Freiheit*, Walter Eucken Institut, Wirtschaftswissenschaftliche und wirtschaftsrechtliche Untersuchungen 7, Tübingen: Mohr 1971/91.

formalen Regeln ausgerichtet, obwohl die Wirtschaftsleistung tatsächlich von einer Mischung aus formalen Regeln, informalen Normen und ihren Durchsetzungsmerkmalen abhängt. Eine alleinige Veränderung der formalen Regeln wird nur dann die erwünschten Resultate bringen, wenn die informelle Normen diese Regelveränderung ergänzen und die Regeldurchsetzung perfekt oder zumindest mit den Erwartungen derjenigen vereinbar ist, die die Regeln ändern.

Schließlich ist noch die Zeit von Bedeutung, denn sie ist die Dimension, in deren Verlauf menschliches Lernen stattfindet; freilich rechtfertigt die zuvor gegebene kurze Beschreibung des Lernprozesses nicht die Vermutung, daß wir zu den richtigen Lösungen kommen werden. Vielmehr ist es uns im Verlauf der Geschichte weitaus häufiger mißlungen als gelungen. Der Aufstieg und Niedergang des Kommunismus im 20. Jahrhundert ist nur eines der jüngsten Beispiele. Vorausgesetzt, die „Wirklichkeit" bliebe konstant, dann würde uns vermutlich die Rückkoppelung aus den getroffenen Maßnahmen allmählich dazu bringen, es richtig zu machen, doch unser Los ist der Wandel und demzufolge eine permanente Unsicherheit, und dies garantiert, daß wir auch weiterhin zumindest hin und wieder fehlgehen werden.

VI.

Wie sich aus der vorstehenden Analyse ergibt, kann und wird Pfadabhängigkeit in Abhängigkeit vom kulturellen Erbe und den spezifischen historischen Erfahrungen einer Wirtschaft eine große Vielfalt von Entwicklungsmustern hervorbringen. Der Erfolg von Stadt- oder Dorf-Unternehmen in China (sogenannte „TVE", das heißt „Town, village enterprises", eine Organisationsform, die weder Firma noch Kooperative ist) paßt allerdings nicht zu unseren Vorstellungen von erfolgreichen institutionellen Organisationsstrukturen und erinnert uns daher in ernüchternder Weise daran, wieviel wir immer noch über den Prozeß zu lernen haben. Eine

Beschreibung dieses in China ablaufenden Prozesses zeichnet einen einzigartigen Pfad nach, der von der Einführung des Systems der Haushalts-Verantwortung ausgeht und (bisher) ein rasantes ökonomisches Wachstum hervorgebracht hat (obwohl selbst dieser Erfolg aufgrund der zunehmenden Probleme mit den TVEs abgeschwächt wird).

Wenn Pfadabhängigkeit uns helfen kann, die Vielfalt von Entwicklungsmustern zu verstehen, so spricht sie auch eindringlich für die Restriktionen, die die in einer Wirtschaft bestehenden Ordnungsstrukturen dem institutionellen Wandel auferlegen. Die historisch entstandenen Restriktionen finden Unterstützung nicht nur bei den vorhandenen, sich dem Wandel widersetzenden Organisationen, sondern auch durch das evolvierte System von Vorstellungsmustern, das diese Restriktionen hervorbringt. Ausmaß und Richtung des Wandels werden durch die „Widerstandskraft" bestehender Organisationen und etablierter Vorstellungsmuster bestimmt.

Der Niedergang des Kommunismus in Osteuropa im Jahr 1989 war Ausdruck des Zusammenbruchs des etablierten Systems von Vorstellungsmustern und einer daraus folgenden Schwächung der es tragenden Organisationen. Politiker sahen sich nicht nur den Problemen einer Neustrukturierung der gesamten Gesellschaft gegenüber, sondern auch dem Problem, daß Politik Wandel nur mit dem groben Instrument einer Änderung der formalen Regeln bewirken, nicht aber die damit einhergehenden Normvorstellungen verändern kann, und selbst bei der Durchsetzung ihrer politischen Maßnahmen hatten sie nur begrenzten Erfolg. Der relative Erfolg politischer Maßnahmen – wie etwa der Auktion von Staatsvermögen und der Wiedererrichtung eines Rechtssystems – in der Tschechischen Republik im Vergleich zu Rußland resultierte aus dem Erbe an informalen Normen, das für die vergleichsweise harmonisch verlaufende Etablierung neuer Regeln sorgte.

Zweifelsohne ist Wandel ein sich kontinuierlich fortsetzender Vorgang und unsere institutionellen Vorkehrungen reflektieren typischerweise das aus vergangenen Erfahrungen Gelernte. Indessen ist nicht garantiert, daß in der Vergangenheit gemachte Erfahrungen uns auf die Lösung neuer Probleme vorbereiten werden. Bei den Schwierigkeiten von Wirtschaftssystemen, die von einem polit-ökonomischen System des persönlichen Tauschs zu einem System übergingen, das auf unpersönlichen Austauschbeziehungen beruhte, handelte es sich in der Tat um ein historisches Dilemma von grundsätzlicher Bedeutung. Einen gleichermaßen schmerzhaften Wandel kann der Übergang von einer „Kommando"-Wirtschaft zu einer Marktwirtschaft darstellen. In beiden Fällen war die Notwendigkeit, sowohl die ökonomischen als auch die politischen Institutionen neuzubilden, das Haupthindernis für die Entwicklung, und in den Dritte-Welt-Ländern und Transformations-Ländern ist sie es immer noch. Das als Resultat der von einer Gesellschaft in der Vergangenheit akkumulierten Erfahrung entstandene System von Vorstellungsmustern hat ihre Mitglieder nicht für die Lösung neuer Probleme gewappnet.

VII.

Für jeden, der mit Hayeks Werk vertraut ist, sollte offensichtlich sein, wieviel die vorangegangene Analyse von der Fülle seiner Beiträge profitiert hat.

Um dem versuchsweisen Charakter unseres Wissens gerecht zu werden, muß man sich an einem analytischen Ansatz orientieren, der davon ausgeht, daß unsere äußere Umwelt durch den Verstand interpretiert wird. Aus Hayeks theoretischen Beiträgen zur Kognitionswissenschaft läßt sich die Allgegenwärtigkeit von (Knightscher) Unsicherheit bei Entscheidungen angesichts neuer Umstände ebenso ableiten wie die Einsicht in die Bedingungen, unter denen wir in der Vergangenheit wie auch in der Gegenwart und Zukunft richtig oder falsch gewählt haben oder wählen werden. Sie liefern auch die Grundlage für die Vorstellung von einem kollektiven Lernprozeß, die den Kern seiner Sicht der kulturellen Evolution ausmacht. Auch jüngere Entwicklungen der Neuen Institutionenökonomik lassen sich sehr gut mit den Bausteinen verbinden, die er bereitgestellt hat. Insbesondere unser Verständnis für die Art und Weise, wie sich informelle Restriktionen herausbilden, stimmt mit seinen Einsichten überein. Der mächtige Einfluß von Pfadabhängigkeit macht zudem nur Sinn, wenn uns bewußt ist, daß sein Ursprung in unserem durch kollektives Lernen erworbenen Erbe liegt.

Unsere Wirtschaftsgeschichte läßt sich im Rahmen einer Hayekschen Theorie verständlich machen. Erfolgsgeschichten wie der Aufstieg der westlichen Welt hatten zur Voraussetzung, daß angesichts herrschender Unsicherheit vielfältiges Experimentieren möglich war (wie zum Beispiel die politische Zersplitterung Westeuropas im späten Mittelalter). Ebenso waren flexible Regeln, die die Entwicklung von Märkten begünstigt und für eine wirksame Rückkoppelung von Handlungsfolgen gesorgt haben, ein Merkmal der westlichen Erfolgsgeschichte, obgleich solche Entwicklungen häufig zufällige Nebenprodukte institutioneller Entwicklungen waren.

Anpassungseffizienz – die Art von Effizienz, die für die Vereinigten Staaten und Westeuropa kennzeichnend gewesen ist – hat ein Gefüge von Institutionen nach sich gezogen, das sich bereitwillig an Schocks, Störungen und die allgegenwärtige Unsicherheit, die für jede Gesellschaft im Zeitablauf charakteristisch ist, anpaßte. Diese flexiblen Institutionen gründen sich auf weithin geteilte Vorstellungsmuster, die in den informellen Restriktionen einer Gesellschaft zum Ausdruck kommen. In der westlichen Welt ist dies das Ergebnis eines über Jahrhunderte hinweg stattfindenden evolutionären institutionellen Wandels.

Wenn wir in der Geschichte Fehler gemacht haben, geschah dies, weil wir die Institutionen beseitigt haben, die die Wahlmöglichkeiten angesichts von Unsicherheit erweitert hätten – ein klassisches Beispiel hierfür sind Aufstieg, Niedergang und Fall der Sowjetunion.

Zum Schluß komme ich auf den Prozeß wirtschaftlichen Wandels zurück, wie er sich im Licht Hayekscher Forschungsarbeit darstellt. Verschiedenartige historische Erfahrungen führen zu unterschiedlichen Mustern kollektiven Lernens und daher zu unterschiedlichen Fähigkeiten, Lösungen für auf die Menschheit neu und überraschend zukommende Probleme zu finden. Systeme von Vorstellungsmustern, die sich herausgebildet und zu flexiblen polit-ökonomischen Institutionen geführt haben, in denen Experimentieren erlaubt und die Rückkoppelung von Handlungsfolgen gefördert wird, tragen wesentlich zur Verbesserung der Zukunftsaussichten der Menschen bei. Aber es gibt keine Garantie dafür – und Hayek hätte dem sicherlich zugestimmt –, daß wir es in der Zukunft richtig machen werden.[24] Mehr noch, die Richtung, in die wir gehen, wird sich erst aus den Erfahrungen von morgen ergeben und aus den Lehren, die wir daraus ziehen, aus einem Wissen also, das wir zweifellos heute noch nicht besitzen.

---

24 Ich habe absichtlich eine Diskussion von Hayeks kontroversen normativen Schlußfolgerungen in bezug auf die Spontaneität von kultureller Evolution (im Gegensatz zu bewußter institutioneller Gestaltung) und in bezug auf Gruppenvorteil versus individuellem Nutzen im evolutionären Prozeß vermieden. VIKTOR VANBERG, *Kulturelle Evolution und die Gestaltung von Regeln,* Walter Eucken Institut, Vorträge und Aufsätze 144, Tübingen: Mohr, 1994, bietet eine ausgezeichnete Diskussion dieser Fragen.

Hayek's Contribution to Understanding the Process of Economic Change

by

*Douglass C. North**

* I would like to thank ELISABETH CASE for editing this essay.

I.

The most neglected part of the economist's research agenda has been attempting to understand the process of economic change. Economic theory is static; and in the world of dynamic change in which we live a static body of theory consistently and persistently yields the wrong policy prescriptions. As a result the field of economic development is fatally crippled; and even in the developed economies there is little understanding of where we are going. The recent interest in evolutionary economics is, however, a heartening development.[1]

The distinguishing feature of human evolution, in contrast to Darwinian evolution, is the intentionality of the players. But just what are the intentions of the players, and how do these intentions aggregate to produce change? This issue was a central preoccupation of Friedrich Hayek, the real pioneer in our understanding of the process of change.[2] I begin by briefly outlining his position.

The collective learning integral to Hayek's view of cultural evolution consisted of the intergenerational accumulation of knowledge, tools, attitudes, values, and institutions which had evolved by selective elimination of less suitable forms of conduct. They had met the slow test of time in an evolutionary process of trial and error. The culture of a society, in consequence of this evolution, embodied the distilled experience of the past, an experience that vastly exceeded the knowledge anyone could accumulate independently in a single lifetime. When we graft this point to Adam Smith's fundamental insight that the division of labor was not simply the way to make more effective use of our abilities but

---

1 For a recent survey of the literature see WITT, ULRICH, *Explaining Process and Change: Approaches to Evolutionary Theory.* Ann Arbor: University of Michigan Press, 1992.

2 An excellent survey of Hayek's evolutionary views is VANBERG, VIKTOR, „*Cultural Evolution, Collective Learning, and Constitutional Design,*" in REISMAN, DAVID, ed., *Economic Thought and Political Theory.* Boston: Kluwer Academic Publushers, 1994.

the major source of increasing our productivity, then the growth in the stock of knowledge embodied in a culture is intimately tied to increasing specialization and division of labor. But because the division of labor produces a division of knowledge and different kinds of knowledge are organized in different ways, the co-ordination of knowledge requires more than a set of prices to be effective in solving human problems. The implication is that the institutional structure will play a critical role in the degree to which diverse knowledge will be integrated and available to solve problems as economies become more complex. The knowledge problem, to cite Hayek, is the problem of finding a method that not only best utilizes the knowledge dispersed among the individual members of society but also best uses their abilities of discovering and exploring new things.[3]

Hayek's pioneering contribution was to set the entire process of human change in the context of cultural evolution – an evolution complementary to Smith's insight – and, more than that, to recognize the primary role of human beliefs in the process.

II.

The burgeoning field of cognitive science offers the promise of giving us the necessary insights to unterstand the nature of the learning process that underlies the formation of beliefs. While the development of the field has long antecedents it is only recently that major research has gone into it; and only in the past two decades have the results begun to have an impact on economic reasoning – thanks in good part to Herbert Simon's pioneering contributions. Therefore Hayek's extraordinary contribution of *The Sensory Order* which, while published in 1952,[4] was in fact „on paper,

3 HAYEK, F. A., *Law, Legislation and Liberty, Vol. 3,* London: ROUTLEDGE and KEGAN PAUL, 1979, p. 190.

4 HAYEK, F. A., *The Sensory Order.* Chicago: University of Chicago Press, 1952.

though in a very amateurish fashion, by 1920"[5] was conceived almost half a century before research in the social sciences began to come to grips with the process of learning and the formation of beliefs.[6]

For Hayek, beliefs are a construction of the mind as interpreted by the senses.[7] We do not reproduce „reality". Rather we construct systems of classifications to interpret the external environment. „Perception is thus always an interpretation, the placing of something into one or several classes of objects ... The qualities which we attribute to the experienced objects are strictly speaking not properties of that object at all, but a set of relations by which our nervous system classifies them or, to put it differently, all we know about the world is of the nature of theories and all ‚experience' can do is to change these theories."[8] Hayek conceives of the semipermanent network of connections among nerve fibers as a mapping of the classification process. Given that structure, the mind models the immediate environment. A reinterpretation of reality occurs when the prevailing model or map produces unanticipated results, forcing a reclassifiation to produce a better correspondence with „reality". However, such reclassification is constrained by deep-seated (tacit) rules that determine the flexibility of the mind to adjust.

For Hayek the mind is inseparably connected with the environment. „ ... the apparatus by means of which we learn about the external world is itself the product of a kind of experience. It is shaped by the conditions prevailing in the environment in which

5 See Hayek, F. A., „The Sensory Order after 25 Years" in Weimer, Walter and Palermo, David, eds. *Cognition and the Symbolic Processes*, Vol. 2 Hillsdale, N.J.: Lawrence Erlbaum and Associates, 1982, p. 288.

6 Hayek's study when published in 1952 had, by his own admission, very little impact on the profession.

7 For an excellent summary of Hayek's cognitive theory see BUTOS, WILLIAM and KOPPL, ROGER, *„Hayekian Expectations: Theory and Empirical Applications,"* Constitutional Political Economy, 1993, Vol. 4, Nr. 3.

8 HAYEK, *The Sensory Order*. He attributes this phrase „to my friend KARL POPPER, who, however, may not entirely agree with this use I am making of his ideas." p. 14.

we live, and it represents a kind of generic reproduction of the relations between the elements of this environment which we have experienced in the past; and we interpret any new event in the environment in the light of that experience.“[9] It follows that the experiences that have shaped the mental classifications in the mind can and frequently will lead to misinterpretations of the problems confronting the individual. „... the classification of the stimuli performed by our senses will be based on a system of acquired connections which reproduce, in a partial and imperfect manner, relations existing between the corresponding physical stimuli. The ‚model' of the physical world which is thus formed will give only a very distorted reproduction of the relationships existing in that world; and the classification of these events by our senses will often prove to be false, that is, give rise to expectations that will not be borne out by events.“[10]

Hayek's views of the cognitive processes of humans have an extraordinarily modern flavor. Recent work in connectionist theory, particularly as developed by recent work in the social sciences, is very complementary with Hayek's pioneering work. Edwin Hutchins provides an integrated approach of the mind and its cultural environment that is in striking contrast with the traditional cognitive science literature which explores the nature of the cognitive process divorced from its historical, cultural, and artifactual environment.[11] Cognition as conceived by Hutchins is an interactive process involving the internal dynamics of the individual mind and the physical and cultural resources found in the social context. Such an approach highlights the important cognitive role of social institutions.

This integrative conception of cognition allows us to systematically incorporate cultural heritage into the analysis of economic performance over time. The enhanced specification of how indivi-

9 *Ibid.*, p. 165.
10 *Ibid.*, p. 145.
11 EDWIN HUTCHINS, *Cognition in the Wild.* Cambridge: MIT Press, 1995.

dual beliefs interrelate with social context provides us with a set of mechanisms by which culture and social institutions can enter more directly into our theories and explanations of economic change. The problem with standard economic analysis is that the underspecification of the effects of beliefs on economic decision making has led economists to produce explanations of economic perfomance that fail to adequately account for either 1) economic change over time in a single society, or 2) the difference in the pattern of economic growth across societies. Ideas and beliefs matter; and the way they evolve and are communicated is the key to developing useful theory which will enhance our unterstanding of the performance of societies both at a moment of time and over time.[12]

Both institutions and cultural beliefs are critical constraints on those making choices and are, therefore, an essential ingredient in model-building. Over time, the integrative approach has fundamental implications for understanding economic change. The performance of an economy is a consequence of the incentive structures, the institutional framework of the polity and economy, that are put into place. The incentive structures are in turn a function of the ideas and beliefs of the actors. Belief formation is a dynamic learning process in which beliefs are formed, then new events are experienced, and then beliefs are changed. But the process by which beliefs change and evolve is a complex one. The presence of learning creates path dependence such that history matters, and this can significantly affect the trajectory of growth in an economy. Therefore before we turn to examine the overall process of change we must explore the role of institutions and path dependence in this process. While Hayek did not explicitly develop a theory of institutions and path dependence, such development by the new institutional economists is complementary to and in the

12 This paragraph and the next are drawn from KNIGHT, JACK and NORTH, DOUGLASS C., *„Explaining Economic Change: The Interplay between Cognition and Institutions,"* Legal Theory, 1998.

spirit of his framework to which I shall return in the concluding section.

III.

Humanly induced economic change occurs either because the game is being deliberately altered by strategic actors changing the formal rules; or because there are gradual (and frequently not deliberate) changes in informal constraints, or increments to the stock of knowledge, or possibly demographic changes that may be induced by factors other than changes in incentives or in knowledge. The focus here is on incentive changes which then induce changes in the stock of knowledge and in demography, but the complex interaction between all three factors is far from completely understood and poses a fundamental challenge for future research. In particular, once the incentives are in place to increase the stock of knowledge then economic change may continue to evolve in consequence of the institutions that provide such incentives. These institutions include patent laws, trade secret laws, and broadly the range of laws providing for inducements to increase and apply knowledge to solve problems of scarcity. The rise of the western world is, in effect, a story beginning in medieval Europe of the interplay between the development of beliefs that encouraged the beginnings of scientific enquiry, institutions that permitted the development of impersonal exchange and therefore the growth of markets, innovations such as printing that lowered information costs, political institutions that laid a foundation for representative government and the enactment of rules that increase the returns to innovations, and so forth.

Let me explore deliberate change by those actors strategically placed to change the formal rules. Entrepreneurs, political and economic are, for the most part, attempting to 1) make choices in the face of (Knightian) uncertainty, and 2) maximize whatever is their objective function (whether it is profits or survival in office or „power“) in the short run. Both points require elaboration.

If the uncertainty is over a known distribution of alternatives, then something like a Bayesian updating process may account for the choice; but where genuine novelty is at issue or the actors do not even know the alternatives that may occur, then the belief system of the players reflecting the cumulative multigenerational experiences embodied in what we call culture will determine choices. Ronald Heiner suggests that players in the face of pervasive uncertainty will develop rules to limit the choice set.[13] There is no implication that the rules would be optimal and once in place limit the future options of the players. Moreover, agents' past experience will bias their ability to use information. To the degree that additional information is „local" in the sense that it appears familiar, the agent may use the additional information efficiently – an argument consistent with the pattern-based reasoning of connectionist models of cognition. The more „non-local" the information the greater the uncertainty and the problem it poses for making „reasoned" choices.

The objective function of these strategic actors is not usually societal well-being (however conceived) but what they perceive will improve their competitive position in the short run. Their decisions will, in turn, be shaped by the institutional matrix that defines the payoffs. Therefore there is no necessary reason why the accumulated decisions aimed at maximizing short-run objectives should produce long-run economic growth. Only in the classic case posited by Adam Smith would the short-run decisions of entrepreneurs promote the wealth of nations. When the institutional matrix provides incentives for the players to compete via price and quality – rather than at other margins – then indeed Smith's happy conclusion holds. This point requires particular emphasis since much of the literature assumes that laissez-faire – the absence of governement intervention – is a sufficient condition for good

13 RONALD HEINER, „*The Origins of Predictable Behavior*", American Economic Review, 1983.

performance. Not so! Markets must be structured to get the players to compete in ways that serve consumers' interests.[14]

It is the institutional structure that has evolved that determines who are the strategic actors and how they can implement their choices. But an important corollary stems from the nature of that structure. The decision rules determined by the society will play the critical role in shaping whose choices matter and how they matter. Choices that can be made without resort to the polity will reflect purely the beliefs and perceptions of the economic entrepreneurs and their organizations; but choices that can only be made through the polity will reflect the much wider constituency of those who perceive themselves to be affected by the decision and their access to the political decision making process. The latter makes for much more uncertainty about the outcome than the former.

A fundamental unknown is the way informal constraints evolve. What is their relationship to changes in the formal rules? How do they evolve? How much is conscious, deliberate change and how much is incremental, non-deliberate in nature? And finally what is the contribution of changing informal constraints to overall cultural change?

A growing literature is beginning to give us some answers to these questions.[15] Clearly the informal constraints are an integral part of the institutional framework that structures human interaction. Some may arise as a result of the uncoordinated actions of individuals. Conventions may be hit upon accidentally and then transmitted by imitation. Many informal constraints act to supplement, extend, or modify formal rules. Some, such as traditions of feuding, are clearly negative-sum games and we are left with the

---

14 VIKTOR VANBERG, „*Cultural Evolution*", points out this is what Hayek had in mind when he specified competition restrained by appropriate rules of law.

15 An excellent survey is contained in BEN-NER, A. and PUTTERMAN, L., eds., *Economics, Values, and Organization*. Cambridge: The University Press, 1998.

puzzle of their persistance.

Our concern here is with the implications of informal constraints for economic performance. The answer is, they directly influence transaction costs. Norms of honesty, integrity, reliability lower transaction costs. The popularity of the term social capital (coined by James Coleman) reflects the recognition of the kinds of values and norms that facilitate exchange in various kinds of markets. Avner Greif has done the most systematic study of the effect of cultural values upon economic performance in comparing Genoese traders with traders who had adopted the cultural and social attributes of Islamic society in the Mediterranean trade of the eleventh and twelfth centuries.[16] He detected systematic differences in their organizational structure, traceable to contrasting individualistic versus collectivist behavioral beliefs. The traders from the Islamic world developed in-group social communication networks to enforce collective action; while effective in relatively small homogeneous ethnic groups, they did not lend themselves to the impersonal exchange that arises with the growing size of markets and diverse ethnic traders. In contrast, the Genoese developed bilateral enforcement mechanisms which entailed the creation of formal legal and political organizations for monitoring and enforcing agreements – an institutional/organizational path that permitted and led to more complex trade and exchange.

What gives rise to or leads to changes in norms? Robert Putnam in an influential study contrasting performance in different parts of Italy found contrasts in social capital today which had their origins eight centuries earlier as a consequence of different patterns of hierarchically imposed controls versus voluntaristic

---

16 GREIF, AVNER, *Genoa and the Maghribi Traders: Culture, Commitment, and the Institutional Foundations of States and Markets,* Cambridge: The University Press, 1999.

17 PUTNAM, ROBERT, *Making Democracy Work.* Princeton: The University Press, 1993.

sources of solving problems.[17]

A study by Jean-Phillipe Platteau and Ujiro Hayami[18] likewise traces the development of norms to antecedent material and political structures – in the case of Africa, redistributive norms are alleged to have emerged in the context of low population density and abundant land. Because land commands little value in Sub-saharan Africa, private property rights on land have not become well established and therefore social stratification in rural communities based on land ownership has not evolved as it has in population-abundant, land-scarce Asia. „In such societies fairness rules that repress individuals who try to emancipate themselves economically are often rooted in a typically pre-rationalist magical worldview. In conditions of extreme vulnerability to the vagaries of nature, it is actually not surprising that supernatural agencies are believed to be ultimately responsible for the supply of food and other necessities. Effort applied by individuals and the production achieved are viewed as two separate things that are not causally related.“[19] In such a context luck determines differential success and the benefit of such good fortune ought not to be confined to the prize winner. Also „there is fear that, if left free to choose, individuals with a high realized income will be tempted to evade their solidarity obligations and to defect altogether from mutual insurance mechanisms (since by accumulating their surplus income, they can self-insure effectively).“ Redistributive norms in such a context can be viewed as taxation designed to curb „positional race for status.“[20]

The implications of the foregoing stories about the formation of formal rules and informal constraints suggest that the learning process which produces changes in such constraints is a function

18 PLATTEAU, JEAN-PHILLIPE and HAYAMI, UJIRO, „*Resource Endowments and Agricultural Development: Africa and Asia,*“ in AOKI, M. and HAYAMI, U., eds., *Institutional Foundations of Economic Development in East Asia.* London: Macmillian, 1998.
19 *Ibid,* p. 28.
20 *Ibid,* p. 28.

of the way in which a given belief system filters the information derived from experiences and of the different experiences confronting individuals and societies at different times.

IV.

Path dependence is the term used to describe a phenomenon that, though not completely understood yet, is the key to understanding the success or failure of economies in altering their competitive positions. It is a pervasive feature of societies through time: one of the most enduring and significant lessons to be derived from studying the past. Path dependence could mean nothing more than that yesterday's choices are the initial starting point for today's. But it appears to be a much more fundamental determinant than that. The difficulty of fundamentally altering paths is evident and suggests that the learning process by which we arrive at today's institutions constrains future choices. Path dependence is more than simply that the organizations brought into existence by the existing institutional matrix owe their survival and well-being to that matrix and therefore will attempt to prevent changes that would adversely affect their well-being. It is also the complementary relationship between the belief system and the institutional framework that will deter radical change.

V.

We are now ready to put the pieces together to explore the overall process of economic change.

The belief systems that evolve from learning induce political and economic entrepreneurs in a position to make choices that shape micro and macro economic performance to erect an elaborate structure of rules, norms, conventions, and beliefs embodied in constitutions, property rights, and informal constraints. These in turn shape economic performance. This „scaffolding“ not only constrains the choice set at a moment of time but is the source of path dependence. When political or economic entrepreneurs seek to alter some aspect of economic performance they make choices that are constrained not only by the standard constraints of technology and income but also by this scaffolding. The intention is to alter economic performance in a particular direction. The aggregate of such policies is continually altering the way the economy works. In turn that leads to gradual alterations of the models humans devise, in a never ending process of economic change.

Throughout history humans have typically gotten it (at least partly) wrong in 1) their understanding of the way the economy works, 2) the synthetic frameworks they construct, or 3) the policies they enact (at best blunt instruments to serve their purposes), which produce unanticipated consequences. We may write economic history as a great success story of the enormous increase in material well-being which has reflected the secular growth in the stock of knowledge. But it is also a vast panorama of decisions that have produced death, famine, starvation, defeat in warfare, economic decline and stagnation, and indeed the total disappearance of civilizations. And even the decisions made in the success stories have typically been an admixture of luck intermingled with shrewd judgements and unanticipated outcomes. Take American economic history. From the earliest attempts at settlement, through the colonial era, to the perceptions leading to the revolutionary war the colonists had it, at best, half right. The Constitution, surely a classic of shrewd judgement, was aided by chance (the events of the 1780s), luck (the boycott of the Convention by the anti-federalists), and unanticipated decisions (the development of the independent judiciary and the Marshall court).

I wish to emphasize the limits to our understanding because there is a certain amount of hubris evident in the annual surveys by the World Bank and in the writing of orthodox economists who think that now we have it right. But it is important that we understand that even if we did have it right for one economy it would not necessarily be right for another economy and even if we have it right today it would not necessarily be right tomorrow. I am not suggesting that we have not learned a good deal about determinants of economic performance. We have; but the implications of my brief survey of the sequence of steps from our understanding of an economy, to the scaffold we erect, to the policies we then enact to alter economic performance are that there are innumerable junctures where we can and do get it wrong. Crucial junctures, critical to the issues of improving the performance of economies, have resulted from the way scaffolds have evolved and policies were formed as well as the way time has affected the formation of beliefs.

Scaffolds include the political structure that specifies how humans develop and aggregate political choices, the property rights structure that defines the formal incentives in the economy, and the informal constraints of norms, conventions and internally held beliefs. They have evolved over many generations, reflecting, as Hayek has reminded us,[21] the trial and error process which has sorted out those behavioral patterns that have worked from those that have failed. Because the experience of every society has been unique, the scaffolds will differ for each economy. They constrain the choice set not only because the organizations of that economy have been built on the foundations of its institutional structure and therefore their survival depends on its continuance but also, and perhaps more fundamentally, because the belief system that is a complementary part of that scaffolding tends to change very slowly. This scaffolding is what makes path dependence so important. When the scaffolding crumbles, as it did in Eastern Europe in 1989, the problems of constructing a new framework have exposed our limited understanding of the process of change.

Equally crucial are the policies that we enact to alter the performance of an economy. Even when we have a „correct" understanding of the economy and the (more or less) „correct" theory about

---

21 HAYEK, F. A., *The Constitution of Liberty*. Chicago: The University Press, 1960.

its operation, the policies at our disposal are very blunt instruments. They consist of alterations in the formal rules only, when in fact the performance of an economy is an admixture of the formal rules, the informal norms, and their enforcement characteristics. Changing only the formal rules will produce the desired results only when the informal norms are complementary to that rule change and enforcement is either perfect or at least consistent with the expectations of those altering the rules.

Finally, time is important because it is the dimension in which human learning occurs and there is no implication in the foregoing brief description of the process of learning that suggests that we get it right. Indeed throughout history we have gotten it wrong far more often than we have gotten it right. The rise and fall of communism in the twentieth century is only a recent illustration. It is probably correct that if „reality" stayed constant the feedback from the policies we enacted would gradually lead us to get it right, but change and therefore persistant uncertainty is our lot – which guarantees that we will continue to get it wrong at least part of the time.

VI.

The implication of the foregoing analysis is that path dependence can and will produce a wide variety of patterns of development depending on the cultural heritage and specific historical experience of the economy. Indeed the success of TVEs (town, village enterprises – a form of organization that is neither a firm nor a cooperative) in China does not fit our preconceptions about successful institutional/organizational structures and has been a sobering reminder of how much we still have to learn about the process. A description of that process in China from the enactment of the household responsibility system traces a unique path which has produced (so far) rapid economic growth (although even that success is tempered by growing problems of TVEs).

If path dependence can help us to understand the variety of

development patterns, it also speaks forcefully to the constraints that the scaffolds erected in an economy impose on institutional change. The historically derived constraints are supported not only by the existing organizations that oppose change but also by the belief system that has evolved to produce those constraints. The rate and direction of change will be determined by the „strength“ of the existing organizations and belief system.

The demise of communism in Eastern Europe in 1989 reflected a collapse of the existing belief system and consequent weakening of the supporting organizations. Policy makers were confronted not only by the problems of restructuring an entire society but also by the bluntness inherent in policy changes that can only alter the formal rules but cannot alter the accompanying norms and even have had only limited success in inducing enforcement of policies. The relative success of policy measure--such as the auctioning of state assets and the reestablishment of a legal system--in the Czech republic compared to Russia resulted from the heritage of informal norms that made for the relatively harmonious establishment of the new rules.

It is clear that change is an ongoing continuous affair and that typically our institutional prescriptions reflect the learning from past experience. But there is no guarantee that the past experiences are going to equip us to solve new problems. Indeed an historic dilemma of fundamental importance has been the difficulties of economies shifting from a political economy based on personal exchange to one based on impersonal exchange. An equally wrenching change can be the movement from a „command“ economy to a market economy. In both cases the necessity to restructure institutions – both economic and political – has been a major obstacle to development; it still is the major obstacle for third world and transition economies. The belief system that has evolved as a result of the cumulative past experiences of a society has not equipped the members to confront and solve the new problems.

VII.

It should be readily apparent to anyone familiar with Hayek's writing how much of the foregoing analysis has profited from his many contributions.

Building an analytical framework based on the mind's interpretation of the external environment is a necessary condition to appreciating the tentative nature of our knowledge. The ubiquity of (Knightian) uncertainty in making choices in the face of novelty and the conditions under which we have gotten in the past and will in the present and future get it wrong and get it right are all derived from Hayek's analytical contributions to cognitive science. In turn they provide the underpinning for the collective learning that made up his view of cultural evolution. The recent developments of the New Institutional Economics graft very nicely on the building blocks he has erected. In particular our understanding of the way informal constraints evolve is consistent with his insights. And the powerful influence of path dependence only makes sense when we conceive of its origins in our collective learning heritage.

Our economic history can be rendered intelligible in a Hayekian framework. Success stories such as the rise of the western world have resulted from conditions where in the face of uncertainty multiple experimentation has occurred (such as with the fragmented polities of western Europe in the late middle ages). Flexible rules that have encouraged the development of markets and provided effective feedback on the consequences of our actions have also characterized successful western history even though such developments have frequently been accidental byproducts of institutional developments.

Adaptive efficiency – the kind of efficiency that has characterized the United States and western Europe – has entailed a set of institutions that readily adapted to the shocks, the disturbances, and the ubiquitous uncertainty that characterizes every society over time. The foundation of these flexible institutions resides in widely held beliefs embodied in the informal constraints of the society. In the western world it has been an evolutionary product of centuries of institutional change.

And where we have gotten it wrong in history it has been because we foreclosed on institutions that would have broadened the choice set in the face of uncertainty – the rise and decline and demise of the Soviet Union providing a classic illustration.

And finally I come back to the process of economic change which Hayek's research has illuminated. Different historical experiences are going to produce different patterns of collective learning and therefore different abilities to solve new and novel problems that confront humankind. Belief systems that have evolved to produce flexible political and economic institutions that permit experimentation and encourage feedback on the consequences of our actions do improve the human prospect. But I am sure Hayek would have agreed that there is no guarantee that we will get it right in the future.[22] Moreover, where we are going will reflect tomorrow's experiences and consequent learning, which we clearly do not possess today.

---

22 I have deliberately neglected discussion of Hayek's controversial normative conclusions with respect to the spontaneity of cultural evolution (in contrast to deliberate institutional structuring) and group beneficial versus individualistic benefits of the evolutionary process. VANBERG „*Cultural Evolution*", provides an excellent discusion of these issues.

Das Ideal der Freiheit und das Problem der sozialen Ordnung*

von

Hans Albert

---

* Erweiterte Fassung der Friedrich-A.-von-Hayek-Vorlesung vom 10. Mai 1994.

I. Einige Bemerkungen zur heutigen Weltsituation

Die internationale Lage, die sich in den letzten zehn Jahren entwickelt hat, ist durch drei Tatsachen charakterisiert, die eng miteinander zusammenhängen. Die erste Tatsache ist der *Zusammenbruch der Sowjetunion*, der zweiten Supermacht in dem bipolaren System, das seit dem Ende des zweiten Weltkrieges die internationale Politik bestimmt hatte. Die zweite Tatsache ist das *Ende des sozialistischen Traums*, der utopischen Vorstellung, die für die Entstehung dieser Supermacht und der für sie charakteristischen sozialen Ordnung bedeutsam war und die diese Ordnung als Vorstufe zu einer zukünftigen idealen Gestaltung des sozialen Lebens vielen Leuten attraktiv erscheinen ließ. Und die dritte Tatsache ist die *Diskreditierung des Marxismus* als Ideologie, der die Grundlage dieses Traums und der Legitimierung dieser Supermacht und anderer sozialistischer Systeme bildete. Trotz ihres engen Zusammenhangs sollten wir diese drei Tatsachen auseinanderhalten.

Der Begründer des Marxismus, Karl Marx, war zweifellos nicht nur ein Ideologe des Sozialismus und ein sozialer Prophet, sondern darüber hinaus ein bedeutender Vertreter der Sozialwissenschaften, wie die meisten seiner Kritiker eingeräumt haben[1]. Er hat unter anderem eine sehr interessante Analyse des modernen Kapitalismus geliefert, in der die dynamischen Züge dieser Gesellschaftsform akzentuiert wurden. Er hat darüber hinaus die Bedeutung des Rechts und anderer institutioneller Tatbestände und die der Ideologien und der Klassen für die Gestaltung des sozialen Lebens herausgearbeitet. Und sein Werk hat die Entwicklung der Soziologie, der Ökonomik, der Geschichte und der Philosophie stark beeinflußt.

---

1 Vgl. dazu Josef A. Schumpeter, *Kapitalismus, Sozialismus, Demokratie* (1942), 2. Auflage, Bern 1950., und Karl Popper, *Die offene Gesellschaft und ihre Feinde* (1944), Band 2, 7. Auflage, Tübingen 1992.

Aber gerade über den Charakter einer sozialistischen Ordnung hat er uns so gut wie nichts gesagt, jedenfalls nichts, was sich mit seiner Analyse des Kapitalismus vergleichen ließe. In dieser Beziehung haben vor allem die Irrtümer historische Wirkung gehabt, die in seiner Analyse des Kapitalismus verwurzelt sind und mit seiner Bewertung dieser Gesellschaftsform zusammenhängen. Er glaubte nämlich, daß eine *Beseitigung des Privateigentums, des Marktes und des Geldes* eine notwendige Bedingung für eine soziale Ordnung wäre, in der der sozialistische Traum realisiert werden könnte, eine Ordnung, in der „die freie Entwicklung eines Jeden, die Bedingung für die freie Entwicklung Aller" sei[2], eine Gesellschaft ohne Klassen und daher auch ohne soziale Konflikte. Da im Marxschen Denken der Staat ein Phänomen der Klassen-Gesellschaft war, war in ihm die Emanzipation des Proletariats mit der Entwicklung einer Gesellschaft freier Menschen verbunden, die sogar den Staat als Träger der organisierten politischen Gewalt nicht mehr nötig hatte.

Worauf beruht nun die ungeheuere Attraktivität des sozialistischen Traums für viele Menschen und damit auch die des Marximus? Meiner Auffassung nach beruht sie auf der Tatsache, daß er das Versprechen einer sozialen Ordnung enthält, in der die *drei großen sozialen Übel* verschwunden sind, die die menschliche Situation zumindest seit der Entstehung der Hochkulturen charakterisieren: nämlich *Armut, Unterdrückung und Krieg*. Diese Übel charakterisieren auch heute noch die Situation eines großen Teils der Weltbevölkerung. Und der Vorteil des Marxismus bestand darin, daß er die Verwirklichung dieses Traums im Rahmen einer geschichtsphilosophischen Konzeption in Aussicht stellte, die den Anspruch machte, auf einer wissenschaftlichen Analyse zu beruhen. Auch diejenigen, die nicht imstande

---

„An die Stelle der alten bürgerlichen Gesellschaft mit ihren Klassen und Klassen-Gegensätzen tritt eine Association, worin die freie Entwicklung eines Jeden, die Bedingung für die freie Entwicklung Aller ist", Manifest der Kommunistischen Partei, S. 16, in : *Das Kommunistische Manifest von Karl Marx und Friedrich Engels*, eingeleitet von Herrmann Weber, Hannover 1966.

waren, den komplizierten Gedankengängen zu folgen, die etwa im Marxschen Hauptwerk „Das Kapital“ enthalten sind, schienen sich darauf verlassen zu können, daß die historische Prophetie des Marxismus eine Grundlage hatte, die dem Stand des modernen Denkens entspricht. Sie konnten darauf bauen, daß sie sich als Verfechter des Sozialismus im Einklang mit dem Sinn der historischen Entwicklung befänden.

Marx und seine Anhänger hielten es für notwendig, den Kapitalismus – die „bürgerliche Gesellschaft“ – durch die Beseitigung des Privateigentums, des Marktes und des Geldes zu liquidieren. Diejenigen, die sich daran gemacht haben, den sozialistischen Traum in die Tat umzusetzen, haben mit großer Energie versucht, dieses Programm auszuführen. Aber dieses Experiment hat gezeigt, daß die Beseitigung der für den Kapitalismus zentralen institutionellen Vorkehrungen weder zur Freiheit und zum Massenwohlstand noch zur Abschaffung des Krieges führt. Sie führt im Gegenteil zur Etablierung despotischer Systeme, die in der Lage sind, die Bevölkerung sehr viel wirksamer zu unterdrücken als die früheren Systeme dieser Art, die wir aus der Geschichte kennen. Der „real existierende Sozialismus“ hat sich als ein „Weg zur Knechtschaft“ (Hayek) und seine Ideologie, der Marxismus, als „Opium für Intellektuelle“ (Aron) erwiesen.

Sogar der Glaube, das sozialistische Experiment in der Sowjetunion habe eine schnellere industrielle Entwicklung Rußlands ermöglicht, hat sich als Irrtum erwiesen[3]. Schon vor dem ersten Weltkrieg war die industrielle Entwicklung im zaristischen Rußland auf dem besten Wege. Und die antiliberalen und

3 Vgl. G. Warren Nutter, „The Structure and Growth of Soviet Industry: A comparison with the United States“, in: G. Warren Nutter, *Political Economy and Freedom*, Indianapolis 1983, S. 151–180. Nutter stellt unter anderem fest: „The available evidence indicates that most industries experienced a slower growth over the Soviet period than over the latest tsarist period, and over the later Soviet years than over the earlier ones“. Und zum Charakter des industriellen Wachstums in der Sowjetunion: „Enhancement of statepower has been the primary objective, the consumer being treated essentially as a residual claimant“; vgl. auch die nächsten zwei Kapitel dieses Buches.

antikapitalistischen ideologischen Bewegungen in diesem Land waren dabei, ihren früheren Einfluß zu verlieren, so daß man eine Angleichung dieses Landes an die anderen europäischen Länder erwarten konnte. Rußland war auf dem Wege zum Kapitalismus. Aber seine Niederlage im ersten Weltkrieg führte zu einer Umkehr dieser Entwicklung mit der Wirkung, daß die Industrialisierung dieses Landes Teil des sozialistischen Experiments wurde[4].

Welche Lehren für die Problematik der sozialen Ordnung sind aus diesen Tatsachen zu ziehen? Sollten wir daraus etwa den Schluß ziehen, daß die Diskreditierung des Marxismus als Ideologie und die des real existierenden Sozialismus als sozialer Ordnung das Ende des Sozialismus als Ideal und damit das Ende des sozialistischen Traums bedeute? Ist damit der Kapitalismus als einzige brauchbare Alternative für die Gestaltung der Industriegesellschaft erwiesen? Oder sollten wir uns lieber abgewöhnen, in solchen Globalkategorien zu denken, wenn wir Probleme der sozialen Ordnung behandeln? Sollten wir also auch methodologische Konsequenzen aus dem Scheitern der sozialistischen Experimente unserer Zeit ziehen?

Was wir zunächst meines Erachtens sicherlich lernen können, ist die *Unvertretbarkeit* und die *Gefährlichkeit* der *historischen Prophetie*. Dazu hat Karl Popper wohl das Notwendige gesagt[5]. Historische Prophetie hat mit Wissenschaft nichts zu tun. Im Marxismus ist sie Teil einer Geschichtsphilosophie, die einen theologischen Hintergrund hat[6]. Gegen sie gibt es schwerwie-

---

4 Vgl. dazu Alain Besancon, The Russian Case, in: Jean Baechler / John A. Hall / Michael Mann (eds), *Europe and the Rise of Capitalism*, Oxford/Cambridge, Mass. 1988, S. 166 ff.

5 Vgl. dazu Karl Popper, *Das Elend des Historizismus* (1957), 5. deutsche Auflage, Tübingen 1979, vgl. auch Hans Albert, Ist der Sozialismus unvermeidbar? Historische Prophetie und die Möglichkeiten der Wissenschaft, in: Hans Albert, Freiheit und Ordnung, Walter Eucken Institut (Hrsg.), Vorträge und Aufsätze 109, Tübingen 1986, S. 60–102.

6 Vgl. Karl Löwith, *Weltgeschichte und Heilsgeschehen. Die theologischen Voraussetzungen der Geschichtsphilosophie*, Stuttgart 1953; vgl. auch Ernst Topitsch,

gende Einwände methodologischen und inhaltlichen Charakters. Was wir weiter lernen können, ist die *Notwendigkeit* oder zumindest die *Zweckmäßigkeit einer komparativen Analyse alternativer institutioneller Vorkehrungen*, die kausal relevant sind für die Gestaltung einer sozialen Ordnung. Es handelt sich dabei um eine Art der Analyse, durch die das Problem der Realisierbarkeit sozialer Programme akzentuiert wird. Ich werde später darauf zurückkommen.

Das bedeutet aber keineswegs, daß wir die Gründe vernachlässigen sollten, die den sozialistischen Traum für viele Leute so attraktiv gemacht haben. Denn die sozialen Übel, deren Beseitigung von den sozialistischen Denkern versprochen oder vorausgesagt wurde, sind, wie schon erwähnt, zweifellos immer noch vorhanden. Man muß sie daher berücksichtigen, wenn man bemüht ist, Lösungen für das Problem der sozialen Ordnung anzubieten und zu diskutieren, die für die Mitglieder der Gesellschaft attraktiv sein sollen.

Ehe ich darauf zurückkomme, möchte ich aber einige Bemerkungen über den Charakter der europäischen Lebensweise, der europäischen Kultur und ihres Weges in der Geschichte machen, die mit dem Problem der sozialen Ordnung zusammenhängen.

II. Die Zähmung der Herrschaft durch das Recht: Der europäische Weg

Vor etwa 70 Jahren hat Oswald Spengler in seiner Morphologie der Weltgeschichte[7] acht Hochkulturen unterschieden, darunter die des Abendlandes, deren Untergang er prophezeihte oder, bes-

---

„Marxismus und Gnosis, und: Entfremdung und Ideologie. Zur Entmythologisierng des Marxismus", in: Ernst Topitsch, *Sozialphilosophie zwischen Ideologie und Wissenschaft*, 2. Auflage, Neuwied/Berlin 1966, S. 261–328.

7 Vgl. Oswald Spengler, *Der Untergang des Abendlandes. Umrisse einer Morphologie der Weltgeschichte* (1923), Neuauflage, München 1963.

ser gesagt, „feststellte". Mit „Untergang" war dabei allerdings der Eintritt in eine Phase der „Zivilisation" gemeint, das heißt: in einen Zustand kultureller Erstarrung. Seine Auffassungen wurden damals von vielen Seiten einer scharfen Kritik unterzogen, die weitgehend berechtigt war. Aber auch die Kritiker konnten seiner Verabschiedung der bisher herrschenden eurozentrischen Geschichtsbetrachtung kaum widersprechen. Und die Voraussage einer Revolution der Völker der „dritten Welt", wie wir sie jetzt nennen, in seinem Buch „Jahre der Entscheidung"[8] war nach unseren Erfahrungen in den letzten fünfzig Jahren nicht ganz unberechtigt.

Andererseits finden wir etwa zur gleichen Zeit – vor allem im Werk von Max Weber – den Versuch einer komparativen historischen Analyse einiger dieser Hochkulturen mit dem Ziel, die Eigenart der europäischen Entwicklung seit der Antike herauszuarbeiten. Seitdem gibt es, gerade in der letzten Zeit, eine Fülle von Arbeiten zu diesem Thema, die den „europäischen Sonderweg" (Romein), oder das „europäische Wunder" (Jones) analysieren und die Erklärungsversuche dafür enthalten[9]. Was sind nun die speziellen Züge der europäischen Kultur und ihrer Geschichte?

Alle Hochkulturen haben den Staat als Träger der organisierten Gewalt erfunden und den Krieg als organisierte kollektive Aktion großen Maßstabs[10]. Und alle haben die Religion als Träger organisierter kollektiver Überzeugungen hervorgebracht.

---

8 Vgl. dazu OSWALD SPENGLER, *Jahre der Entscheidung*, München 1933, S. 147–165: Die farbige Weltrevolution. Natürlich möchte ich nicht die Details seiner Voraussage als richtig hinstellen.

9 Vgl. zum Beispiel WILLIAM H. MCNEILL, *Krieg und Macht*, München 1984; ERIC LIONEL JONES, *Das Wunder Europa*, Tübingen 1991; JOHN A. HALL, *Power and Liberties*, Berkeley 1986.

10 Wie Andreski feststellt: „Until very recent times war was the only kind of collective action undertaken on a truly large scale. There were armies of hundreds of thousands when production was carried on only in small farms and workshops..." und „it was in the armies and the navies that the art von organising and directing large bodies of men was evolved", vgl. ch. 7 „Ferocity and Conventions" in: STANILAV ANDRESKI, *The Uses of Comparative Sociology*, Berkeley/Los Angeles 1969, S. 116.

Aber in all diesen Hochkulturen waren Armut, Unterdrückung und Ausbeutung charakteristisch für die Lebenssituation der Massen. Die organisierte Gewalt, wie sie im Staat in Erscheinung trat, war von grundlegender Bedeutung für diese Tatsache. Und die Religion, in der gemeinsame Überzeugungen organisiert waren, änderte nichts wesentliches an diesem Zustand. Sie war vielfach eng mit dem Staat verbunden, legitimierte die sozialen Ordnungen, in denen die Menschen lebten, und verlieh ihnen dadurch eine gewisse Stabilität. Und sie bot überdies Kompensationen für die Versagungen, denen die meisten von ihnen ausgesetzt waren.

Nur in Europa ist es teilweise gelungen, solche Zustände zu überwinden und Ordnungen zu etablieren, die einen Ausbruch aus den Verhältnissen ermöglichten, die seit der Entstehung der Hochkulturen üblich waren. Hier wurde nämlich eine *Zähmung der Herrschaft durch das Recht* erreicht. Und es ist meines Erachtens für unser Thema besonders interessant, daß sie erreicht wurde durch die Entwicklung gerade derjenigen institutionellen Vorkehrungen, deren Kritik zum theoretischen Kern des Marxismus gehörte und deren Abschaffung daher ein wesentliches Anliegen der sozialistischen Revolutionäre war: nämlich des Privateigentums, des Marktes und des Geldes und der rechtlichen Ordnung, die den Rahmen für das Funktionieren des Marktes bildet. In Europa wurden soziale Ordnungen etabliert, die bis zu einem gewissen Grade die Freiheit derjenigen sicherten, die der Macht der Regierungen unterworfen waren, das heißt ihre Möglichkeit, in ihren eigenen Angelegenheiten selbst zu entscheiden, ohne einem Zwang ausgesetzt zu sein, und an Entscheidungen über gemeinsame Angelegenheiten mitzuwirken. Die europäische Entwicklung hat gleichzeitig gezeigt, daß soziale Systeme, in denen es gelungen ist, durch geeignete institutionelle Vorkehrungen die Herrschaft zu zähmen, prinzipiell in der Lage sind, die Massenarmut zu beseitigen, die ein Merkmal des Normalzustandes in den Hochkulturen der Erde war. Es hat sich gezeigt, daß menschliche Handlungen prinzipiell in großem Maßstab koordiniert werden können, ohne daß diese Koordination durch den Einsatz oder die Androhung von Gewalt erzwungen wird. Diese Koordination kann erreicht werden, das ist eine der Lehren, die aus der europäischen Geschichte zu ziehen sind, ohne daß Befehl und Gehorsam eine zentrale Rolle dabei spielen, wie das in autoritären Systemen sozialer Steuerung der Fall ist, deren Musterbeispiel die Armeen sind, deren sich die Staaten heute noch in internationalen Konflikten bedienen.

Allerdings bedeutet die Zähmung der Herrschaft durch das Recht, die in Europa teilweise erreicht wurde, bekanntlich keineswegs die Beseitigung der Herrschaft, das heißt: die Herrschaftslosigkeit oder Anarchie. Eine Anarchie im idealen Sinne dieses Wortes – also ein herrschaftsloser Zustand, der gleichzeitig den Frieden involviert – ist nach allem, was wir wissen, in einer großen Gesellschaft kaum möglich. Eines der wichtigsten Hindernisse für die Herstellung eines solchen Zustandes ist die Knappheit der Mittel für die Lebensfristung, die ein allgemeiner Tatbestand des Lebens und daher auch ein gemeinsamer Zug aller Kulturen ist. Dieser Tatbestand macht Interessenkonflikte zwischen den Mitgliedern einer Gesellschaft und damit auch soziale Konflikte unvermeidlich. Und für die Regelung dieser Konflikte scheint die organisierte Gewalt eine Rolle spielen zu müssen. Ohne die glaubhafte Androhung von Gewalt scheint weder der innere noch der äußere Friede realisierbar zu sein. Und auch der tatsächliche Einsatz dieser Gewalt läßt sich offenbar manchmal kaum vermeiden. Der Staat, der mit Erfolg das Monopol legitimer Gewaltanwendung für sich in Anspruch nimmt, scheint also ein notwendiger Bestandteil sozialer Ordnungen in der Phase der Hochkulturen zu sein, und zwar auch solcher Ordnungen, in denen die bürgerliche und die politische Freiheit durch das Recht gesichert sind. Insofern ist der Staat in der Perspektive eines ausschließlich am Ideal der Freiheit orientierten Denkens gewissermaßen ein notwendiges Übel.

Diese These ist allerdings nicht unbestritten. Gerade die Vertreter des radikalen Kapitalismus bestreiten sie mit interessanten Argumenten, die sie durch historische Beispiele stützen[11]. Sie behaupten, daß sich der Staat völlig durch den Markt ersetzen läßt, so daß auch die Dienste, die der Minimalstaat – der bloß protektive Staat – seinen Bürgern anzubieten pflegt, in ausreichendem Maße auf vertraglicher Basis bereitgestellt werden könnten, also durch freiwillige Vereinbarungen zwischen den Mitgliedern der Gesellschaft. Sie behaupten also die Möglichkeit einer Anarchie ohne Anomie, einer sozialen Ordnung, in der das Recht nicht durch die organisierte Gewalt des Staates geschützt wird. Dagegen hat man zu zeigen versucht, daß unter den Bedingungen, die in solchen Spekulationen normalerweise angenommen werden, stets ein Minimalstaat entstehen wird. Der Radikalkapitalismus scheint also utopisch zu sein[12], ebenso wie der radikale Sozialismus.

Dennoch zeigt die europäische Geschichte offenbar, daß sich unter speziellen Bedingungen bestimmte Arten rechtlicher Regelungen durchsetzen können, ohne daß sie durch die organisierte Gewalt eines Staates gestützt werden. Wie Benson feststellt, war das mittelalterliche Kaufmannsrecht ein internationales Rechtssystem, das ohne diese Gewalt auskam. In ihm gab es partizipatorische Institutionen zur Regelung von Streitigkeiten und Anreize, die dafür sorgten, daß ihre Urteile wirksam wurden[13]. Der ungeschriebene Sozialvertrag, der von der Gemeinschaft der Geschäftsleute etabliert wurde, ist, wie Benson weiter feststellt, bis auf unsere Zeit in Kraft geblieben. Das

---

11 Vgl. Murray Rothbard, *For a New Liberty*, New York/London 1973, und David Friedman, *The Machinery of Freedom. Guide to a Radical Capitalism*, New York/Evanston/San Francisco/London 1973.

12 Vgl. dazu Robert Nozick, *Anarchy, State, and Utopia*, Oxford 1974.

13 Vgl. dazu Bruce L. Benson, „Customary Law as a Social Contract: International Commercial Law“, *Constitutional Political Economy*, Vol. 3, No. 1, 1992, S. 2; vgl. dazu auch Harold J. Berman, *Law and Revolution. The Formation of the Western Legal Tradition*, Cambridge, Mass./London 1983, S. 340: „it is characteristic of the time..., that the initial development of mercantile law was left largely, though not entirely, to the merchants themselves, who organized international faires and markets, formed mercantile courts, and established mercantile offices in the new urban communities that were springing up throughout western Europe“.

internationale Handelsrecht sei immer noch weitgehend unabhängig von den nationalen Rechtssystemen und habe viele der grundlegenden institutionellen Merkmale des mittelalterlichen Kaufmannsrechts, wenn auch in modernisierter Form, behalten. Unter speziellen Bedingungen ist es also durchaus möglich, daß Rechtssysteme entstehen, die in der Weise organisiert sind, daß sie hinreichende Anreize zu normkonformem Verhalten für die Mitglieder der betreffenden Gruppen enthalten, ohne daß diese Sanktionen einer zentral organisierten Gewalt zu befürchten haben.

Insoweit besteht offenbar in bestimmtem Umfange die Möglichkeit der Anarchie ohne Anomie, also herrschaftsfreier rechtlicher Zustände. Allerdings ist kaum zu hoffen, daß das ganze soziale Leben sich im Sinne des anarchistischen Traums organisieren läßt oder daß es sich in Richtung auf einen solchen Zustand entwickelt. Es ist aber jedenfalls interessant, daß die Verfechter des radikalen Kapitalismus imstande waren, institutionelle Regelungen anzugeben, die geeignet sein könnten, ihren anarchistischen Traum zu verwirklichen, während radikale Sozialisten gerade die Antwort auf die Frage nach geeigneten institutionellen Mitteln zur Realisierung ihrer Wünsche schuldig zu bleiben pflegen. Dabei geht es in beiden Fällen um die Lösung derselben Probleme, denn beide Parteien scheinen an der Eliminierung der gleichen sozialen Übel interessiert zu sein. Das zeigt aber die Bedeutung des Problems der Realisierbarkeit – und das heißt: von Problemen der Sozialtechnologie – für die ordnungspolitische Diskussion. Friedrich von Hayek hat denn auch stets großen Wert auf die Feststellung gelegt, der Sozialismus gründe sich vor allem auf faktische Irrtümer, auf unrealistische Vorstellungen über menschliche Möglichkeiten[14]. Das hat aber zur Konsequenz, daß es in der ordnungspolitischen Diskussion weitgehend gar nicht so sehr um Wertprobleme und da-

---

14 Vgl. dazu sein letztes Buch: FRIEDRICH A. V. HAYEK, *The Fatal Conceit. The Errors of Socialism*, ed. by W. W. Bartley III, London 1988.

mit um den Gegensatz verschiedener Ideale geht, als um Probleme, die wissenschaftlicher Erkenntnis zugänglich sind. Ich werde darauf zurückkommen.

III. Die Rolle des Rechts und der Mentalität und der Ursprung des modernen Konstitutionalismus

Die europäische Sonderentwicklung ist nach allem, was wir aus der komparativen historischen Forschung darüber wissen, auf eine historisch einzigartige Konstellation von Bedingungen zurückzuführen. Sie hat in einem natürlichen Milieu stattgefunden, das außerordentlich günstige Vorbedingungen für eine Entwicklung dieser Art mit sich brachte[15]. Aber darüber hinaus lassen sich soziokulturelle Bedingungen angeben, die für sie ausschlaggebend waren. Das Europa des Hochmittelaters, in dem – etwa im 11. Jahrhundert – die Entwicklung einsetzte, die zur Moderne führte, war bekanntlich eine kulturelle Einheit, und zwar insofern, als das Christentum, in dem sich das Erbe der griechisch-römischen Antike und des antiken Judentums verkörperte, alle europäischen Völker geprägt hatte. Soweit man von einer kulturellen Identität Europas sprechen kann, handelte es sich um eine Identität, die durch die westliche Variante des Christentums geschaffen war, durch den römischen Katholizismus. Sie bildete den normativen Hintergrund der gemeinsamen soziokulturellen Entwicklung der Bevölkerung dieses geographischen Bereichs[16].

Auf dieser Grundlage setzte mit der „päpstlichen Revolution" des elften und zwölften Jahrhunderts eine Rechtsentwicklung von einer Art ein, wie wir sie sonst nirgends in der Geschichte der

---

15 Vgl. Jones, *Das Wunder Europa*, a. a. O.

16 Vgl. Michael Mann, „European Development: Approaching a Historical Explanation", in: Jean Baechler / John A. Hall / Michael Mann (eds, a. a. O., S. 10, vgl. auch Harold Berman, a. a. O.)

Hochkulturen finden. Die Bedeutung dieser Revolution für die europäische Entwicklung hat Berman herausgearbeitet. Die päpstliche Revolution war seiner Auffassung nach „wie eine Atomexplosion, die die germanische Christenheit in zwei Teile spaltete: die Kirche, die als eine unabhängige, sichtbare, korporative Rechtsstruktur angesehen wurde, und die säkulare Ordnung, die als in verschiedene Herrschaftsbereiche aufgeteilt angesehen wurde“[17]. Diese Revolution führte zur ersten Gewaltenteilung in der europäischen Geschichte, der Teilung zwischen der geistlichen und der weltlichen Gewalt. Und sie verhinderte damit die Bildung eines Imperiums, einer imperialen Ordnung mit einer einheitlichen Spitze, in der die religiöse und die politische Gewalt miteinander verschmolzen gewesen wären[18], und schuf einen Freiheitsspielraum für autonome politische Kräfte[19]. Der Pluralismus der politischen Gewalten, der dadurch möglich wurde, war eine der Grundvoraussetzungen für die besondere europäische Entwicklung. Er hat in Europa – zumindest in seinem westlichen Teil – die Bildung echter despotischer Systeme verhindert, wie sie in anderen Teilen der Welt häufig zu finden waren.

Was die europäische Rechtsentwicklung angeht, so knüpft sie an das römische Recht an, geht aber, wie Berman gezeigt hat, in einigen wesentlichen Punkten über das hinaus, was dort erreicht wurde[20], vor allem hinsichtlich des Rechtsdenkens und der damit verknüpften Institutionen. Das Recht als ein autonomer, sich unter dem Einfluß bestimmter Ideale entwickelnder Bereich des sozialen Lebens, der durch die Konkurrenz verschiedener Sy-

---

17 Vgl. Berman, a. a. O., S. 530, (übers. von mir, d. V.)

18 Vgl. John A. Hall, „States and Societies: The Miracle in Comparative Perspective“, in: Baechler / Hall / Mann, (eds), a. a. O., S. 31.

19 Vgl. Stanislaus Andreski, „Oriental Despotism and Agrarian Bureaucracy“, in: Andreski, a. a. O., S. 171 und Harold Berman, a. a. O., S. 85 ff. Wie Berman feststellt, entstand aus der päpstlichen Revolution der moderne Staat, dessen erstes Beispiel paradoxerweise die Kirche selbst war, vgl. Berman a. a. O. S. 113, und weiter entstanden aus ihr auch die modernen westlichen Rechtssysteme, deren erstes das System des kanonischen Rechts war, vgl. Berman a. a. O., S. 115.

20 Vgl. Berman, a. a. O., S. 7 ff.

steme und Gerichtsbarkeiten, durch professionelle Verwaltung, wissenschaftliche Bearbeitung und den Vorrang vor politischen Autoritäten charakterisiert ist, ist offenbar ohne Beispiel in anderen Kulturen. Die im elften Jahrhundert beginnende Rechtsrevolution, bei der zentrale politische Autoritäten mit professionellen Juristen zusammenarbeiteten, hat das moderne westliche Rechtsdenken geschaffen und die abendländische Rechtskultur geprägt, die einen wesentlichen Aspekt der Gesellschaften des westlichen Kulturkreises darstellt. Sie hat damit eine Entwicklung eingeleitet, die der Entstehung des Rechts- und Verfassungsstaates der Neuzeit zugrunde liegt. Im Gegensatz zu evolutionistischen Auffassungen hat dabei übrigens die Gesetzgebung eine wesentliche Rolle gespielt, eine Gesetzgebung, die durch bestimmte Rechtsideale und von ihnen inspirierte Gesetzgebungsprogramme geleitet wurde[21]. Die Jurisprudenz, die diese Entwicklung mitbestimmt hat, hatte als Teil der gemeinsamen europäischen Rechtskultur transnationalen Charakter. Meines Erachtens kann sie übrigens als eine Art Sozialtechnologie der Konfliktlösung aufgefaßt werden, die auf der Basis einer durch die maßgebenden Texte bestimmten Tradition Logik und Erfahrung verwendete, um bisherige Problemlösungen zu verbessern[22].

Was die Verfassungen politischer Gebilde im europäischen Bereich angeht, so war besonders das städtische Recht interessant. Die Städte waren nach Berman die ersten weltlichen Staaten Europas[23]. Sie waren meist durch einen Rechtsakt begründet, der die Grundfreiheiten und darunter beträchtliche Rechte

---

21 Vgl. BERMAN, a.a.O., S. 83 und passim.

22 Vgl. BERMAN, a.a.O., S. 151–154 und meine sozialtechnologische Deutung der Jurisprudenz in: HANS ALBERT, *Traktat über rationale Praxis*, Tübingen 1978, Kap. III, S. 75 ff.

23 Vgl. BERMAN, a.a.O., S. 357 ff. Schon Max Weber hatte darauf aufmerksam gemacht, daß sie sich von orientalischen aber auch von den antiken Städten stark unterschieden. Sie waren als Kaufmanns- und Handwerkergemeinden autonome Bezirke, in denen nicht nur ein besonderes Recht galt, sondern die sich darüber hinaus in unterschiedlichem Maße selbst regierten.

der Selbstregierung etablierte[24], so daß man davon sprechen kann, daß in ihnen der moderne Konstitutionalismus seinen Ursprung hat. Die europäische Stadt war offenbar das Muster für die Umgestaltung der Territorialstaaten in Rechts- und Verfassungsstaaten, die in späteren Revolutionen durchgesetzt wurde. Die städtischen Freiheiten waren das Muster für die bürgerlichen und die politischen Freiheiten, die in diesen Staaten erreicht wurden. Das städtische Bürgertum hat die Daseinsformen der europäischen Neuzeit teilweise vorweggenommen. Die europäische Entwicklung, die mit dem freien Bürgertum der Städte einsetzte, endete schließlich beim freien Staatsbürger, der einerseits durch sein Eigentum einen Bereich autonomer Entscheidungen hat, und andererseits in allen anderen Bereichen an politischen Entscheidungen und damit an der Herrschaft partizipiert. Man kann daher mit Recht sagen, daß die Emanzipation der handel- und gewerbetreibenden Klassen im Rahmen der städtischen Gemeinden eines der größten Ereignisse der Geschichte war[25].

In Europa sorgte die Konkurrenz und der Konflikt der Staaten, die genötigt waren, sich mit Waffen, Werkzeugen und Wissen zu versorgen, dafür, daß sich ein Markt als Steuerungssystem mit entsprechenden Anreizwirkungen für die Produktion und die Verteilung dieser Güter entwickelte[26]. Die Staaten waren gezwungen, auf dem internationalen Markt um Rüstungsgüter und um qualifizierte Arbeitskräfte zu konkurrieren, und sie mußten Rahmenbedingungen für wirtschaftliches Wachstum schaffen, zum Beispiel durch Bereitstellung von kollektiven Gütern und Diensten. Diese Abhängigkeit vom internationalen

---

24 Vgl. BERMAN, a. a. O., S. 362.

25 Vgl. dazu ANDRESKI, Kap. 15: Parasitism and Technical Stagnation, in ANDRESKI, *The Uses of Comparative Sociology*, a. a. O., S. 234, wo P. Boissonade in diesem Sinne zitiert wird.

26 Darin besteht ein interessanter Unterschied zur chinesischen Entwicklung, obwohl sich seit dem elften Jahrhundert in China Veränderungen angebahnt hatten, die in technischer und ökonomischer Hinsicht die europäischen Leistungen um Jahrhunderte vorwegnahmen, vgl. dazu MCNEILL, a. a. O., S. 33 ff., JONES, a. a. O., S. 160 ff., und HALL, a. a. O., S. 33 ff.

europäischen Markt schränkte den Spielraum der religiösen und politischen Gewalten ein und schuf ein günstiges Klima für Investition und wirtschaftliches Wachstum und für den Erkenntnisfortschritt in den Wissenschaften. Der europäische Sonderweg hat schließlich zu dem geführt, was man heute mit Karl Popper eine „offene Gesellschaft“ nennt, eine Gesellschaft relativer Offenheit, wenn man sie mit den Sozialformen vergleicht, die in anderen Hochkulturbereichen der Erde dominant waren. Damit soll natürlich nicht geleugnet werden, daß diese Entwicklung viele Aspekte hatte, – vor allem hinsichtlich der politischen und militärischen Expansion der europäischen Mächte und auch des gewaltsamen Stils der Auseinandersetzungen innerhalb und außerhalb Europas –, die mit dem Idealbild einer solchen Gesellschaft wenig zu tun haben.

Was das Problem der sozialen Ordnung angeht, so kann die europäische Rechtsentwicklung also auf einen gemeinsamen Nenner gebracht werden, in dem der wesentliche Unterschied zur Entwicklung in anderen Kulturen zum Ausdruck kommt. Er besteht in der Schaffung autonomer Bereiche, die rechtlich so abgegrenzt und abgesichert sind, daß die betreffenden sozialen Gebilde und ihre Mitglieder in diesem Rahmen in der Lage waren, nach selbstgesetzten Regeln zu leben und selbständige Entscheidungen zu treffen, ohne von anderen Instanzen daran gehindert werden zu können. In dieser Weise führte die europäische Entwicklung also zur Zähmung der Herrschaft durch das Recht.

Das institutionelle Milieu, das sich im europäischen Kulturbereich herausbildete, bot überdies hinreichende Anreize für Verhaltensweisen, die dafür sorgten, daß Europa auch in seiner Wohlstandsentwicklung alle anderen Kulturbereiche hinter sich ließ und daß es auf Grund seiner militärischen Überlegenheit politisch expandierte, so daß die europäischen Mächte nahezu alle anderen Erdteile ihrem Herrschaftsbereich einzuverleiben in der Lage waren. Diese politische Europäisierung der Erde war allerdings, wie wir wissen, nur eine vorübergehende Erscheinung.

Was diese Verhaltensweisen selbst angeht, so dürften allerdings die durch das institutionelle Milieu – zum Beispiel durch die rechtlichen Vorkehrungen, die für die europäische Kultur charakteristisch sind – gegebenen Anreize nur deshalb in so großem Maße wirksam gewesen sein, weil die europäische Mentalität eine entsprechende kulturelle Prägung erfahren hatte, und zwar auf religiöser Grundlage, das heißt auf der Grundlage des westlichen Christentums. Nicht nur die europäische Rechtsentwicklung hatte einen religiösen Hintergrund[27]. Auch für die alltäglichen Verhaltensweisen hatte die christliche Prägung der europäischen Mentalität große Bedeutung. Schon Max Weber hat bekanntlich in seinen religionssoziologischen Untersuchungen darauf aufmerksam gemacht. Er hat die verschiedenen Richtungen des asketischen Protestantismus für diese Prägung verantwortlich gemacht[28]. Seine These ist bekanntlich von vielen kritisiert worden, die sich mit solchen Problemen befaßt haben. Tatsächlich scheint denn auch die für die europäische Lebensweise relevante Prägung der Mentalität schon sehr viel früher erfolgt zu sein, als er angenommen hatte[29]. Wie Karl Ferdinand Werner gezeigt hat, fand das „europäische Wunder" nicht *nach* dem Mittelalter oder *trotz* des Mittelalters statt, sondern gerade *wegen* der Existenz einer im Westen katholisch geprägten christlichen Welt, die wir uns angewöhnt haben, das „Mittel-

---

27 Hinter ihr steht nach Berman die auf der jüdischen Vision der Geschichte basierende christliche Eschatologie, die im elften Jahrhundert zum ersten Mal in Reformbemühungen für eine weltliche Gesellschaft umgesetzt wurde, vgl. BERMAN, a. a. O., S. 26 ff.; vgl. auch MICHAEL WALZER, *Exodus und Revolution*, Berlin 1988, wo die Bedeutung der biblischen Geschichte des Exodus für die europäische Politik – für Reformbewegungen und revolutionäre Bestrebungen – aufgezeigt wird.

28 Vgl. dazu MAX WEBER, „Die protestantische Ethik und der Geist des Kapitalismus", und: „Die protestantischen Sekten und der Geist des Kapitalismus", in: MAX WEBER, *Gesammelte Aufsätze zur Religionssoziologie*, Band I, 4. Auflage, Tübingen 1974.

29 Vgl. dazu BERMAN, a. a. O., S. 336 ff., wo auch eine explizite Weber-Kritik zu finden ist. Für eine Diskussion der Weber-These vgl. auch LUCIANO PELLICANI, *Saggio sulla Genesi del Capitalismo. Alle origine della modernità*, Milano 1988, S. 39 ff. und S. 178.

alter" zu nennen[30]. Als einen wesentlichen Faktor dieses „Wunders" hat Werner die „Rastlosigkeit" des europäischen Menschen identifiziert, die sich aus der westlichen Variante des Christentums herleitet, ihre positive Akzentuierung des freien Willens und der Verantwortung. Wie Mann es ausdrückt, gehörte die „rationale Rastlosigkeit" zum psychologischen Charakter Europas, im Gegensatz zu dem, was Max Weber über die asiatische Religiosität festgestellt hat[31]. Das Christentum hat nach Mann ein Streben nach moralischer und sozialer Verbesserung auch gegen die weltliche Autorität ermutigt. Offensichtlich wurde diese Art der Moral durch die Erwartung transzendenter Sanktionen gestützt. Auch wenn die spezifische Protestantismusthese Webers also problematisch ist, so kann doch der Webersche Ansatz mit seinem Hinweis auf die kausale Bedeutung der Religiosität für die Prägung von Mentalitäten und damit auch von Verhaltensweisen als akzeptabel und durch spätere Forschungen bestätigt angesehen werden. Gleichzeitig geben diese Forschungen aber Anlaß, bisher vorherrschende Auffassungen über das Mittelalter gründlich zu revidieren.

IV. Das System der natürlichen Freiheit und die Methode der rationalen Praxis

Während die Verbindung von Unterdrückung, Ausbeutung und Massenarmut für die Geschichte der meisten Hochkulturen charakteristisch ist, hat der europäische Sonderweg zu sozialen Systemen und Lebensformen geführt, in denen eine relativ

---

30 Vgl. Karl Ferdinand Werner, „Political and Social Structures of the West", in: Baechler et. al. (eds), *Europe and the Rise of Capitalism*, a. a. O., S. 172.

31 Vgl. Michael Mann, „European Development: Approaching a Historical Explanation", in Baechler et al. (eds), a. a. O., S. 12, er fügt hinzu, daß Max Weber diese rationale Rastlosigkeit speziell im Puritanismus lokalisiert habe, daß aber der Puritanismus de facto Züge der christlichen Psyche betont habe, die vorher schon vorhanden waren.

große Freiheit mit relativem Wohlstand für die Mitglieder der Gesellschaft verbunden ist. Diese Entwicklung ist aber, wie oben schon erwähnt wurde, durch eine einzigartige Konstellation von Bedingungen zustandegekommen, die in Europa zur Konkurrenz und zum Konflikt autonomer sozialer Gebilde und Gewalten – von Staaten und anderen Organisationen – in einem spezifisch geprägten natürlichen und kulturellen Milieu beigetragen haben. Diese Konkurrenz war fast stets ein Prozeß „schöpferischer Zerstörung" (Schumpeter), der nicht nur zur Verbesserung der Lebenssituation großer Teile der Bevölkerung, sondern mitunter auch zum Ruin bestimmter sozialer Gruppen geführt hat. Und der Konflikt der politischen Gewalten hatte oft gewaltsame und grausame Züge. Die Opfer, die die europäische Sonderentwicklung gekostet hat, und die bedeutende Rolle organisierter Gewaltanwendung in den Beziehungen zwischen den politischen Autoritäten und den ihrer Herrschaft Unterworfenen und zwischen verschiedenen politischen Gewalten sollte man nicht übersehen.

Aber in diesem Prozeß haben sich doch Ideen als wirksam erwiesen, die den europäischen Stil der Lösung sozialer Probleme auch für andere Kulturbereiche attraktiv erscheinen lassen. Das ist deshalb der Fall, weil er die Möglichkeit zu eröffnen scheint, Lebensbedingungen zu überwinden, die zwar als historisch normal gelten können, aber für die meisten Mitglieder einer Gesellschaft kaum attraktiv sind. Er könnte nämlich zur Lösung der beiden wichtigsten Probleme der Menschheitsgeschichte beitragen: zur *Zähmung der Herrschaft* und zur *Beseitigung der Armut* und vielleicht sogar zur Lösung des dritten Problems: der *Vermeidung von Kriegen.*

Allerdings scheint das „System der natürlichen Freiheit" (Adam Smith), das zu einer friedlichen Gesellschaft freier und wohlhabender Menschen führen kann und in manchen Teilen der Welt schon dahin geführt hat, tatsächlich kein „natürliches System" zu sein, sondern ein System, das eines künstlichen Schutzes bedarf und das in dauernder Gefahr ist, durch den Einfluß „natürlicher" Kräfte denaturiert zu werden, nämlich durch den Einfluß von Kräften, die zweifellos zur Natur des Menschen gehören.

Wenn man die Grundidee dieses Systems erläutern soll, dann kann man davon ausgehen, was wir heute über die Methode rationalen Problemlösungsverhaltens wissen. Wir haben keinen Grund mehr anzunehmen, daß wir in der Lage sind, in irgendeinem Bereich des sozialen Lebens vollkommene Problemlösungen zu finden. Um die Konsequenzen dieser Tatsache zu erläutern, ist es vielleicht angebracht, einen Exkurs in die moderne Erkenntnistheorie zu machen.

Bis vor nicht allzulanger Zeit war es üblich anzunehmen, es sei möglich, sichere Wahrheiten zu erreichen, also Problemlösungen, die mit einer Wahrheitsgarantie versehen und daher unrevidierbar sind. In philosophischen Betrachtungen über die Möglichkeit der Erkenntnis herrschte die Idee vor, es sei notwendig und auch möglich, unsere Aussagen – unsere Theorien, Erklärungen und Beschreibungen – in einem Sinne zu begründen, der eine solche Garantie involviert. Letzten Endes, so meinte man, seien sie nur dann akzeptabel, wenn sie in sicheren Fundamenten verankert seien. Zumindest in den Wissenschaften, so nahm man an, gebe es eine sichere Methode, um zu irrtumsfreien Lösungen zu kommen, eine methodische Praxis, die den Fortschritt der Erkenntnis garantiere.

Inwischen hat sich herausgestellt, daß diese Auffassung der Erkenntnis illusionär ist[32] und daß sie der tatsächlichen Erkenntnispraxis in den Wissenschaften nicht Rechnung tragen kann. Für die Interpretation dieser Erkenntnispraxis ist vielmehr ein konsequenter Fallibilismus angemessen[33], die Auffassung, daß

---

32 Vgl. dazu Karl Popper, *Conjectures and Refutations. The Growth of Scientific Knowledge*, London 1963, und Alan Musgrave, *Alltagswissen, Wissenschaft und Skeptizismus*, Tübingen 1993.

33 Dieser Fallibilismus schließt, im Gegensatz etwa zu den Auffassungen Karl Otto Apels, auch das philosophische Denken ein; zur Kritik Apelscher Auffassungen vgl. Hans Albert, *Transzendentale Träumereien*, Hamburg 1975, und Herbert Keuth, *Erkenntnis oder Entscheidung. Zur Kritik der kritischen Theorie*, Tübingen 1993.

der Mensch – auch der Vertreter der Wissenschaft – fehlbar und daher irrtumsanfällig ist bei der Lösung aller Probleme und daß es keine sichere Methode gibt, durch die Irrtümer ausgeschlossen werden können. Sogar die Anschauung, die uns allen in der Schule vermittelt wurde, daß in dieser Hinsicht zumindest die Mathematik eine Ausnahme darstellt, hat sich als problematisch erwiesen[34]. Aber diese Resultate haben keineswegs, wie vielfach angenommen wird, katastrophale Konsequenzen für den Realismus und die mit ihm verbundene Wahrheitsauffassung[35] oder für den methodischen Rationalismus[36]. Beide Auffassungen sind mit einem konsequenten Fallibilismus vereinbar. Auch die Möglichkeit des Erkenntnisfortschritts muß nicht in Zweifel gezogen werden. Die rationale Methode muß allerdings den Revisionismus involvieren, der ohnehin kennzeichnend ist für die Erkenntnispraxis der modernen Wissenschaften.

Was bedeutet das aber für die anderen Bereiche der Kultur und der sozialen Praxis, für Politik, Wirtschaft, Recht, Moral und Religion? Da in jeder Lösung praktischer Probleme zumindest einige kognitive Elemente enthalten sind, gilt der konsequente Fallibilismus auch für diese Bereiche. Auch dort können wir nicht erwarten, irrtumsfreie und vollkommene Lösungen zu erreichen. Wir können bestenfalls damit rechnen, wie im Bereich der Wissenschaft, unsere Problemlösungen immer wieder durch die Ausschaltung von Fehlern zu verbessern und dadurch bestmögliche Lösungen zu approximieren. Daher ist die Suche nach alternativen Lösungen, in denen solche Fehler vermieden werden, ebenso wie die Suche nach Fehlern selbst ein Desiderat der rationalen Methode, nicht nur im Bereich der Erkenntnis, sondern auch in den anderen Berei-

---

34 Vgl. dazu IMRE LAKATOS, *Proofs and Refutations. The Logic of Mathematical Discovery*, ed. by John Worrall and Elie Zahar, Cambridge 1976. Schon Bertrand Russell hatte lange vorher den Glauben an die Mathematik als „letzte Provinz der Gewißheit“ aufgegeben.

35 Vgl. dazu MICHAEL DEVITT, *Realism and Truth*, sec. ed., Oxford 1991.

36 Vgl. dazu HANS ALBERT, *Traktat über kritsche Vernunft*, 5. Aufl., Tübingen 1991.

chen der sozialen Praxis. Auch hier gehört der Revisionismus zu dieser Methode.

Wenn man aber diese Methode nachhaltig sozial verankern will, dann läuft das meines Erachtens hinaus auf eine Institutionalisierung von Konkurrenz und Kritik. Dadurch kann ein sozialer Mechanismus etabliert werden, der die Ausarbeitung neuer Problemlösungen und die Selektion und Verbreitung von Lösungen fördert, die im Sinne der in diesen Mechanismen wirksamen Kriterien vergleichsweise besser sind als andere Lösungen[37]. Das bedeutet unter anderem, daß durch entsprechende institutionelle Vorkehrungen ein soziales Milieu für die beteiligten Individuen und Gruppen geschaffen wird, das entsprechende Anreize für die Entwicklung und Verbreitung adäquater Problemlösungen enthält. Um die Möglichkeit gewaltsamer Auseinandersetzungen aufgrund von Interessengegensätzen einzuschränken und die Konkurrenz in friedliche Bahnen zu lenken, ist darüber hinaus eine Institutionalisierung entsprechender Mechanismen friedlicher Konfliktlösung nötig, wie sie innerhalb der Staaten des europäischen Systems und in den westlichen Ländern, die kulturell zu Europa zählen, weitgehend verwirklicht wurde.

Vor allem die politische Ökonomie hat zur Analyse der Möglichkeit freiheitlicher sozialer Ordnungen beigetragen, innerhalb deren die Steuerung sozialer Prozesse in dieser Weise geregelt ist. Die Leitidee einer solchen Ordnung ist die, daß man die Lösung aller Probleme so weit möglich dem freien Spiel der Kräfte überläßt, das heißt dem Zusammenspiel – also der Kooperation und der Konkurrenz – autonomer Individuen und auf der Basis freier Verträge gebildeter Gruppen, die in ihren Handlungen nur so weit eingeschränkt werden, als es notwendig ist, um Machtmißbrauch zu verhindern. Die außerordentlich bedeut-

---

37 Vgl. dazu HANS ALBERT, Freiheit und Ordnung, a.a.O., S. 40ff. und S. 49ff. Natürlich gibt es da ein Problem, das möglicherweise nicht immer leicht zu lösen ist, nämlich das Problem der Etablierung wirksamer adäquater Kriterien.

same Entdeckung der Klassiker des ökonomischen Denkens war die, daß ein solches System nicht chaotisch sein muß, das heißt: daß unter bestimmten Bedingungen und in gewissen Grenzen Anarchie funktionieren kann, also nicht mit Anomie verbunden sein muß. Es kann also nicht-autoritäre Systeme der sozialen Kontrolle – der Steuerung sozialer Prozesse – geben, bei denen die verhaltenssteuernden Anreize und Sanktionen aus dem interpersonellen Zusammenspiel selbst hervorgehen, ohne daß eine äußere Autorität dabei eine Rolle spielt. Natürlich ist in den meisten Fällen eine solche Autorität, die über das Monopol legitimer Gewaltanwendung verfügt, notwendig, um die Aufrechterhaltung einer solchen Ordnung zu garantieren.

Der Markt als Anreiz- und Steuerungsmechanismus ist tatsächlich eine institutionelle Verkörperung der oben charakterisierten revisionistischen Methode, oder er kann jedenfalls in dieser Weise funktionieren. Das gleiche gilt aber zum Beispiel für die Art und Weise, in der die Wissenschaft heute im internationalen Maßstab organisiert ist. Und auch im Bereich der Politik sind Elemente dieser Methode zu finden, nämlich in den repräsentativen Demokratien, wo politische Unternehmer und ihre Organisationen – die politischen Parteien – um die politische Führung und damit auch um die Gesetzgebungsmacht konkurrieren. Im Gegensatz zur Struktur organisierter Religionen in den meisten historisch bekannten Hochkulturen, sind in der modernen Gesellschaft sogar Märkte für religiöse Dienstleistungen entstanden, in denen religiöse Organisationen miteinander konkurrieren, um die religiösen Bedürfnisse der Individuen zu befriedigen[38]. Natürlich gibt es erhebliche Unterschiede zwischen diesen Bereichen des sozialen Lebens und innerhalb dieser Be-

---

38 Für eine interessante Analyse dieser Tatsache vgl. PETER L. BERGER, *Zur Dialektik von Religion und Gesellschaft*, Frankfurt 1988, S. 122 ff. Auch in der Spätantike gab es bekanntlich schon einmal eine ähnliche Situation, nämlich die Konkurrenz der hellenistischen Mysterienreligionen und anderen Kulte, bis das Christentum schließlich mit Hilfe der politischen Gewalt ein religiöses Monopol etablieren konnte.

reiche, und ich habe nicht die Absicht, sie hier zu analysieren oder gar zu bewerten. Vor allem die Problematik der Kriterien für adäquate Problemlösungen wäre hier zu erörtern, auf die ich später noch einmal zurückkommen werde.

Wie ich schon erwähnt habe, hat die europäische Rechtsentwicklung seit dem elften Jahrhundert offenbar dazu beigetragen, daß in Europa institutionelle Regelungen entstanden sind, die sich in der von mir skizzierten Richtung ausgewirkt haben[39]. Dabei hat die regulative Idee der Freiheit eine besondere Rolle gespielt. Sie hat sich in der rechtlichen Sicherung autonomer Bereiche ausgewirkt, innerhalb deren die Individuen in freiwilliger Kooperation mit anderen nach eigenen Regeln und in Verfolgung ihrer eigenen Interessen und Ideale ihr Leben gestalten und ihre Probleme lösen konnten. Das bedeutet einerseits die Garantie individueller Selbstbestimmung durch die Sicherung privater Verfügungsrechte und andererseits die Garantie der Mitbestimmung der beteiligten und betroffenen Individuen bei der Verfolgung gemeinsamer Interessen und der Gestaltung gemeinsamer Projekte, und auch bei der Wahl der Regeln, die für alle Mitglieder der betreffenden sozialen Gebilde gelten sollen.

V. Das Problem der sozialen Ordnung als normatives Problem

Im philosophischen Denken und in vielen Wissenschaften – vor allem in der Jurisprudenz, der Ökonomik und der Politikwissenschaft – wird das Problem der sozialen Ordnung üblicherweise als ein normatives Problem aufgefaßt, als das Problem, eine

---

39 Natürlich ist die Einschränkung gewaltsamer Auseinandersetzungen im internationalen Maßstab bisher niemals gelungen. Die internationale Anarchie war trotz aller Bemühungen um völkerrechtliche Regelungen bekanntlich stets mit einem hohen Maß von Anomie verbunden.

gute oder gerechte Ordnung zu finden und zu charakterisieren. Man pflegt daher auch anzunehmen, daß zu seiner Lösung eine normative Wissenschaft notwendig sei, eine Wissenschaft also, die sich nicht an das von Max Weber formulierte Prinzip der Wertfreiheit halten könne. Das ist aber eine vorschnelle Konsequenz, ein Vorurteil, das ich nun der Kritik unterwerfen möchte. Für Marx und seine Anhänger hat es hier natürlich keine Probleme gegeben. Sie haben ihre geschichtsphilosophische Konzeption benutzt, um solche Probleme mit Hilfe historischer Prophetie zu umgehen. Ich muß, glaube ich, hier nicht mehr erklären, warum ich keine Sympathie für ein solches Unternehmen aufbringen kann.

Andererseits haben wir nicht die Möglichkeit, die Lösung normativer Probleme aus Aussagen über Tatsachen und über Kausalzusammenhänge abzuleiten, wenn wir uns nicht naturalistischer Fehlschlüsse bedienen möchten. Es gäbe natürlich den Ausweg, Werturteile und andere normative Aussagen als kognitive und damit wahrheitsfähige Aussagen zu deuten und auf diese Weise die Möglichkeit einer normativen Erkenntnis vorauszusetzen. Ich glaube kaum, daß es für die Annahme derartiger Einsichten heute noch gute Gründe gibt, möchte aber hier auf dieses Problem nicht eingehen. Jedenfalls lehne ich selbst den Wert- und Normenplatonismus ab, der vorausgesetzt werden müßte, um eine normative Wissenschaft dieser Art zu ermöglichen.

Vielmehr glaube ich, daß das Problem einer adäquaten sozialen Ordnung unter Beibehaltung des Weberschen Wertfreiheitsprinzips gelöst werden kann, wenn man nur die Möglichkeiten sozialwissenschaftlicher Erkenntnis dabei ausschöpft. Dazu ist es allerdings nützlich, sich darüber klar zu werden, daß das Problem einer *adäquaten* – etwa einer guten oder gerechten oder auch optimalen – Ordnung zunächst einmal das einer besonderen *möglichen* Ordnung ist, und zwar nicht bloß einer *logisch* möglichen, sondern einer *faktisch* möglichen Ordnung *bestimmter Art*. Das bedeutet aber, daß hier auf jeden Fall (1) das Problem der *Realisierbarkeit* involviert ist und daß (2) alle Merkmale einer solchen Ordnung, die normativ relevant erscheinen, den Charakter *natürlicher* Eigenschaften haben. Ich werde diese Eigenschaften „*Leistungsmerkmale*" nennen[40]. Damit wird die Idee sogenannter „nicht-natürlicher Eigenschaften", die in postmodernen Auffassungen wieder aufzuleben scheint, als irreführende und überflüssige Idee zurückgewiesen. Jede Bewertung einer sozialen Ordnung muß offenbar an solche natürlichen Eigenschaften dieser Ordnung anknüpfen, und dasselbe gilt für die komparative Bewertung verschiedener sozialer Ordnungen, die als faktisch möglich und als realisierbar anzusehen sind. Wenn wir soziale Ordnungen bewerten, dann beziehen wir uns also unter bestimmten Wertgesichtspunkten auf die unter diesen Gesichtspunkten relevanten Leistungsmerkmale dieser Ordnungen, und damit auf bestimmte faktische Eigenschaften.

Es wäre merkwürdig, wenn für eine solche Bewertung nur ein einziges Leistungsmerkmal in Betracht gezogen werden müßte, in dem sich die Erwünschtheit einer sozialen Ordnung verkörpern würde, wie es den Anschein haben könnte, wenn von einer schlechthin guten oder gerechten Ordnung die Rede ist. Meines Erachtens wäre es realistischer anzunehmen, daß die Verwendung solcher Wertworte vor allem für ein zusammenfassendes abschließendes Urteil in Betracht kommt, dem ein Vergleich verschiedener möglicher Ordnungen und ihre komparative Bewertung in bezug auf verschiedene Leistungsmerkmale zugrunde liegt. Dazu wäre dann allerdings die Gewichtung der betreffenden Merkmale nötig. Aber der Vergleich verschiedener Ordnungen an Hand der gewählten Leistungsmerkmale setzt keine solche Gewichtung voraus und involviert keine Werturteile. Er wäre vielmehr selbst eine wesentliche Grundlage für jede rationale Bewertung. Ein solcher Vergleich ist also im Rahmen einer Auffassung möglich, die mit dem Wertfreiheitsprinzip vereinbar

---

40 Darin folge ich Rutledge Vining, der in diesem Zusammenhang von „performance characteristics" spricht, vgl. RUTLEDGE VINING, *Economics in the United States of America*, UNESCO, Paris 1956, S. 14.

ist. Eine normative Wissenschaft ist dazu keineswegs erforderlich. Das Problem gehört insoweit vielmehr in den Bereich der Sozialtechnologie.

Wenn man versucht, das Problem einer adäquaten sozialen Ordnung nicht durch die Konstruktion einer normativen Wissenschaft zu lösen, die den Anspruch macht, über Einsicht in existierende Normen und Werte zu verfügen, sondern durch die Verwendung sozialtechnologischen Wissens, dann führt das zur Anwendung eines methodologischen Gesichtspunktes, der in der klassischen politischen Ökonomie seit Adam Smith zumindest implizit enthalten ist. An die Stelle einer Rechtfertigung im traditionellen Sinne des Wortes tritt dann der Versuch einer komparativen Analyse alternativer Vorschläge für die Lösung des Problems auf dem Hintergrund regulativer Ideen, auf die eine Entscheidung – das heißt hier: die Selektion der besten Lösung – sich gründen kann. Die dazu erforderlichen regulativen Ideen können dabei hypothetisch vorausgesetzt werden, wie das auch an der Analyse der Erkenntnispraxis der Wissenschaft geschieht[41]. Das bedeutet, daß das Problem reformuliert werden kann als das Problem der Möglichkeit einer sozialen Ordnung, die bestimmte Anforderungen erfüllt, nämlich genau diejenigen Anforderungen, die durch die Leistungsmerkmale – oder Kriterien – ausgedrückt werden, die für die komparative Analyse gelten. Da wir nicht logische sondern faktische Möglichkeiten zu analysieren haben, hat die Analyse die relevanten Gesetzmäßigkeiten zu berücksichtigen. Und wenn wir das Problem für konkrete Fälle zu lösen haben, haben wir auch die historischen Möglichkeiten zu berücksichtigen, das heißt: die Realisierbarkeit einer Ordnung in einem bestimmten Raum-Zeit-Gebiet, und wir haben daher die relevanten Bedingungen in Rechnung zu stellen, die in diesem Gebiet vorliegen.

Natürlich können auch die Adäquatheitsbedingungen einer sozialen Ordnung und die regulativen Ideen diskutiert werden,

---

41 Vgl. dazu z. B. Hans Albert, *Traktat über rationale Praxis*, Tübingen 1978.

auf denen sie basieren. Auch eine solche Diskussion ist unter Weberschen Voraussetzungen möglich, also ohne die Einführung von Werturteilen über soziale Tatsachen in die Analyse. Aber ich habe den Eindruck, daß vor allem Wissen über tatsächliche Zusammenhänge erforderlich ist, theoretisches und historisches Wissen, das für die Analyse der Möglichkeit einer adäquaten sozialen Ordnung relevant ist. Ich denke hier vor allem an Wissen über die Natur des Menschen, über seine Möglichkeiten und Fähigkeiten, seine Bedürfnisse und seine Neigungen, wie es vor mehr als zweihundert Jahren die schottischen Moralphilosophen für ihre Untersuchungen verwendet haben. Meines Erachtens haben die Schwierigkeiten der Diskussion über die soziale Ordnung ihren Ursprung mehr in dem normativen Modell-Platonismus, der dort vielfach anzutreffen ist, und im Mangel an Wissen über die relevanten Kausalzusammenhänge als in der Frage, welche Wertgesichtspunkte für die Analyse maßgebend sein sollen.

Wir haben also in jedem Falle realisierbare institutionelle Vorkehrungen unter bestimmten regulativen Ideen hinsichtlich ihrer Leistung zu vergleichen, das heißt hinsichtlich der Frage, wie sie im Hinblick auf bestimmte Leistungsmerkmale funktionieren würden. Da wir Systeme von Wirkungsbeziehungen zu untersuchen haben, brauchen wir für diesen Zweck die Kenntnis entsprechender Kausalzusammenhänge. Wir brauchen also entsprechende Theorien, die auf die betreffenden Bedingungen anwendbar sind. Sie können uns Informationen über diejenigen Aspekte des Funktionierens der betreffenden Institutionen liefern, die unter den vorausgesetzten Wertgesichtspunkten interessant sind. Da die untersuchten Systeme vor allem aus Verkettungen menschlicher Handlungen bestehen, brauchen wir theoretisches Wissen über die Struktur solcher Handlungen und über ihre Wechselwirkungen. Wir benötigen also eine Art der Analyse, wie sie in der ökonomischen Tradition seit langem üblich ist. In den theoretischen Modellen, die für diesen Zweck zu konstruieren sind, werden die in Frage kommenden Theorien auf die verschiedenen jeweils vorhandenen Bedingungskonstellationen angewendet. Ein wichtiger Teil dieser Bedingungen sind die historisch variablen institutionellen Vorkehrungen, deren Funktionsweise verstanden werden muß[42].

Wenn das Problem der Realisierbarkeit nicht beachtet wird, dann ist die Anzahl der in dieser Weise konstruierbaren Modelle natürlich unbegrenzt. Es mag nützlich sein, dieses Problem zunächst zu vernachlässigen und mit idealtypischen Bedingungen zu arbeiten, die von den historisch vorliegenden weit entfernt sind – also mit Idealisierungen –, um das prinzipielle Funktionieren alternativer institutioneller Regelungen zu entdecken, die sich in typischer Weise voneinander unterscheiden, und dabei historische Beispiele als Hinweise für die Konstruktion solcher Modelle zu benutzen. Aber wenn das Problem darin besteht, eine sozialtechnologische Grundlage für politische Maßnahmen zu finden, haben wir das „institutionelle Apriori" der gegebenen Gesellschaft zu berücksichtigen, also diejenigen institutionellen Vorkehrungen, die in dem Raum-Zeit-Gebiet vorliegen, auf die sich die jeweilige Analyse bezieht. Eine praktisch brauchbare sozialtechnologische Analyse hat die relevanten Merkmale der Anfangssituation für das politische Handeln, zum Beispiel für die beabsichtigten Gesetzgebungsmaßnahmen, in Rechnung zu stellen. Und sie muß mit der Tatsache rechnen, daß eine solche Gesetzgebung in den meisten Fällen nur bestimmte eng umschriebene Bestandteile einer institutionellen Konstellation in einer solchen Weise ändern kann, daß die erwünschten Wirkungen zu erwarten sind. Die Gesetzgebung darf gewissermaßen nicht die Illusionen der Planwirtschaft reprodu-

---

42 Friedrich von Hayek hat seinerzeit betont, daß im ökonomischen Denken im allgemeinen nur „Erklärungen im Prinzip" möglich seien, vgl. Friedrich A. v. Hayek, „Degrees of Explanation", in Friedrich A. v. Hayek, *Studies in Philosophy, Politics and Economics*, London 1967, S. 10ff. Auch die Analyse sozialer Ordnungen kann vermutlich nur auf Aussagen über das „prinzipielle Funktionieren" – die allgemeine Funktionsweise – bestimmter institutioneller Vorkehrungen basieren.

zieren, die für das Scheitern des sozialistischen Traums verantwortlich sind.

Wenn Versuche gemacht werden, bestimmte normative Regelungen durch Gesetzgebungsmaßnahmen zu erreichen, dann bedeutet das in erster Linie nur, daß *zusätzliche* Bedingungen für das Verhalten von Individuen geschaffen werden, daß also die Konstellation der Anreize für ihr Verhalten *modifiziert* wird. Ob und wie sich ihr Verhalten dann ändert, ist natürlich auch von einer Reihe anderer Bedingungen abhängig, zum Beispiel von ihrer Motivstruktur und von ihrem Informationsstand. Wie wir alle wissen, kann ein Gesetz Wirkungen haben, die, wenn man sie an den Zwecken des Gesetzgebers mißt, als kontraproduktiv zu beurteilen sind. Das ist trivial und eines der ältesten Themen der Sozialwissenschaften. Aber es ist nichtsdestoweniger von aktuellem Interesse. Wir müssen nur an die Maßnahmen der europäischen Gemeinschaft zur Regelung der Agrarproduktion und andere Maßnahmen dieser Art denken. Politische Maßnahmen modifizieren eben immer nur einige wenige Elemente der kausalen Netzes der sozialen Prozesse, und deren kausale Relevanz ist meist schwer zu beurteilen. Dies gilt auch für die Verfassung eines sozialen Gebildes, seine fundamentalen Normen, die den allgemeinen Rahmen des sozialen Lebens bilden. Bekanntlich besteht oft ein großer Unterschied zwischen der formalen Verfassung und der sogenannten Verfassungswirklichkeit.

Das alles sind bekannte Tatsachen. Ich habe in unserem Zusammenhang nur auf sie aufmerksam gemacht, um die Bedeutung des Problems der Realisierbarkeit und der Entdeckung kausaler Zusammenhänge für die Analyse des Problems einer adäquaten sozialen Ordnung zu betonen. Denn nicht selten führt die Gewohnheit, von einer rein normativen Frage auszugehen und vor allem das Problem der Rechtfertigung zu akzentuieren, zu der irrigen Vorstellung, die relevanten Kausalprobleme seien trivialer Natur und daher leicht lösbar. Aber die Muster des Funktionierens, die eine soziale Ordnung bilden, sind nicht *lo-*

gische Konsequenzen der Normen, die in Rechtsdokumenten zu finden sind. Sie können bestenfalls auf der Grundlage relevanter *nomologischer* Aussagen und von Modellen eruiert werden, in denen auch die in Frage kommenden Bedingungskonstellationen berücksichtigt sind.

Natürlich möchte ich nicht bestreiten, daß auch die regulativen Ideen – die Wertgesichtspunkte – wichtig sind, die mit einer solchen Analyse verbunden sind, denn sie bestimmen die Adäquatheitsbedingungen einer sozialen Ordnung. Sie sind also entscheidend für die Auswahl der Aspekte der sozialen Realität, die einer komparativen Bewertung zugänglich gemacht werden sollen. Wie ich schon erwähnt habe, können diese Gesichtspunkte hypothetisch eingeführt werden. Es bedarf wohl keiner besonderen Erläuterung, daß das Urteil darüber, inwieweit mögliche soziale Ordnungen, die zu vergleichen sind, bestimmte Anforderungen erfüllen, sich nur auf Tatsachenaussagen stützen kann[43]. Natürlich können die verschiedenen regulativen Ideen zu verschiedenen Urteilen dieser Art führen. Wer daher eine komparative Bewertung erreichen will, hat zu entscheiden, wie die verschiedenen Leistungsmerkmale zu gewichten sind.

VI. Das Ideal der Freiheit und die Ordnung einer offenen Gesellschaft

Nun komme ich zu den inhaltlichen Aspekten des Problems einer adäquaten sozialen Ordnung, die in unserer heutigen Situation interessant sein mögen. Und ich komme zurück zum Sozialismus und zu seinem Einfluß auf die Diskussion über die soziale Ordnung. Denn viele Probleme in dieser Diskussion sind aus der sozialistischen Herausforderung entstanden, die sich seit dem vorigen Jahrhundert geltend gemacht hat. An sich ist der

---

43 Vgl. dazu Hans Albert, *Kritik der reinen Erkenntnislehre*, Tübingen 1987, S. 160ff.

Sozialismus natürlich eine verständliche Reaktion des sozialen Denkens auf eine Entwicklung, die sich auf die Lebenssituation großer Teile der Bevölkerung negativ ausgewirkt haben.

Die sozialistische Revolution ist, wie Berman festgestellt hat, die sechste der großen Revolutionen der europäischen Geschichte. Alle diese Revolutionen haben versucht, den rechtlichen Rahmen der europäischen Kultur im Lichte einer „apokalyptischen Vision der Zukunft" zu transformieren[44], die auf die eschatologische Tradition der Bibel zurückgeht. Und in jedem Falle haben, wie er feststellt, wenn die Revolution in ihrem „Heimatland" gesiegt hatte, die anderen Länder eine mildere Version akzeptiert. Das gilt auch für den Sozialismus, denn einige Zeit nach der russischen Revolution, nämlich in den dreißiger Jahren dieses Jahrhunderts, haben sich in Westeuropa und in den Vereinigten Staaten „sozialistische" oder „New Deal"-Regierungen etabliert[45]. Wenn heute, wie Dahrendorf festgestellt hat, alle großen europäischen Parteien den „sozialdemokratischen Kompromiß" akzeptiert haben, dann haben sie damit die Veränderungen akzeptiert, die die europäische Kultur – vor allem auch die Rechtskultur – unter dem Einfluß der sozialistischen Vision durchgemacht hat, ob wir das nun begrüßen oder nicht. Nur die extremen Forderungen, die sich aus bestimmten Aspekten des Marxismus ergeben, haben schließlich zu den Vorgängen geführt, die man als den „Zusammenbruch des Sozialismus" charakterisieren kann. Es sind diese Forderungen und ihre Wirkungen, die die Versuche liberaler Philosophen provoziert haben, das Ideal der Freiheit – einen zentralen Bestandteil der europäischen Tradition – vor den sozialistischen Attacken in Schutz zu nehmen. Unter dem Einfluß marxistischer Auffassungen sind gerade die drei Sozialformen, die sich als Resultat des europäischen Wegs zur Moderne entwickelt haben, einer prinzipiellen Kritik unterworfen worden: die reprä-

---

44 Vgl. dazu BERMAN, a.a.O., S. 25.
45 Vgl. BERMAN, a.a.O., S. 24 f.

sentative Demokratie, die freie Marktwirtschaft und sogar die moderne Wissenschaft als dominierende Wissensform der industriellen Gesellschaft[46].

Die Diskussion über die Bedeutung der sozialistischen Herausforderung ist stark beeinflußt worden durch die These von der Unmöglichkeit des Sozialismus, die in den zwanziger Jahren dieses Jahrhunderts von Ludwig von Mises formuliert und vertreten wurde. Sein zentrales Argument war das der Unmöglichkeit einer adäquaten Wirtschaftsrechnung in einer Verwaltungswirtschaft, wie sie von Sozialisten angestrebt wurde. Tatsächlich hat sich herausgestellt, daß die beiden Grenzfälle des reinen Sozialismus und des reinen Kapitalismus unter realistischem Gesichtspunkt kaum in Betracht kommen, und daß das Problem der Effizienz, auf das sich das Argument der Unmöglichkeit der Wirtschaftsrechnung bezog, komplizierte Fragen aufwirft, weil es auf ein Problem der Steuerungswirkungen alternativer institutioneller Vorkehrungen hinausläuft[47]. Allerdings hat sich auch herausgestellt, daß die Thesen der Kritiker sozialistischer Wirtschaften hinsichtlich der Konsequenzen solcher Systeme für die Bedürfnisbefriedigung der Mitglieder der Gesellschaft eine entscheidende Schwäche der sozialistischen Argumentation treffen.

Seit dem Ende des zweiten Weltkrieges hat sich das Zentrum der Diskussion um den Sozialismus verlagert. Auf Grund der Erfahrungen mit sozialistischen Systemen ist das Problem der Freiheit in den Vordergrund getreten[48]. Denn einer der auffälligsten

---

46 Vgl. dazu die Kritik Herbert Marcuses und anderer Mitglieder der neomarxistischen Frankfurter Schule an der modernen Wissenschaft.

47 Vgl. dazu meinen in Anm. 5, oben, erwähnten Aufsatz: Ist der Sozialismus unvermeidbar? in: HANS ALBERT, *Freiheit und Ordnung*, a. a. O.

48 Vor allem das Werk Friedrich A. von Hayeks hat Impulse in dieser Richtung gegeben, vgl. vor allem FRIEDRICH A. VON HAYEK, *The Road to Serfdom*, Chicago 1944. Für eine Analyse der ganzen Debatte von 1920 bis heute vgl. nun: WILLEM KEIZER, „Hayek's Critique of Socialism", in: JACK BIRNER / RUDI VAN ZIJP (eds.), *Hayek, Co-Ordination and Evolution*. His Legacy in Philosophy, Politics, Economics and the History of Ideas, London/New York 1994, S. 207–231, wo gezeigt

Züge aller bisherigen sozialistischen Systeme ist ihr offenkundiger Mangel an Freiheit, mit anderen Worten: ihr totalitärer Charakter, der zwei Aspekte hat, die eng miteinander zusammenhängen: mangelnde Selbstbestimmung und mangelnde Mitbestimmung. Ohne ein bestimmtes Ausmaß von Freiheit im ersten Sinne scheint die Aufrechterhaltung von Freiheit im zweiten Sinne kaum möglich zu sein[49]. Nach allem, was wir heute wissen, ist die Annahme illusorisch, daß in Systemen, die sich einer reinen Planwirtschaft nähern, eine funktionierende Demokratie etabliert werden kann, denn der soziale Pluralismus, der für deren Funktionieren nötig ist, kann unter dieser Bedingung nicht entstehen. Das bedeutet, daß in einer kapitalistischen Umgebung, eine Demokratie entstehen kann, aber nicht notwendigerweise entstehen muß, aber daß eine sozialistische Gesellschaft auf jeden Fall politische Systeme mit autoritären oder sogar despotischen Zügen produziert. Weder hinsichtlich der in ihnen realisierbaren Freiheit, noch hinsichtlich des in ihnen erreichbaren Wohlstandes, und auch nicht hinsichtlich der Wahrung des inneren und äußeren Friedens scheinen sozialistische Systeme die Vorzüge zu haben, die ihre Verfechter von ihnen erwartet haben. Das bedeutet natürlich nicht, daß diejenigen Länder, in denen Kapitalismus, Rechtsstaat und Demokratie verwirklicht sind, nicht mit schwierigen Problemen konfrontiert sind.

In der Diskussion über die Sozialordnung gibt es einen weitreichenden Konsens darüber, daß der Staat mit den Mitteln des Rechts einen institutionellen Rahmen für soziale Interaktionen zu schaffen hat und daß er soweit möglich Frieden, Freiheit und die Grundlagen des Wohlstandes der Mitglieder der Gesellschaft zu sichern hat. Aber wie diese Ziele genau zu bestimmen sind

---

wird, wie die kritischen Argumente von Mises und Hayek sich unterscheiden und einander ergänzen und welche Rolle die Sozialismus-Debatte für die Herausarbeitung des spezifisch österreichischen Ansatzes – im Gegensatz zur Neoklassik – gespielt hat; vgl. auch RAIMONDO CUBEDDU, *The Philosophy of the Austrian School*, London/New York 1993.

49 Vgl. DAN USHER, *The Economic Prerequisites to Democracy*, Oxford 1981.

und wie sie erreicht werden sollen, ist kontrovers. Und das scheint mir in höherem Grade auf verschiedenen Auffassungen über Kausalzusammenhänge zu beruhen als auf verschiedenen Wertgesichtspunkten oder einer verschiedenen Gewichtung von Kriterien der Bewertung.

Individuelle Freiheit wird vielfach charakterisiert durch die Existenz einer rechtlich geschützten Sphäre, innerhalb deren jeder seine Mittel und sein Wissen für seine eigenen Zwecke verwenden kann[50]. Für den Schutz dieser Sphäre wird ein „kompossibles" System von Rechten für die Abgrenzung der Handlungsmöglichkeiten der Individuen benötigt[51], das heißt: eine Menge von Rechten, die Handlungskonflikte ausschließt und auf diese Weise das friedliche Zusammenleben der Menschen sichert. Nun ist, wie Schmidtchen mit Recht feststellt, solch ein System offenbar nur eine notwendige, aber keine hinreichende Bedingung einer freiheitlichen Ordnung, denn es sichert den Frieden, aber noch nicht die Freiheit. Anscheinend kann die Idee der Freiheit, um die es hier geht, nur mit Bezug auf die Größe des Spielraums der Handlungsmöglichkeiten expliziert werden, der rechtlich geschützt ist. Man könnte nun sagen, daß eine Rechtsordnung mit der größtmöglichen Freiheit für die Individuen einen Zustand herbeiführt, in dem unter gegebenen Bedingungen die größtmögliche Menge von Handlungen erlaubt sind, die miteinander vereinbar sind[52].

Aber eine Rechtsordnung dieser Art ist vereinbar mit einer tatsächlichen Verteilung von Verfügungsrechten, bei der die Freiheit für die Mitglieder der betreffenden Gesellschaft einen höchst unterschiedlichen Wert haben kann. Im Grenzfall kann die recht-

---

50 Vgl. Friedrich A. von Hayek, *Law, Legislation and Liberty*, Vol. I, London 1973, S. 55 ff.

51 Vgl. Dieter Schmidtchen, Hayek on Liberty and the Rule of Law: The Road to Serfdom – Revisited, in: Svetozar Pejovich (ed), *Socialism: Institutional, Philosophical and Economic Issues*, Dordrecht 1987, S. 115 ff und S. 122 ff.

52 Vgl. Jürgen von Kempski, Naturrecht und Völkerrecht, in Jürgen von Kempski, *Recht und Politik. Studien zur Einheit der Sozialwissenschaft*, Stuttgart 1965, S. 10.

lich geschützte Sphäre eines Individuums in Ermangelung konkreter Verfügungsrechte sogar leer oder nahezu leer sein[53]. Die tatsächlichen Handlungsmöglichkeiten und daher die Lebenschancen solcher Individuen können minimal sein[54]. Natürlich könnte man in einem solchen Fall sagen, daß die Macht – in einem sehr weiten Sinne dieses Wortes – oder der Reichtum dieser Leute zwar sehr gering sei, aber daß ihre Freiheit – im Sinne unserer Definition – davon nicht berührt sei. Das würde aber nur bedeuten, daß vitale Interessen dieser Individuen nicht berücksichtigt werden, wenn die Analyse sich nur auf solche Aspekte der sozialen Ordnung beschränkt, auf die sich die Freiheitsidee bezieht. Für die faktischen Handlungsmöglichkeiten der Individuen ist offenbar der konkrete Inhalt ihrer rechtlich geschützten Sphäre relevant. Eine Konzeption, die diesen Aspekt des sozialen Lebens vernachlässigt, kann daher für große Teile der Bevölkerung völlig unattraktiv sein[55]. Eine Analyse des Problems der sozialen Ordnung, welche nur Leistungsmerkmale in Betracht zieht, die sich aus der regulativen Idee der Freiheit ergeben, wird also kaum zu Resultaten kommen können, die Aussicht haben, von allen Mitgliedern einer Gesellschaft akzeptiert zu werden.

Wir können natürlich annehmen, daß eine Rechtsordnung, die in hinreichendem Maße freiheitliche Züge aufweist, gerade dadurch zum Wohlstand der Bevölkerung beiträgt, aber die Möglichkeit einer Pauperisierung von Teilen der Bevölkerung kann keineswegs ausgeschlossen werden. Moderne Gesellschaften versuchen dem durch die Bereitstellung eines „sozialen Netzes" Rechnung zu tragen. Das ist eine wichtige Wirkung der soziali-

---

53 Vgl. dazu SCHMIDTCHEN, a. a. O., S. 124 f., und ALBERT, Traktat über rationale Praxis, a. a. O., S. 157 f.

54 Obwohl es in dem betreffenden Gebiet genügend Lebensmittel geben mag, können sie in diesem Fall sogar verhungern, vgl. AMARTYA SEN, „The Moral Standing of the Market", in: ELLEN FRANKEL PAUL / FRED D. MILLER / JEFFERY PAUL (eds), *Ethics and Economics*, Oxford 1985, S. 5.

55 Vgl. dazu HANS ALBERT, Ist der Sozialismus unvermeidlich?, a. a. O., S. 97 ff.

stischen Herausforderung[56]. Und sie ist mit einer durch politische Maßnahmen erzwungenen Redistribution des Einkommens in diesen sozialen Systemen verbunden.

Nun wird der redistributive Staat bekanntlich von vielen Theoretikern als illegitim zurückgewiesen. Aber diese Zurückweisung pflegt auf einer naturrechtlichen Argumentation zu basieren, in der angenommen wird, daß Rechte irgendwelcher Art „an sich" existieren, unabhängig von jeder sozialen Konstellation. Meines Erachtens ist es heute ebenso fragwürdig, die Legitimität der Redistribution wie die der Besteuerung mit Argumenten dieser Art zurückzuweisen. Derartige Argumente sind im Rahmen der modernen Weltauffassung, die unvereinbar ist mit den theologisch geprägten Anschauungen des Mittelalters, unhaltbar. Es ist darüber hinaus ebenso fragwürdig, die Einkommensverteilung, die unter Marktbedingungen entsteht, als durch ökonomische Gesichtspunkte gerechtfertigt zu erklären, etwa weil sie unter idealen Bedingungen irgendwelcher Art gerecht zu sein scheint[57]. Da die Einkommensverteilung in einer modernen Gesellschaft vom ganzen soziokulturellen Kontext abhängt, ist es sinnlos, eine moralisch relevante Zurechnung zu einzelnen Individuen im Hinblick auf ihre Leistung zu versuchen.

Der freie Markt ist ein wichtiger Bestandteil einer offenen Gesellschaft. Und die Sozialisten haben in der Tat seine Bedeutung für die Freiheit und den Wohlstand der Mitglieder der Gesellschaft nicht gesehen, ein Irrtum, der schwerwiegende Konsequenzen für große Teile der Weltbevölkerung hatte. Aber das bedeutet keineswegs, daß alle Ideen der sozialistischen Be-

---

56 In dieser Hinsicht hat offenbar die deutsche Gesetzgebung Schule gemacht, für die vor allem die Ideen Gustav Schmollers von Bedeutung waren, vgl. dazu Reginald Hansen, „Gustav Schmoller und die Sozialpolitik von heute", in: Jürgen G. Backhaus, *Gustav von Schmoller und die Probleme von heute*, Berlin 1993, S. 111–182, eine Arbeit, die überdies interessante Korrekturen bisheriger Auffassungen über Schmoller enthält.

57 Vgl. dazu Hans Albert, *Traktat über rationale Praxis*, a.a.O., Abschnitt 22, S. 145ff.

wegungen sich durch den Verlauf der Geschichte als unvernünftig erwiesen haben. Niemand hat bisher zeigen können, daß der freie Markt nur Resultate produziert, die in positiver Weise bewertet werden müssen, so daß sie keiner Korrektur bedürfen. Zumindest eine reine Tatsachenanalyse kann zu keiner solchen Konsequenz führen, und die Bewertung eines sozialen Systems, das einen Marktsektor enthält, beruht stets auf Kriterien, die keiner rein ökonomischen Analyse entstammen können.

Wie ich oben erwähnt habe, kann es viele regulative Ideen – viele Wertgesichtspunkte – geben, die für die Bewertung sozialer Ordnungen in Anspruch genommen werden können. Und wir haben der Tatsache Rechnung zu tragen, daß jeder Versuch, durch die Maximierung eines Wertes ein Ideal zu realisieren, Kosten hinsichtlich anderer Werte involviert. Das gilt auch für das Ideal der Freiheit. Für viele Individuen mag die Freiheit – oder eine bestimmte Art der Freiheit – attraktiver sein als für andere, die mehr Sicherheit und Stabilität vorziehen. Wenn diese verschiedenen Individuen eine komparative Bewertung alternativer sozialer Ordnungen durchführen, dann können sie dieselben Resultate der Sozialtechnologie akzeptieren, einschließlich der *komparativen Analyse* dieser Ordnungen hinsichtlich der gewählten Leistungsmerkmale. Aber sie mögen diesen Merkmalen für ihre *komparative Bewertung* verschiedene Gewichte geben. Wer dem Ideal der Freiheit in der heutigen Diskussion mehr Bedeutung verschaffen möchte, hat also gute Gründe, andere Leute davon zu überzeugen, daß eine Gesellschaft, in der dieses Ideal erfüllt ist, auch attraktive Züge für Leute hat, die andere Werte stärker betonen, daß eine offene Gesellschaft also auch für solche Leute attraktiv sein kann. Wenn man das tun möchte, muß man seine Aufmerksamkeit auch auf Tatsachen richten, die unter den Gesichtspunkten dieser Leute von Interesse sind[58].

---

58 Man darf wohl sagen, daß Friedrich August von Hayek sich stets bemüht hat, sein Plädoyer für eine Verfassung der Freiheit in dieser Weise zu führen.

Unwissenheit, Wirtschaftsordnung und Staatsgewalt*

von

Erich Hoppmann

* Erweiterte Fassung der Friedrich A. von Hayek-Vorlesung vom 13. Mai 1993.

I. Einführung

Im letzten Jahr hat Prof. Buchanan in dieser Vorlesung einführend erklärt, daß die Ausnützung von Wissen zugegebenermaßen eine wichtige Quelle von theoretischen und praktischen Schwierigkeiten ist. Er wolle sich aber nicht damit befassen. So blieb diese Frage offen.

Die meisten Menschen scheinen allerdings recht klares Wissen darüber zu haben, was man für die Gesellschaft jeweils Gutes tun könnte. Das gilt nicht nur für die Tausende von Demonstranten, sondern auch für den berühmten „Mann auf der Straße" und für die Lyriker, Philologen, Filmschauspieler, Theologen, Spitzensportler, Moderatoren und andere, die man in den Massenmedien zu Wort kommen läßt. Auch Politiker und Beamte, ob sie Staatsgewalt inne haben oder sie anstreben, scheinen an ihrem Wissen keine Zweifel zu haben, wenn sie ununterbrochen „Handlungsbedarf" feststellen. Alle scheinen recht gut zu wissen, wie sich die vorgeschlagenen Maßnahmen auswirken. Leider sind ihre Vorschläge sehr kontrovers.

Schon früh stellte sich mir deshalb die Frage, woher die vielen selbstbewußt auftretenden Autoren und Agitatoren eigentlich ihr Wissen haben. Handelt es sich lediglich jeweils um unverbindliche persönliche Meinungen und um artikulierte Gefühle? Woher haben insbesondere die Träger der Staatsgewalt ihr Wissen, und wie werden sie motiviert, das Angemessene zu tun?

Prof. F.A. von Hayek war einer der wenigen, die eine adäquate Bewältigung der Unwissenheit für ein gesellschaftliches Zentralproblem gehalten haben. Er hat unsere Einsichten darüber sehr vertieft. Deshalb ist es angebracht, daß sich meine Ausführungen in der diesjährigen von Hayek-Vorlesung mit der Frage unserer Unwissenheit befassen.

II. Unwissenheit und Wissen

1. Das Unbekannte liegt im Dunkeln. Deshalb ist unsere Unwissenheit grenzenlos, unendlich. Was wir alles nicht wissen, wissen wir nicht. Wir können Unwissenheit deshalb nicht positiv definieren, sie bleibt unendlich und ist demnach nur negativ zu kennzeichnen als Abwesenheit von Wissen. Der menschliche Verstand stellt nämlich Fragen an das Unbekannte. Wenn wir brauchbare Antworten erhalten, bezeichnen wir sie als „Wissen". Was aber ist Wissen?[1]

Als endgültig wahr läßt es sich nie bezeichnen. Wir können lediglich feststellen, ob uns die vom Unbekannten auf unsere Fragen gegebenen Antworten in den gegebenen Umständen ein erfolgreiches Handeln ermöglichen. Ob die Fragen aber richtig sind und die Begriffe, mit denen wir fragen, ist uns unbekannt. Der Mensch ist deshalb bestrebt, verbesserte Fragen zu stellen, um immer besseres Wissen zu erlangen. Wir wollen es ausdrückliches Wissen nennen. Es ist formuliert in hypothetischen Sätzen, den nomologischen „Wenn..,dann..." Sätzen. Sie werden jedoch nur dann zu Wissen, wenn man sie empirisch überprüft hat. Dazu muß man die in der „Wenn"-Komponente genannten Tatsachen angeben. Dann benötigen wir aber das Wissen von diesen besonderen Tatsachen. Wir nennen es Tatsachenwissen.

---

1 Zum folgenden vgl. K. R. Popper, *Logik der Forschung*, 1934, 8. verb. Auflage, Tübingen 1984.

Tatsachen müssen ausdrücklich durch Begriffe erfaßt und mit ihrer Hilfe benannt werden. Begriffsinhalte ergeben sich aber erst aus dem gedanklichen Kontext, in dem wir die Tatsachen betrachten, und aus dem Theoriensystem, mit dessen Hilfe wir sie benennen. Die sogenannten Tatsachen sind deshalb nichts anderes als die Bezeichnung eines Sachverhaltes im Lichte einer bestimmten Theorie.[2]

Wenn wir Prognosen darüber formulieren, wo und wie die von der nomologischen Hypothese vorausgesagten Sachverhalte eintreffen, müssen wir die besonderen Tatsachen der „Wenn"-Komponente als Bedingungen angeben. Treffen die Prognosen dann tatsächlich empirisch ein, dann sagen wir, die nomologische Hypothese habe sich „bewährt". Ausdrückliches Wissen umfaßt also nomologisches Wissen und Tatsachenwissen. Es hat sich zwar „bewährt", aber es ist nie endgültig „wahr".

Ausdrückliches Wissen ist exakt, wenn wir die besonderen Tatsachen, bei deren Vorhandensein der vorausgesagte Sachverhalt als Wirkung auftritt, exakt angeben und kontrollieren können. Manchmal lassen sich jedoch die als Bedingung genannten Tatsachen nur ganz allgemein aufweisen. Als Folge kann auch der vorausgesagte Sachverhalt nur als allgemeines, abstraktes Muster beschrieben werden.[3] Dann können wir nur Aussagen über solche abstrakten Muster machen, also keine exakten Gesetze formulieren. Sobald wir es mit zwischenmenschlichen Bezie-

---

2 K. R. POPPER, *Logik der Forschung* a.a.O., S. 60 ff., insbes. den Zusatz von 1968, S. 76 (zitiert nach der 3. Aufl. 1969). Popper spricht deshalb davon, daß alle Sprache „theoriegetränkt" sei. Vgl. K. R. POPPER, *Objective Knowledge*, The Clarendon Press, Oxford 1972, deutsche Übersetzung: *Objektive Erkenntnis, Ein evolutionärer Entwurf*, Hamburg 1973, S.43, 85 ff. u. a.

3 Zum Grundsätzlichen siehe: F. A. v. HAYEK, *Die Theorie komplexer Phänomene*, Walter Eucken Institut (Hrsg.), Vorträge und Aufsätze 36, Tübingen 1972.

hungen zu tun haben, handelt es sich darüber hinaus um allgemeine Muster ganz besonderer Art, weil Menschen selbst Elemente des komplexen Phänomens sind.

Im folgenden wollen wir uns mit einem solchen Muster befassen, das wir „Marktwirtschaft" nennen. Diese Bezeichnung hat jedoch zu zahlreichen Mißverständnissen geführt. Deshalb schlug F.A. von Hayek vor, statt „Marktwirtschaft" angemessener „Katallaxie" zu sagen. Dabei lehnte er sich an das altgriechische Wort „katallattein" an. Das heißt soviel wie tauschen und zugleich „in die Gemeinschaft aufnehmen". Er deutete damit an, daß Tausch immer friedlich ist.[4] Diesen Sprachgebrauch möchte ich hier übernehmen. Wesentliche Teile unseres ausdrücklichen Wissens über die Katallaxie verdanken wir ihm, dem auch die heutige Vorlesung gewidmet ist. Er wird deshalb unser ständiger Begleiter sein.

2. Zunächst seien die Bedingungen genannt, unter denen Katallaxie auftritt. Es sind allgemeine Tatsachen, die durchweg bekannt sind. Dazu gehört es etwa, daß die meisten Menschen tätig sind, um ein Einkommen zu erzielen, daß sie Alternativen abwägen, wobei sie die in ihren Augen besseren vorziehen, und daß sie Zugang zu Märkten haben.

Ferner ist die allgemeine Bedingung besonders relevant, daß die Menschen in ihrem eigenen Interesse tätig werden. Dies wird oft mißverstanden. Es würde damit behauptet, so sagt man, der Mensch sei egoistisch. Das ist verfehlt, denn die eigenen individuellen Ziele werden nicht notwendiger-

---

4 F. A. v. HAYEK, „Grundsätze einer liberalen Gesellschaftsordnung", *ORDO*, Bd. XVIII (1967), S. 11–33, Ziff. 16 (zuvor in: *Il Politico*, XXXI, 1966, S. 601–607). Nähere Erläuterungen in: F. A. v. HAYEK, „Die Sprachverwirrung im politischen Denken mit einigen Vorschlägen zu ihrer Abhilfe" (1968), abgedruckt in: F. A. v. HAYEK, *Freiburger Studien*, Walter Eucken Institut (Hrsg.), Wirtschaftswissenschaftliche und wirtschaftsrechtliche Untersuchungen 5, Tübingen 1969, S. 206–231, daraus S. 224–227.

weise egoistisch auf Kosten anderer verfolgt. Man kann aber auch nicht annehmen, daß die Menschen so agieren, wie man es selbst wünschen mag. Man muß vielmehr davon ausgehen, was die Menschen tatsächlich tun. Ihre Ziele sind jedoch verschieden. Sie können zweifellos aus Selbstsucht oder Habgier erwachsen oder der Anhäufung von Reichtum dienen. Sie können auch altruistischer Art sein, indem sie etwa dem Wohlergehen der eigenen Familie, ärmeren Menschen, einer öffentlichen Körperschaft, einer caritativen Einrichtung oder der persönlichen Askese gelten. Nicht nur der goldhungrige Krösus, sondern auch Diogenes in der Tonne oder der heilige Franz von Assisi handelten nach ihren eigenen Zielen, gleichgültig wie man sie beurteilt. Die Menschen definieren ihr eigenes Interesses jeweils unterschiedlich. Das ist allgemein bekannt.

Vor allem gibt es als Bedingung die allgemeine Tatsache, daß der Mensch nicht alle einzelnen Umstände kennen kann, die sein Handeln bestimmen. Das sind nicht nur die Umstände seiner physischen Umwelt, sondern auch die Aktionen und Reaktionen anderer Menschen. Man spricht hier von einem „Schleier der Unwissenheit", der die besonderen Auswirkungen menschlichen Handelns verbirgt. Da diese Unwissenheit permanent und unheilbar ist, nennt man sie auch „konstitutionelle Unwissenheit" des Menschen.[5]

Die bisherigen Überlegungen ermöglichen uns nun folgende theoretische Aussage: Wenn die genannten allgemeinen Tatsachen als Bedingungen vorliegen, dann tritt ein Muster menschlicher Aktivitäten auf, das wir Katallaxie nennen.

---

5 Diesen Begriff entlehnte ich von F. A. v. HAYEK, „Rechtsordnung und Handelnsordnung" (1967), abgedruckt in: F. A. v. HAYEK, *Freiburger Studien*, a. a. O., S. 161–198, S. 171.

Wenn wir überprüfen wollen, ob diese theoretische Aussage zutrifft, dann müssen wir Katallaxie beschreiben können. Zwar läßt sie sich wahrnehmen, wie man etwa – und dieses Bild habe ich von K.R. Popper entlehnt[6] – einen Schwarm tanzender Mücken wahrnehmen kann. Die Bewegungen des Schwarms folgen aber anderen Kräften als die einzelnen Mücken, auch ändert der Schwarm dabei seine innere Struktur. Da die einzelnen Mücken sich erstaunlich unregelmäßig bewegen und in nicht vorhersehbarer Weise von Sonne, Wind und Regen beeinflußt werden, lassen sich weder die genauen Bewegungen der Mücken, noch die genauen Grenzen und die innere Struktur des Mückenschwarms vorhersagen.

Ebenso sind die Grenzen der Katallaxie zu ihrer Außenwelt nicht klar erkennbar und nicht stationär, und ihre konkrete innere Struktur ist nicht vorhersehbar. Wir können Katallaxie nur dadurch als eigenständiges Muster abgrenzen, daß wir das Prinzip beschreiben, nach dem sie funktioniert. Wir müssen sie dabei auf die Kräfte zurückführen, die ihre einzelnen Elemente, nämlich die Einzelwirtschaften antreiben. Dies sind zwar nicht nur die Individuen, sondern auch die aus Individuen bestehenden Organisationen, insbesondere die Unternehmungen und ihre Verbände. Da Organisationen aber im Markt wie Individuen handeln, seien die spezifischen Probleme der Unternehmungsbildung hier ausgeklammert.

Die Menschen haben, ohne das bewußt zu beabsichtigen und zu wissen, Katallaxie als eine Methode der Wissensbildung entwickelt, die zugleich Motivationen erzeugt, nach diesen Informationen zu handeln. Adam Smith

6 K. R. Popper, *Objective Knowledge*, a. a. O., S. 232 ff.

nannte dies eine „unsichtbare Hand“, die das Verfolgen des Eigeninteresses in den Dienst der anderen stellt.[7] Diesem Katallaxie genannten Muster wenden wir uns nun zu, um zu fragen, wie sie funktioniert.

III. Wissensbildung durch Katallaxie

1. Wir beginnen mit der konstitutionellen Unwissenheit. Sie läßt die Menschen gewissermaßen im Dunkeln leben. Sie können dort nicht sehen, aber sie haben versucht, die dunklen Gebiete abzutasten. Das Handeln der Menschen ist somit immer durch mehr oder weniger unsichere Erwartungen kennzeichnet und führt bei anderen zu mehr oder weniger Überraschungen. In den Wissenschaften vom menschlichen Handeln wird deshalb die Frage untersucht, wie die Menschen Informationen gewinnen, um dies zu vermindern. Angesichts der Unendlichkeit unserer Unwissenheit scheint es dabei manchmal wichtiger zu sein, Methoden zur Bewältigung unserer Unwissenheit zu suchen als neues ausdrückliches Wissen. So haben die Menschen durch Entwicklung der Katallaxie eine spezifische Methode gefunden, die ihnen erfolgreiches Handeln ermöglicht. Dabei haben sie, ohne es ausdrücklich zu wissen, das Wissensproblem in zwei Komponenten aufgespalten, in die Frage, „wie“ man etwas tut, und „was“ man erfolgreich tun kann. Diese Aufspaltung hat zu zwei verschiedenen Methoden geführt hat, mit denen Menschen ihre Unwissenheit durch Katallaxie bewältigen.

---

7 A. SMITH, *Der Wohlstand der Nationen*, München 1974, S. 371; übertragen von H. C. RECKTENWALD nach der englischen Originalausgabe: *An Inquiry into the Nature and Causes of the Wealth of Nations*, London 1776/1789.

2. Beginnen wir mit der Frage, woher die Menschen wissen, „wie“ man etwas tut. Der Mensch machte bei seinem Handeln vielerlei Erfahrungen. Aus ihnen erwuchsen Fertigkeiten, gefühlsmäßige Einstellungen, Gewohnheiten, Einrichtungen und anderes. Alle verwendet der Mensch als Instrument für sein Handeln, wobei „Instrument“ hier nicht als technisches Werkzeug zu verstehen ist, sondern im weitesten Sinne als die Art und Weise, die Dinge zu tun. Die Instrumente ermöglichten den Menschen, sich auch in ihrer zwischenmenschlichen Umgebung zurechtzufinden. Sobald ein wirksameres Instrument verfügbar war, wurde es verwendet. Einige erwiesen sich als ungeeignet und wurden deshalb in der Entwicklung obsolet oder verschwanden ganz. Andere waren zunächst geeignet, wurden später aber unnötig. Soweit sie erfolgreich waren und nicht verschwanden, sind sie durch Erziehung oder Nachahmung an die späteren Generationen zeitlich weitergegeben worden, man nennt sie „Traditionen“ oder „Institutionen“, die zum Bestandteil der kulturellen Erbschaft wurden.

Viele Instrumente der Kommunikation, etwa die Sprache, die Schrift oder das Geld, sind Teil dieser kulturellen Erbschaft, die der Mensch zur Verfolgung seiner Ziele ständig verwendet. Sie haben die Form von Verhaltensregeln, die solche der Moral, der Religion, der bloßen Tradition, des Rechts und andere sein können. In ihnen sind die Erfahrungen und das durch sie gewonnene Wissen von eventuell sogar vielen Generationen inkorporiert. Sie sind eine Anpassung des Geistes an die unbekannten Bedingungen seiner natürlichen und sozialen Umwelt, die wir die „Außenwelt“ der Katallaxie nennen können.

Die Bildung von Traditionen ist also eine Methode, um das von der konstitutionellen Unwissenheit für unser Handeln errichtete Hindernis durch bewährte Verhaltensregeln zum Teil zu überwinden. Sie informieren die Menschen über die Art und Weise, wie andere agieren und reagieren. Ich möchte die in ihnen enthaltene Destillation von Erfahrungen kulturell inkorporiertes Wissen nennen.[8]

3. Es bleibt die Frage, woher der Mensch weiß, „was“ er tun kann, um Erfolg zu haben. Wieso kann der Mensch erwarten, sein angestrebtes besonderes Ziel erfolgreich zu erreichen? Er muß, wenn er erfolgreich sein will, hinreichend zutreffende Erwartungen über die besonderen Pläne und das besondere Handeln der anderen bilden, damit er die Pläne für sein eigenes Handeln darauf aufbauen kann. Da die Erwartungen und die Pläne der anderen zu den eigenen passen müssen, haben die Einzelwirtschaften ihr Handeln wechselseitig zu koordinieren. Weil aber das gesamte relevante Tatsachenwissen immer nur stückweise als Wissen von Einzelnen existiert und nie als integriertes Ganzes, sind für ein erfolgreiches Handeln immer vielerlei Wissensstücke anderer notwendig, von denen man nichts weiß.

Die Menschheit hat jedoch in Form der Katallaxie eine Methode entwickelt, durch die der Einzelne von dem Wissen anderer so informiert wird, daß er es nutzen kann. Der Preis, der sich katallaktisch herausbildet, entspricht nämlich dem von den Marktparteien akzeptierten Tauschwert, ohne daß die Gründe, die die Tauschpartner zu ihrer Bewertung geführt haben, den anderen bekannt sind. Da sich für alle getauschten Güter Preise bilden, lassen sich Relationen zwischen den einzelnen Preisen feststellen. Diese Preisrelationen informieren die Marktteilnehmer über die vergleichsweisen Knappheitsgrade und ermöglichen ihnen einen Vergleich, wieweit gewisse Mengen eines beliebigen

---

8 Um das evolutorische Element deutlich zu machen, habe ich die verbreitete Bezeichnung „implizites Wissen“ hier vermieden.

Gutes den Mengen anderer Güter gleichwertig sind oder durch sie ersetzt werden können. Die Nationalökonomen sprechen hier genauer von der „Grenzrate der Substitution“. Indem sich die Menschen an Preisrelationen orientieren, lernen sie die ihnen offen stehenden Alternativen kennen, können sie vergleichen und bewerten. Sie können dann entscheiden und ihre Pläne darauf aufbauen.

Zur Realisierung ihrer Pläne müssen die Einzelwirtschaften wechselseitig ihr Handeln aufeinander abstimmen. Sofern sie – wie bei einer Orientierung an gemeinsamen Spielregeln – gewisse Verhaltensregeln befolgen, koordinieren sie ihr Handeln spontan. Es entsteht dann eine Ordnung, in der die Menschen mehr oder weniger erfolgreich ihre Pläne verwirklichen können. In einer völlig ungeordneten Welt wäre es unmöglich, überhaupt irgendeinen Zweck zu verfolgen. Man bezeichnet das aus dem koordinierten Verhalten entstehende Muster deshalb als eine „spontane Handelnsordnung“ im Bereich des Markthandelns.[9] Sie ist aber – wie beim Mückenschwarm – nur als abstraktes Muster voraussehbar. Das Unbekannte ordnet sich selbst, wie es etwa bei der Entstehung eines Kristalls oder bei einem sich selbst montierenden Molekül der Fall ist. Die besonderen Ausprägungen der spontanen Handelnsordnung sind jeweils von den besonderen Plänen und Handlungen der Marktbeteiligten bestimmt, die uns unbekannt sind. Deshalb können sie von niemandem prognostiziert werden. Die Menschen bedienen sich daher der spontanen Handelnsordnung, ohne zu wissen, wie sie entsteht,

---

9 M. Polanyi spricht von „spontaner Ordnung in der Gesellschaft“ und auch von polyzentrischer Ordnung (*The Logic of Liberty, Reflections and Rejoinders*, London, Routledge and Kegan Paul, 1951, S. 112 ff., 154 Anm. 2 und 170 ff.). F. A. von Hayek bezieht sich in „Arten der Ordnung“ (*ORDO*, Bd. XIV 1963, S. 1–20) auf ihn. Vgl. auch: F. A. v. Hayek, „Rechtsordnung und Handelnsordnung“, abgedruckt in: F. A. v. Hayek, *Freiburger Studien*, a. a. O., S. 161–198.

und ohne ihre besonderen Ergebnisse vorher zu kennen. Wir wissen lediglich, wie sie funktioniert, nachdem wir ihr Funktionsprinzip gedanklich rekonstruiert haben.

Die Einzelwirtschaften werden dabei motiviert und gelenkt durch die Gewinnerwartungen. Von diesen geleitet, stellen sie aufgrund der Preisrelationen ihre Pläne auf, bestimmen ihr Markthandeln und revidieren beides im Lichte der am Markt gewonnenen Erfahrungen. So ändern sich laufend die besonderen Preisrelationen und diese Änderungen liefern Informationen und die entsprechenden Motivationen zugleich. Gewinnerwartungen und Veränderungen der relativen Preise sind deshalb die Stabilisatoren des Gesamtsystems, ohne die die Koordination der jeweiligen Tätigkeiten der Individuen bald unterbrochen wäre.

Von den Preisrelationen kann jede Einzelwirtschaft Kenntnis nehmen und sie kann sich an ihnen orientieren. Sie füttert durch ihr eigenes Handeln den Markt mit Informationen über ihr eigenes Wissensstück und dessen Wichtigkeit und wirkt dadurch an der Preisbildung mit. Dabei sind alle Einzelmärkte wechselseitig miteinander verknüpft. Das bezeichnet man als „Interdependenz der Preise". Sie besagt, daß das Ganze als ein System funktioniert. Es besiegt Unwissenheit, soweit es unbekannte Wissensstücke nutzbar macht, die unter unbekannten Individuen weit verstreut sind und bleiben. Das Preissystem ist deshalb eine von Menschen ohne ihre bewußte Absicht entwickelte Methode der Information über konkrete Umstände. Es ermöglicht uns mit eine Vorhersage darüber, was wir mit einer gewissen Wahrscheinlichkeit erfolgreich tun können. Indem es einige abstrakte Züge der unbekannten Tatsachen zu Signalen macht, vermittelt es unbekanntes Wissen zwischen unbekannten Personen. Wir wollen es Signalwissen nennen.

4. Bisher sind wir davon ausgegangen, daß die Menschen zur Anpassung an das Unbekannte zwei verschiedene Methoden anwenden. Sie bilden kulturell inkorporiertes Wissen durch einen längerfristigen Rahmen von allgemeinen Verhaltensregeln und kurzfristiges Signalwissen durch ein aus diesem Rahmen herauswachsendes konkretes Preissystem. Diese Aufspaltung hatte jedoch vor allem didaktische Gründe. Katallaxie arbeitet nur vordergründig in zwei getrennten Ebenen. In Wirklichkeit sind beide empirisch miteinander verknüpft, weil die Einzelwirtschaften in beiden zugleich handeln. Das sei etwas erläutert.

Die Einzelwirtschaften streben nach Gewinnen. Deshalb versuchen sie, neues Wissen zu entdecken, das in den gegebenen Umständen wertvoll zu sein scheint. Dabei entscheiden sie, ob sie im Rahmen gegebener Verhaltensregeln agieren oder ob sie neue entdecken und einführen. Entwikkeln sie neue Verhaltensregeln, die nachgeahmt werden, dann ändert sich zugleich die innere Struktur der Katallaxie.

Welcher Weg erfolgreich sein wird, ist jedoch unbekannt. Verhaltensregeln wirken nicht einzeln isoliert, sondern nur in Kombination mit anderen. Ob und in welcher Weise eine Kombination von Verhaltensregeln das Unbekannte ordnet, also selbst ein System bildet, hängt davon ab, wieweit sich korrespondierend eine spontane Handelnsordnung herausbildet. Das System der Verhaltensregeln ist somit empirisch mit einer bestimmten Struktur der Handelnsordnung verbunden und umgekehrt. Katallaxie arbeitet insofern als ein selbstregulierendes System, dessen besondere Ausprägungen den Menschen unbekannt sind und bleiben. Darin zeigt sich die konstitutionelle Unwissenheit des Menschen, aber sie führt laufend zur Entdeckung neuen Wissens.

Als Ganzes unterliegt Katallaxie nämlich einer selektiven Entwicklung. Sie ist sowohl in bezug auf die innere Struktur der Katallaxie als auch bei deren Interaktion mit ihrer Außenwelt wirksam. Wir nennen diese Entwicklung kulturelle Evolution. Die evolutorischen Prozesse der Katallaxie sind den von Lamarck erörterten ähnlich, sie sind nicht zu verwechseln mit der von Darwin beschriebenen biologischen Evolution, von der sie sich in wesentlichen Hinsichten unterscheidet – und hier endet die Analogie zum Mückenschwarm. Wie jede Evolution bringt Katallaxie aber Prozesse hervor, die sich selbst ordnen. Damit leistet sie eine kontinuierliche Anpassung an unvorhergesehene Ereignisse und zufällige Umstände, die man nicht prognostizieren kann. Das ist einer der Gründe, warum uns die Evolutionstheorie niemals instand setzt, unsere zukünftige Entwicklung vorherzusagen und zu steuern. Sie kann aber immerhin zeigen, wie selbstregulierende Systeme korrigierende Mittel in sich tragen, die zu weiteren evolutionären Entwicklungen führen. Da sie jedoch wegen ihrer Eigenart selbst unvorhersehbar sind, führt uns dies zu einer gewissen Demut unserem eigenen Wissen gegenüber. Zur Entwicklung unseres Wissens sind wir angewiesen auf die Katallaxie.

Der menschliche Verstand steht deshalb nicht außerhalb, sondern entfaltet sich selbst im Zuge der evolutorischen Entwicklung. Er kann zwar versuchen, sie zu beeinflussen oder auch sie zu behindern, er kann sie aber nicht bestimmen. Wenn wir den Prozess der kulturellen Evolution hemmen, beeinträchtigen wir die Leistungsfähigkeit der Katallaxie und der ihr inhärenten Wissensbildungsprozesse. Über die besonderen, konkreten Ergebnisse der Katallaxie fehlt uns allerdings das Wissen, wir können sie nicht vorhersagen. Sie ergeben sich erst aus dem evolutorischen Selektionsprozess selbst. Kein Forscher kann wissen, welches etwa ein optimaler Zustand der Volkswirtschaft, ein Zustand maximaler Effizienz oder der größtmöglichen Wohlfahrt ist. Er würde sich ein Wissen anmaßen, das er nicht haben kann.

Katallaxie ist also ein selbstregulierendes, evolutorisches Phänomen, das die Menschen ohne ihr ausdrückliches Wissen mit der Bildung von kulturell inkorporiertem Wissen und dem Signalwissen zugleich geschaffen haben. Welcher Zusammenhang besteht nun zwischen Katallaxie und Wirtschaftsordnung?

IV. Katallaxie, Wirtschaftsordnung und Staatsgewalt

1. Wir beginnen mit der Frage, was wir unter Wirtschaftsordnung verstehen. Der Ordnungsbegriff läßt sich auf verschiedene Sachverhalte anwenden. Häufig bezeichnet man das System von Verhaltensregeln als eine Rahmenordnung. Ferner spricht man von einer „spontanen Handelnsordnung", die aus der Rahmenordnung erwächst. Da Rahmenordnung und Handelnsordnung empirisch wechselseitig verknüpft sind, möchte ich beides zusammen als Wirtschaftsordnung bezeichnen.

Ordnung kann in verschiedenem Ausmaß auftreten. Das drückt sich darin aus, daß die Chance, unsere Erwartungen verwirklicht zu sehen, größer oder kleiner ist. Heute fragen wir hier nach einer Wirtschaftsordnung, die uns eine möglichst weitgehende Bewältigung unserer Unwissenheit erwarten läßt. Insofern suchen wir jetzt normativ nach einer Wirtschaftsordnung, die dieses leistet.

Die Bewältigung von Unwissenheit setzt voraus, daß

Einzelne neue Wege ausprobieren können. Sie dürfen von niemandem gehindert werden, in ihren besonderen Umständen nach ihren besonderen Kenntnissen zu handeln. Wir nennen dies persönliche, individuelle Freiheit. Sie bezeichnet Abwesenheit von Zwang durch andere Menschen und ist deshalb negativ definiert. Frei ist also ein Mensch, wenn er nicht dem Willen eines anderen untergeordnet ist. Niemand kann ihn zwingen, etwas in bestimmter Weise zu tun oder nicht zu tun. Daß dazu unabdingbar die Möglichkeit zu gesondertem Eigentum gehört, kann nur erwähnt, leider nicht vertieft werden.

Weil wir aber nicht wissen, wer von uns etwas am besten kann, müssen wir diese Freiheit gleichermaßen allen gewähren und sichern. Diese „gleichheitsgebundene" Freiheit ergibt sich aus einer Anerkennung allgemeiner Verhaltensregeln, die den Charakter von Verboten haben, wie etwa die Zehn Gebote: Du sollst nicht töten, Du sollst nicht stehlen, Du sollst nicht lügen usw. Sie schließen gewisse Verhaltensarten aus, begrenzen dadurch zwar die Möglichkeiten der Menschen, Zwang auf andere auszuüben, schützen aber dadurch zugleich die persönlichen Freiheitsbereiche von allen. „Gleichheitsgebundene" Freiheit ist deshalb „regelgebunden" und nicht zu verwechseln mit einer schrankenlosen, positiv definierten Freiheit.

Verhaltensregeln der regelgebundenen Freiheit müssen besondere Eigenschaften aufweisen. Sie dürfen nicht einzelne Personen privilegieren oder diskriminieren. Ferner müssen ihre Anwendung und deren Folgen von allen Beteiligten vorausgesehen werden können. Letztlich dürfen sie keine speziellen Ziele und Motive anführen. Solche allgemeinen Verhaltensregeln kann man auch als freiheitssichernd bezeichnen. Da sie für alle Menschen, d. h. universell gelten, nennen wir sie auch „Regeln der Gerechtigkeit".

In derartigen allgemeinen, freiheitssichernden Verhaltensregeln der Gerechtigkeit ist also Wissen inkorporiert. Mit vielen Handlungen braucht man nicht mehr zu rechnen, z. B. mit Diebstahl oder Totschlag, andere kann man erwarten, z. B. die Erfüllung von Verträgen. Deshalb können die Menschen trotz ihrer konstitutionellen Unwissenheit ihr Verhalten wechselseitig aufeinander abstimmen und dadurch koordinieren. Bei einer Wirtschaftsordnung, die durch derartige allgemeine Verhaltensregeln persönliche, individuelle Freiheit für alle gewährt und sichert, können wir darauf vertrauen, daß wirksame Katallaxie entsteht. In ihr bringen die unabhängigen und wettbewerblichen Bemühungen vieler Menschen die Dinge hervor, die wir wünschen werden, wenn wir sie sehen. Eine solche Wirtschaftsordnung ermöglicht einen Prozess fortlaufender Bewältigung unserer Unwissenheit. Wir nennen sie eine Wirtschaftsordnung freier Menschen. Sie ist nicht zu verwechseln mit einer sogenannten permissiven Gesellschaft, die herauswächst aus einem Egoismus, der auf Kosten anderer geht.

2. Die Wirtschaftsordnung steht nicht isoliert und abgesondert neben den anderen gesellschaftlichen Phänomenen. Eine weit verbreitete Kritik scheint dies anzunehmen. Sie irrt jedoch. Nur wer über wirtschaftliche Güter verfügt, kann Leben gestalten. Wer andererseits Ziele der Lebensgestaltung verwirklichen will, kann dies nur, soweit er wirtschaftliches Leben zu lenken vermag. Der wirtschaftliche Aspekt ist deshalb mit den anderen Aspekten des gesellschaftlichen Prozesses unlösbar verbunden. Somit besteht ein allgemeiner Zusammenhang der Wirtschaftsordnung mit der Ordnung der anderen Lebensbereiche, nicht nur mit der Ordnung von Recht und Staat, sondern auch mit der von Kunst, Politik, Wissenschaft, Religion usw. Wir bezeichnen diesen empirischen Sachverhalt seit Walter Eucken als „Interdependenz der Ordnungen“.

Eine Wirtschaftsordnung freier Menschen erfordert daher zugleich, daß auch die anderen gesellschaftlichen Lebensordnungen auf regelgebundener persönlicher Freiheit beruhen. Das betrifft auch die staatliche Ordnung. Welche Rolle kommt der Staatsgewalt also in einer Ordnung freier Menschen zu?

3. Der Staat ist keine mystische Wesenheit, sondern immer nur eine sehr konkrete, menschliche Organisation, die hoheitlich handelt. Zu ihr gehören nicht nur die gesamte Exekutive, sondern auch die Parlamente. Wir wollen dies als den „Staatsapparat" bezeichnen. Es sind die Personen des Staatsapparates, die Staatsgewalt ausüben.

Staatsgewalt wird ausgeübt mit den Mitteln des Rechts. Von den zahlreichen, zum Teil unbekannten Verhaltensregeln haben jedoch nur einige ihren Ursprung im Recht, nur diese können durch die Staatsgewalt bewußt verändert werden. Der besondere Charakter einer Katallaxie wird also nicht allein durch die Staatsgewalt bestimmt. Soweit jedoch Staatsgewalt Verhaltensregeln des Rechts ändern kann, ist dies möglich, ohne daß sie ihren freiheitssichernden Charakter verlieren. Man nennt solche Änderungen „systemkonform". Signale zur Veränderung der Regeln werden durch einen freien Meinungswettbewerb erzeugt und die Motivation, diesen Signalen zu folgen, liefert ein freier politischer Wettbewerb.[10]

Bei allgemein geltenden, „freiheitssichernden" Verhaltensregeln ist aber nicht voraussehbar, wer von ihnen im einzelnen profitiert und wer nicht. Freiheit bedeutet, daß wir in gewissem Maße unser Schicksal Kräften anvertrauen, die wir nicht beherrschen. Deshalb kann die Staats-

---

10 E. Hoppmann, „Meinungswettbewerb als Entdeckungsverfahren", in: *Offene Rundfunkordnung*, hrsgg. von E.-J. Mestmäcker, Gütersloh 1988, S. 163–198, insb. S.172–180.

gewalt weder alle Gewalt haben, noch kann ihr jede Art von Gewalt zustehen.

Weit verbreitet ist allerdings der Glaube, alle Beschränkungen der Staatsgewalt seien überflüssig, ja sogar schädlich, wenn die Mehrheit entscheidet und den gesamten Staatsapparat beaufsichtigt. Es entstand die Idee, das souveräne Parlament könne anordnen, was immer die Vertreter der Mehrheit für notwendig erachten. Dies ist die Idee einer unbeschränkten Parteien-Demokratie.

Für die Aufgabe jedoch, in einer unbeschränkten Demokratie langfristig allgemeine Verhaltensregeln systemkonform festzulegen, ist das Parteiensystem völlig ungeeignet. Es erzeugt nämlich eine Abhängigkeit der Abgeordneten von ihrer Partei durch die Notwendigkeit der Wiederwahl. Deshalb müssen in einer unbeschränkten Demokratie einzelnen Gruppen und Interessen hoheitlich spezifische Sondervorteile zugeschanzt werden. Dazu setzt die Staatsgewalt ihre Zwangsgewalt ein, um diese Gruppen zu privilegieren und zugleich andere zu diskriminieren. Man nennt eine solche unbeschränkte Demokratie – nicht ganz zu Unrecht – ein System institutionalisierter Korruption. Sie liefert auch das Selektionskriterium für den Erfolg und für die Wahl von Politikern.

Spezifische Maßnahmen fußen aber auf der Annahme, daß ihre konkreten Folgen vorhersehbar seien. Diese Annahme ist jedoch falsch. Die Folgen spezifischer Maßnahmen sind nicht vorhersehbar, weil uns das Wissen dazu prinzipiell fehlt, und was man nicht wissen kann, kann man auch nicht planen. Spezifische Maßnahmen sind deshalb ungeeignet und „systemwidrig“. Sie blockieren die Katallaxie an einzelnen Stellen, setzen den Grad der freiheitlichen Ordnung herab, beeinträchtigen die wissensbildenden

Prozesse und liefern falsche Signale. Die entstehende „Unordnung“ in der Katallaxie führt zu mangelnder Anpassung der gesamten Ordnung und zu Fehlsteuerungen. Das gilt auch für sogenannte Dritte Wege der Mischung beider Prinzipien. Ferner kann Marktwirtschaft nicht hoheitlich veranstaltet werden, um mit ihr besondere Ergebnisse zu erreichen. Immer treten längerfristig Ereignisse ein, die man nicht voraussehen konnte und die man auch nicht gewünscht hat. Um die Ergebnisse dann zu korrigieren, wird die Mehrheit erneut diskriminierend „gezielt“ tätig und wird so zum Gefangenen ihrer eigenen früheren Maßnahmen. Die Staatsgewalt „verludert“ im sogenannten Interessenclearing der Gruppen. Manchmal blickt sie hilflos beiseite, wenn es gelten würde, allgemeine freiheitssichernde Verhaltensregeln zu sichern, andererseits wird sie häufig mit Härte eingesetzt, wenn es um die Verwirklichung ihrer Diskriminierungen geht. Unbeschränkte Demokratie ergibt deshalb längerfristig einen Zustand, den niemand wünscht und den auch niemand bewußt angestrebt hatte.

Was derartige Maßnahmen hervorbringen, sei an einigen ganz primitiven Beispielen gezeigt. Wir alle klagen etwa über die Arbeitslosigkeit, den Wohnungsmangel und die Landwirtschaft. Hier versage die Marktwirtschaft. Das ist falsch. Bei Wohnungen hat der Staatsapparat eingegriffen, um gewisse Preise niedrig zu halten mit der prompten Wirkung, daß dort keine Wohnungen mehr zu mieten waren. Bei der Arbeit hat der Staatsapparat nachgeholfen, daß durch monopolistische Organisationen die Arbeitspreise, Löhne genannt, teils zu hoch durchgesetzt werden konnten und ihre Relationen weitgehend festgezurrt wurden mit der Folge, daß wir Arbeitslosigkeit bei zahlreichen Arbeitskategorien haben. Bei der landwirtschaftlichen Produktion bestünde keine Überproduktion, wenn sich Preise am Markt frei bilden dürften. Besondere Probleme ergeben sich, weil die falschen Signale, die durch diese verfehlten Maßnahmen gesetzt wurden, zu entsprechend fehlgeleiteten langfristigen Investitions- und Lebensentscheidungen geführt haben.

Das gilt auch bei der Zwangserhebung von Staatseinnahmen. Diejenigen, denen „gezielt" eine neue spezifische Steuerlast diskriminierend auferlegt wird, tragen sie nur im Augenblick der Neueinführung. Wie die Steuerüberwälzungslehre gezeigt hat, wird die spezifische Steuer längerfristig im Marktprozeß durch Preisänderungen irgendwohin auf andere nach vorne oder rückwärts überwälzt. Jedenfalls sind diejenigen, die die diskriminierende Steuerlast langfristig wirklich tragen, andere als die, die sie an den Staatsapparat abführen. Es läßt sich jedoch nicht vorhersehen und vorherbestimmen, wer sie letztlich wirklich trägt. Darüber wird jedoch kaum noch gesprochen. Analoges gilt für Steuerprivilegien, die auf längere Sicht bei denen verschwinden, denen sie zugute kommen sollen. Zur Korrektur werden dann immer mehr neue, spezifische, sogenannte „gezielte" Maßnahmen zur Steuerentlastung oder -belastung eingeführt werden müssen. Deshalb ergibt sich bei spezifischen Steuermaßnahmen langfristig das, was wir den Steuerdschungel nennen, den niemand mehr durchschaut. Jeder, so sagt man nicht ganz zu unrecht, hat seine Hände in den Taschen des Nachbarn. Die deutschen Steuerberater sprechen bereits von einem Steuerchaos.[11]

Unsere künftige Aufgabe ist es deshalb, eine Methode zu finden, mit der wir bindende und wirksame Regeln für das

---

11 Vgl. TRANSFER-ENQUETE-KOMMISSION, *Das Transfersystem in der Bundesrepublik Deutschland*, Stuttgart 1981, insbs. S. 24. Die Kommission schätzt, daß etwa 60 % der mit staatlicher Zwangsgewalt erhobenen Einnahmen sogar wieder in die eigenen Taschen der Zahler zurückfließen – nach Abzug der hoheitlichen Umverteilungskosten.

Verhalten des Staatsapparates entwickeln. Es genügt nicht, daß die Staatsgewalt und die sie tragende Mehrheit demokratisch zustande gekommen und legitimiert sind, sondern beide müssen in ihren Befugnissen an freiheitliche Verhaltensregeln gebunden und dadurch beschränkt werden. Politiker und Beamte, die an der Erhaltung ihrer Berechtigung, „gezielte" privilegierende oder diskriminierende Maßnahmen zu erlassen, interessiert sind, sind allerdings für eine solche Aufgabe ungeeignete Adressaten.

Wir müssen also unterscheiden zwischen einer unbeschränkten und einer freiheitlich-beschränkten Demokratie. Dies wird meist verkannt. Zwar leitet auch in einer freiheitlich-beschränkten Demokratie das eigene Interesse diejenigen Personen, die hoheitliche Aufgaben ausüben. Die Beschränkungen ihrer Macht, dies nur im Rahmen freiheitssichernder Verhaltensregeln zu können, führt sie aber „wie von einer unsichtbaren Hand geleitet" dazu, eine Ordnung entstehen zu lassen, die in keiner Weise Gegenstand ihrer Absichten sein muß. Hoheitlich handelnde Personen können ihr Eigeninteresse dann nur noch verfolgen, wenn sie zugleich den Interessen der anderen dienen. So würde das Prinzip der „unsichtbaren Hand", das von Adam Smith für die Marktbeziehungen bereits unnachahmlich beschrieben wurde, auch bei dem Einsatz der Staatsgewalt wirksam. Nicht durch Demokratie als solche, sondern durch eine staatliche Ordnung, die eine „regelgebundene" Freiheit der Menschen gewährleistet, wird die Staatsgewalt und die sie tragende jeweilige Mehrheit „gezähmt", diszipliniert und in den Dienst der Allgemeinheit gestellt. Die Sicherung allgemeiner Verhaltensregeln bringt dann eine Ordnung des Unbekannten dadurch hervor, daß es veranlaßt wird, sich selbst zu ordnen. So ermöglicht Katallaxie einerseits eine Gesellschaft freier Menschen, deren konkretes Handeln immer wieder unvorhersehbare Überraschungen liefert. Andererseits erzeugt sie die notwendige Vorhersehbarkeit, indem sie eine abstrakte Handelnsordnung bildet.

Den Personen der Staatsgewalt fehlt, wie allen Personen, das Wissen über die konkreten Auswirkungen von spezifischen Maßnahmen, die sich bei direktem Eingreifen in die Katallaxie ergeben würden. Solche Maßnahmen nennen wir deshalb „systemwidrig", weil ihre konkreten Ergebnisse nicht vorhersehbar sind. Sie können deshalb auch nicht geplant werden und entspringen dem, was F. A. von Hayek im Titel eines Vortrages die „Überheblichkeit der Vernunft" nannte.

Wenn wir die Überheblichkeit der Vernunft und den damit verbundenen evolutorischen Rückschritt vermeiden wollen, dann muß die Staatsgewalt in den Dienst der Allgemeinheit gestellt werden, indem sie an allgemeine freiheitssichernde Verhaltensregeln der Gerechtigkeit gebunden wird. Dieses geschieht nur teilweise oder in einzelnen Bereichen. Deshalb hat F. A. von Hayek Vorschläge entwikkelt, um diese Aufgabe generell institutionell zu lösen.[12]

Bevor man aber institutionelle Änderungen in Angriff

---

12 Vorschläge sind vor allem gemacht von F. A. v. Hayek, *Recht, Gesetzgebung und Freiheit*, Bd. 3, *Die Verfassung einer Gesellschaft freier Menschen*, Landsberg am Lech 1981, S. 145–173; nach der amerikanischen Originalausgabe: *Law, Legislation and Liberty, Vol. 3, The Political Order of a Free People*, University of Chicago Press 1979. Vgl. dazu auch V. Nienhaus, *Persönliche Freiheit und moderne Demokratie*, Walter Eucken Institut (Hrsg.) Vorträge und Aufsätze 85, Tübingen 1982; H.H. Rupp, „Zweikammersystem und Bundesverfassungsgericht", *ORDO* 30 (1979) S. 95–104 – Wichtig an diesem Vorschlag ist auch, daß die Höhe der gesamten Staatsausgaben und -einnahmen von einem anderen Gremium als die Verteilung der Lasten und der Transfereinkommen bestimmt werden, wobei beide Gremien nach ganz unterschiedlichen Prinzipien gewählt werden.

nehmen kann, muß man die zu lösende Aufgabe kennen, nämlich die Staatsgewalt auf die Einhaltung und Sicherung der genannten Verhaltensregeln zu verpflichten und zugleich zu beschränken. Die Unwissenheit darüber ist jedoch weit verbreitet und wenn wir uns die zur Zeit herrschenden Ideen ansehen, finden wir viele falsche Wegweiser.

V. Falsche Wegweiser

1. Zunächst sei auf die Meinung der Mehrheit hingewiesen. Die große Mehrheit der Wählerschaft in den Ländern des Westens besteht heutzutage aus Personen der städtischen und industriellen Arbeiter-, Angestellten- und Beamtenschaft. Sie sind in abhängigen Stellungen Mitglieder von großen Organisationen und erwerben dort ihre Erfahrungen. Hinzu kommt, daß die meisten Menschen in den früheren sozialistischen Ländern Ost-Europas und in der ehemaligen DDR die Regeln der Katallaxie nie erfahren und erlernt haben. Sie verstehen sie nicht. Die Meinung der Mehrheit wird deshalb vorwiegend von den Erfahrungen der Abhängigen bestimmt. Sie verlangen eine Entlohnung und eine Besteuerung nach der Idee einer sogenannten „sozialen Gerechtigkeit". Darunter wird sehr Verschiedenes verstanden.

Einige meinen, es sei eine Entlohnung nach der persönlichen Leistung „sozial gerecht". Man versteht dann damit den Erfolg, mit dem vorgegebene Ziele erreicht werden. Dieses Prinzip kann man zwar innerhalb von Organisationen anwenden, nicht jedoch in einer Katallaxie, weil es hier keine vorgegebenen Leistungen gibt, denn ihre Ergebnisse sind ein Gemisch aus Zufällen und Anstrengungen.

Andere verstehen unter „sozialer Gerechtigkeit" die Berücksichtigung eines besonderen persönlichen Bedarfs, auf die die Betroffenen einen „gerechten Anspruch" zu haben glauben, z. B. vorhandene Kinder, Familie, Mutterschaft, Behinderung, Krankheit und anderes. Ein derartiger fester Anspruch kann jedoch von einer Unternehmung, die ihre Erträge in der Katallaxie erwirtschaften muß, nicht erfüllt werden.

Ferner wird Besitz, Erwerb oder Verwendung von Kapital immer mehr als das Privileg einer kleinen Gruppe betrachtet, die man „Besserverdienende" nennt und ungestraft benachteiligen kann. Die Abhängigen befürchten oft, eine Klasse Wohlhabender würde ihnen etwas wegnehmen, was sie sonst bekämen und als ihr Recht ansehen. „Besserverdienende" seien anders zu behandeln.

Meistens geht es lediglich um die Sicherung von einmal erreichten „sozialen Besitzständen", zumindest relativ zu anderen Gruppen. Generell angewendet, müßten dann aber alle Aufstiegsprozesse einzelner Gruppen verhindert werden.

Die Liste läßt sich ohne Schwierigkeiten verlängern. Es ist aber schon jetzt einsichtig, daß kein allgemeines Prinzip einer für alle geltenden Gerechtigkeit erkennbar ist. Immer wird die Staatsgewalt „gezielt" zu direkten Eingriffen oder zu einer spezifischen Abschöpfung und Zuteilung von Einkommen aufgerufen. Die Einkommen sollen hoheitlich so festgesetzt werden, daß sie den jeweils vorgetragenen Ideen einer Gruppe der Abhängigen entsprechen.

Die Interessen und Wertsetzungen der unabhängigen Menschen, die auf eigenes Risiko über die Verwendung großer Mittel verfügen, sind aber unvermeidlich andere.

Wenn die Unabhängigen in der Minderheit sind, können sie in einer unbeschränkten Demokratie mit staatlicher Zwangsgewalt diskriminiert werden. Die Mehrheit der Abhängigen wird nämlich versuchen, die eigenen Werte und Lebensanschauungen, die für sie recht nützlich sein können, den übrigen aufzuzwingen.

Die genannten Grundsätze der Abhängigen lassen sich jedoch nicht auf die Gesellschaft als Ganzes anwenden, wenn sie offen bleiben soll. Das Wohlergehen der großen Mehrheit setzt nämlich das Vorhandensein einer Katallaxie voraus und diese ein beträchtliches Element von Unabhängigen. Wenn es abnimmt, wird nicht nur der katallaktische Prozess der Wissensbildung beeinträchtigt, sondern die Abhängigen können auch nicht mehr zwischen einer Vielzahl von Arbeitgebern auswählen.

Eine aus Abhängigen und deren Angehörigen bestehende Mehrheit der politischen Wähler verlangt also nach hoheitlicher, „gezielter" Zuteilung von Einkommen. Von ihr lassen sich wenig Kenntnisse über die Funktionsweise der Katallaxie erwarten und wenig Verständnis dafür, daß eine volle Verwirklichung solcher Forderungen die Katallaxie zerstört. Es fragt sich deshalb, ob die Wirtschaftswissenschaft hier einspringt, wie es in anderen Lebensbereichen der Fall ist, beispielsweise in der Chemie, in der Technik oder in der Physik.

2. Von „der" Wirtschaftswissenschaft kann allerdings nicht gesprochen werden. Es gibt bei ihr verschiedene Ansätze, die zu widersprechenden Ergebnissen führen. Vor allem hatte sich ein Ansatz als starke Ideenströmung herausgestellt, die man deshalb gerne als „mainstream economics" bezeichnet. Er sieht die Wirtschaft als ein apparatives Zweckgefüge an und abstrahiert von dem katallaktischen Problem. Er läßt sich am besten als „konstruktivistisch" bezeichnen, wobei es unbeachtlich ist, ob er konstruktivistisch von Individuen oder von einem imaginären Kollektiv ausgeht. Leider kann ich hier nicht näher ausführen, wie der konstruktivistische Ansatz zu tautologischen Modellen führt, die man dann in zahlreichen Verfeinerungen und Einzelheiten analysiert.[13] Immer aber beansprucht der Ökonom dabei, außerhalb seines Modells zu stehen und Kenntnisse zu haben, über die die Individuen, welche die Katallaxie zur Entstehung bringen, nicht verfügen können.

Bei allen derartigen Modellen wird der Staat deshalb auch als „Datum" angesehen, ohne sein Handeln zu untersuchen. Er wird wie eine Maschine behandelt, die außerhalb des Systems steht. Der analysierende Ökonom sieht sich dann in der Lage, an die Personen der Staatsgewalt politische Empfehlungen abzugeben, wie diese Maschine einzusetzen sei. Dabei nimmt er an, die Staatsgewalt hätte die Mittel und den Willen, das zu tun, was ihr von ihm vorgeschlagen wird. Mangels Kenntnis über die Arbeitsweise der Katallaxie wird der Staatsgewalt oft angeraten, „gezielte" Maßnahmen zu ergreifen. Individuen und Unternehmungen seien anzuweisen, Bestimmtes zu tun. Die vorherrschende Ideenströmung in den Wirtschaftswissen-

13 Beispielsweise beschreibt man etwa in der sogenannten Wohlfahrtsökonomie Zustände optimaler Wohlfahrt mit Hilfe geschlossener Modelle. Man konstruiert eine sogenannte Makro-Ökonomie, die sich nur auf Aggregatgrößen und mathematische Beziehungen zwischen diesen beschränkt. In mannigfacher Weise analysiert man Ungleichgewichte. Auch sondert man gedanklich Teilbereiche aus, was man Partialanalyse nennt. Bei einem anderen Konzept werden die Variablen in den Gleichungen mit unterschiedlichen Zeitindices versehen und nennt die dann entstehenden Modelle irreführend „dynamische Theorie". Für alle diese Modelle ist die Verwendung der Klausel „ceteris paribus" oder „mutatis mutandis" kennzeichnend. Durch sie werden derartige Modelle gegen eine empirische Widerlegung immunisiert. Diese Modelle mögen nützlich sein, sie lassen sich jedoch nicht katallaktisch anwenden.

schaften befürwortet insofern eine systemwidrige, interventionistische Politik. Sie ist antikatallaktisch.

Natürlich entwickelte sich auch Wissen über die Funktionsweise der Katallaxie und es verbreitet sich in den Wirtschaftswissenschaften mehr und mehr. Dieser Prozess vollzieht sich jedoch vor allem in der Öffentlichkeit nur langsam. Da neue Einsichten Nicht-Wissenschaftlern vorwiegend durch die Intellektuellen vermittelt werden, treten sie in unseren Gesichtskreis.

3. Die Ideen der Intellektuellen sind vor allem auf die Vorstellung zurückzuführen, daß die Wirtschaft ein Null-Summen-Spiel sei. Die Intellektuellen, wenn man das Wort in üblicher Weise benutzt, kultivieren also in ihrer großen Mehrheit das Bild von der Verteilung eines Kuchens, bei der einer nur etwas erhalten kann, wenn anderen etwas weggenommen wird. Nach marxistischer Ideologie spricht man dann von „Ausbeutung“ und verlangt von den „Ausbeutern“, daß sie teilen. In dem daraus folgenden „Verteilungskampf“ komme es ausschließlich auf eine „gerechte Verteilung“ des Kuchens an. Zwar wird zugegeben, daß der Kuchen irgendwie wächst, doch falle der Zuwachs wie Manna vom Himmel und müsse ebenfalls „gerecht“ verteilt werden. Deshalb wird der evolutorische Charakter der Katallaxie verkannt und übersehen, daß ein „Zuwachs“ nur entsteht, wenn die Katallaxie arbeiten kann.

Ferner legen sie vor allem einen großen Nachdruck auf die Motive, nicht jedoch auf die Wirkungen menschlichen Handelns. Eine Wirtschaft soll nicht aufgrund von Selbstinteresse der Menschen arbeiten, sondern sie soll ein System sein, in dem Menschen von einer selbstlosen Hingabe an das Wohl anderer geleitet werden. Letzteres sei einem System überlegen, in dem die Menschen nach eigenem

Vorwärtskommen streben. Intellektuelle predigen deshalb oft eine andere Moral als die des Marktes.[14] Dabei wird übersehen, daß der Mensch auch in seinem eigenen Interesse handelt und nun einmal so ist. Vor allem jedoch wird übersehen, daß gute Absichten nicht Wissen ersetzen kann und die Katallaxie uns eine Methode zur Nutzung verstreuten Wissens liefert, die unsere konstitutionelle Unwissenheit bewältigt.

Die Intellektuellen hegen also in großem Umfang antikatallaktische Überzeugungen. Auf diesen Befund hatte G. J. Stigler schon vor Jahrzehnten aufmerksam gemacht,[15] und daran hat sich seither nicht viel geändert.

F. A. von Hayek schränkte den Begriff der Intellektuellen auf die berufsmäßigen Ideenvermittler ein.[16] Darunter verstand er Menschen, die kein spezielles Wissen auf dem Gebiet haben, auf dem sie die Rolle des Ideenvermittlers spielen. Was einen Intellektuellen zu seiner Rolle befähigt, ist der weite Bereich von Gegenständen, über die er gewandt schreibt und spricht, und eine Stellung oder Lebensgewohnheiten, die ihn eher mit neuen Ideen bekannt machen als jene, an die er sich wendet.

Diese Gruppe rekrutiert sich nicht nur aus Journalisten und Lehrern, Geistlichen, Volksbildnern, Schauspielern,

---

14 Vgl. dazu E. Hoppmann, „Moral und Marktsystem", *ORDO*, Bd. 41 (1990), S. 3–26.

15 G. J. Stigler, „Der Intellektuelle und der Markt", in: *Orientierungen* 17 (3/1983), deutsche Übersetzung von H. C. Recktenwald. Originalfassung: *The Intellectual and the Market Place*.

16 F. A. v. Hayek, „Die Intellektuellen und der Sozialismus", *Schweizer Monatshefte*, 29. Jg. (1949/1950), S. 273–286. Originalfassung: F. A. v. Hayek, „The Intellectuals and Socialism", *The University of Chicago Law Review*, 16 (1949). – Ähnlich werden die Intellektuellen von J. A. Schumpeter (*Kapitalismus, Sozialismus und Demokratie*, 3. Aufl. München 1972, S. 235 ff.) gekennzeichnet.

Rundfunksprechern, Künstlern, Schriftstellern, sondern schließt des weiteren Angehörige der freien Berufe ein, insbesondere Wissenschaftler und Ärzte, die auch außerhalb ihres speziellen Fachgebietes mit Respekt angehört werden, wenn sie über ganz andere Gegenstände schreiben und reden als über ihr eigenes Fachgebiet. Im allgemeinen entscheidet diese Gruppe, welche Tatsachen sie als wichtig ansieht, sie bestimmt die Themen der öffentlichen Diskussion (agenda setting function) und formt eine „öffentliche Meinung."

Intellektuelle im Sinne der Ideenvermittler sehen meist alle Einzelfragen im Lichte gewisser allgemeiner Ideen, von denen sie gerade beherrscht werden. So besteht bei ihnen die Neigung, auch echte Erkenntnisse, die auf einem beschränkten Gebiet ihren Wert erwiesen haben, unberechtigt zu verallgemeinern. Ferner beurteilen sie neue Ideen oft nicht nach ihrem spezifischen Wert, sondern nach der Leichtigkeit, mit der sie sich in ihr eigenes allgemeinen Weltbild einordnen lassen, das ihnen meist als fortschrittlich oder modern erscheint. Was den Intellektuellen verlockt, ist eine intellektuelle Erfassung der sozialen Ordnung, wie sie ein rational geplantes System zu bieten verspricht. Dann aber ist keine Erklärung der Katallaxie mehr möglich, weil sie kein solches System ist. Vielmehr ergibt sich lediglich eine Interpretation und „Sinndeutung" auf Grund eines konstruktivistischen Weltbildes.

Diese Neigung der Intellektuellen kommt sowohl der Mehrheitsmeinung über eine von der Staatsgewalt veranstaltete „soziale Gerechtigkeit" als auch den konstruktivistischen Ansätzen in den Wirtschaftswissenschaften sehr entgegen. Beide sind von archaischer Einfachheit und lassen sich leicht verbinden. Sie sind gut zu vermitteln und erwecken den Eindruck, man sei über „soziale Gerechtigkeit“ und über ökonomische Optimallösungen genau im Bilde. Das geistige Klima einer ganzen Periode kann so von einigen wenigen falschen Grundbegriffen und allgemeinen Vorstellungen bestimmt werden.

Häufig sind die elektronischen Massenmedien wie Rundfunk und Fernsehen mit einer hoheitlichen Monopolstellung ausgestattet. Dann bestimmen die dort tätigen Intellektuellen nicht nur weitgehend, was in der Öffentlichkeit diskutiert werden soll, sondern sie können auch bestimmte Themen willkürlich unterdrücken. So entsteht eine „veröffentlichte Meinung“.

Normalerweise wird die Einstellung der Intellektuellen weder durch böse Absichten geleitet noch durch ihre egoistischen Interessen bestimmt. Es ist häufig echter Irrtum. Aber viele Intellektuelle stellen auf diese Weise falsche Wegweiser auf. Lassen sich die Träger der Staatsgewalt davon leiten?

4. Die Träger der Staatsgewalt rekrutieren sich vorwiegend aus einer besonderen Politischen Klasse. Politik wird vielen Menschen zum Beruf, so daß sie keine andere Lebenserfahrung haben als die, Politiker zu sein. Ihrer Erfahrung nach ist man erfolgreich, wenn man die Mehrheitsmeinung auf seiner Seite und konkurrierende Politiker erfolgreich bekämpft hat. Sie erstreben – so sagt man nicht ganz zu unrecht – eine Maximierung der Wählerstimmen. Deshalb denken und handeln sie relativ kurzfristig, weil sie jeweils bevorstehende Wahltermine als relevanten Zeithorizont ansehen. Ferner folgt daraus, daß sie gesellschaftliche Gruppen vor allem oder nur nach ihrer Bedeutung für eine Wahlentscheidung beurteilen. Gruppen, von denen sie nur eine geringe Stimmenzahl erwarten, werden nicht besonders berücksichtigt. Hier zeigt sich etwa die abnehmende

Bedeutung, die man den Belangen der Unabhängigen, insbesondere denen der Unternehmer, zumißt.

In einem hoheitlichen System, in dem die Staatsgewalt nicht an allgemeine Verhaltensregeln der Gerechtigkeit gebunden ist, können die Politiker einzelnen Gruppen Sonderwünsche erfüllen. Sie geben diesen Sonderwünschen nach, wenn sie glauben, dadurch einen hinreichenden Prozentsatz an Stimmen zu gewinnen. Da die betreffenden Gruppen dieses wissen, werden sie zu Erpressungsversuchen veranlaßt. Politiker sind dann erfolgreich, wenn sie die Kunst, sich erpressen zu lassen, gut beherrschen. Damit wird die Korrumpierbarkeit auch zum Selektionskriterium, durch das erfolgreiche Politiker ausgewählt werden. Man nennt das oft irreführend „Kompromißfähigkeit". So entsteht dann „Demokratieversagen", etwa durch die sogenannte „Gefälligkeitsdemokratie" oder durch das Auftreten totalitärer Elemente, weil unbeschränkte Macht der Mehrheit angewendet und mißbraucht werden muß. Bei beschränkter Staatsgewalt hingegen würden ganz andere Personen mit anderen Wertvorstellungen erfolgreich sein.

Die Politische Klasse in einer unbeschränkten Demokratie sieht Marktwirtschaft also als eine Art Mechanismus an, der zu ihrer Disposition steht. Deshalb denken, reden und handeln Politiker oft antikatallaktisch.

5. Insgesamt gibt es also viele falsche Wegweiser. Sie weisen auf direkte, gezielte Eingriffe in die Katallaxie. So sei etwa ein Dritter Weg zwischen Kapitalismus und Sozialismus zu finden. Man verlangt auch, der Staat müsse die Marktwirtschaft sozial und ökologisch direkt steuern. Ferner sei eine hoheitliche Investitionslenkung, Industriepolitik genannt, nötig. Gezielte Subventionen sollen gegeben werden, beispielsweise um industrielle Kernbereiche zu erhalten oder für bestimmte Industrien die internationale Wettbewerbsfähigkeit, die man zu kennen glaubt, zu verbessern. Ganze Bereiche, etwa die Landwirtschaft, das Fernmeldewesen und andere, seien als „Ausnahmebereiche" hoheitlich zu lenken. Marktwirtschaft wird also als ein Steuerungsinstrument in der Hand der Staatsgewalt angesehen, die es besser wisse.

Diese und ähnliche Ideen haben zwar psychologisch einen verschiedenen Ursprung, gründen aber meist in der gleichen Vorstellung, der Staat solle seine Zwangsgewalt „gezielt" einsetzen, um direkt regulierend, diskriminierend oder privilegierend einzugreifen. Solche Ideen beruhen höchstwahrscheinlich zum Teil auf der Unfähigkeit, die Logik und die Arbeitsweise der Katallaxie zu verstehen. So sind viele falsche Wegweiser auf Unwissenheit darüber zurückzuführen. Diese könnte man aber bewußt beseitigen, indem man unser ausdrückliches Wissen über die Katallaxie verbreitet.

VI. Zusammenfassung und Ausblick

Die Leitgedanken unserer Überlegungen können wir nun zusammenfassen.

Angesichts unserer grenzenlosen Unwissenheit versuchen wir „ausdrückliches Wissen" zu erwerben. Zwar haben wir kein Kriterium für dessen endgültige empirische Wahrheit, aber wir wenden es an, wenn es sich bewährt. Sind die zu erklärenden Phänomene komplex, können wir allerdings nur allgemeine, Muster-(Struktur-)Aussagen machen. Im Bereich der menschlichen Aktivitäten kommt hinzu, daß die Menschen unheilbar nicht wissen, welche besonderen Wirkungen von ihren Handlungen auf die gesamte Struktur ausgehen, die wir nach v. Hayeks Vorschlag Katallaxie nennen.

Über die Katallaxie als Muster (Struktur) haben wir bereits ausdrückliches Wissen gewonnen. Sie ist als Informationssystem entstanden, weil die Menschen ohne ihre bewußte Absicht gewisse Methoden der Wissensbildung entwickelt haben. Es bildeten sich Traditionen, die durch Erziehung und Nachahmung als kulturell inkorporiertes Wissen in Form von Verhaltensregeln weitergegeben wurden. Ferner entfaltete sich eine spontane Handelnsordnung, die in Form von Preisen jeweils kurzfristig Signale erzeugt und als Signalwissen informatorisch vermittelt. Beide Verfahren wirken empirisch zusammen und konstituieren Katallaxie. Sie unterliegt als selbstregulierendes System einer kulturellen Evolution und ist somit ein Verfahren, das laufend neues Wissen hervorbringt. Die Prinzipien, nach denen es funktioniert, lassen sich erklären. Konkrete Ergebnisse sind jedoch nicht vorhersagbar.

Katallaxie als Verfahren der Wissensbildung wird am besten gefördert durch eine Wirtschaftsordnung freier Menschen. Wirtschaftsordnung ist kein isolierter Sachverhalt. Auch Staatsgewalt muß an freiheitssichernde Verhaltensregeln der Gerechtigkeit gebunden sein. Erst sie bringen eine Ordnung des Unbekannten dadurch hervor, daß es veranlaßt wird, sich selbst zu ordnen. So erzeugt Katallaxie trotz der aus freiem menschlichen Handeln fließenden Überraschungen eine gewisse Vorhersehbarkeit. Bloße Demokratisierung der Staatsgewalt genügt allerdings nicht, im Gegenteil bringt unbeschränkte Demokratie einen Zustand hervor, den niemand wünscht und den niemand beabsichtigt hat.

Zahlreiche falsche Wegweiser verhindern bisher, daß das Wissen von unserer konstitutionellen Unwissenheit und über das Verfahren der Katallaxie, das sie bewältigen kann, allgemein bekannt wird. Die Ideen von heute sind allerdings gewöhnlich nicht die neuesten. Die meisten Menschen fußen auf Ideen, von denen sie viele Jahre oder Jahrzehnte vorher geprägt wurden. Da die Macht der Ideen aber die entscheidende, die Gesellschaft formende Kraft ist, und jeder Änderung der gesellschaftlichen Ordnung eine Änderung der herrschenden Ansichten vorausgeht, wird sich eine Korrektur falscher Wegweiser, wenn sie gelingt, erst nach vielen Jahren auswirken. Dieser Aufgabe, bessere Wegweiser aufzustellen, hat F. A. v. Hayek einen großen Teil seiner Arbeitskraft gewidmet. Mein heutiger Vortrag sollte dem gleichen Zweck dienen.

Konsum ohne Produktion: Die unmögliche Idylle des Sozialismus[1,2]

von

James M. Buchanan

---

1 Ich danke meinem Kollegen, Viktor Vanberg, für hilfreiche Anmerkungen.

2 Aus dem Amerikanischen übersetzt von Wolfgang Kerber.

I. Einführung

Sozialwissenschaftler, Historiker und Philosophen werden noch jahrelange Forschungsanstrengungen dem Versuch widmen, zu erklären, weshalb der Sozialismus in den letzten Jahrzehnten dieses Jahrhunderts so dramatisch versagt hat. Fruchtbarer jedoch wird vielleicht ihr Versuch sein, zu erklären und zu verstehen, warum Sozialwissenschaftler und speziell Ökonomen dieses Scheitern nicht vorausgesagt haben. Professor F. A. von Hayek ist einer der anerkannt wenigen, die sowohl ihre wissenschaftlichen Kollegen vor den verhängnisvollen Fehlern des Sozialismus warnten als auch seinen letztendlichen Zusammenbruch vorhersagten. Deshalb ist es angebracht, daß sich meine Ausführungen in dieser Hayek-Vorlesung 1992 mit dem Scheitern des Sozialismus befassen.

Zunächst sollte ich mein eigenes früheres Versäumnis eingestehen, nicht kritischer die grundlegende Struktur des Sozialismus untersucht zu haben. Nur durch mein Bemühen, das beobachtete organisatorische Versagen zu verstehen, ist mir bewußt geworden, daß elementare Zusammenhänge, die vielleicht zu offensichtlich waren, um früher Aufmerksamkeit auf sich zu ziehen, mehr oder weniger für die von uns beobachteten Ergebnisse verantwortlich sind. Damit möchte ich andeuten, daß sogar die wenigen Kritiker, wie Hayek und Mises, die den außerordentlichen Untergang des Sozialismus gespürt haben, dazu neigten, sich auf unnötig komplizierte Eigenschaften der Struktur zu konzentrieren, während sie den grundlegenderen Fehler übersehen haben. So wurde hauptsächlich das Potential für die Ausnützung von Wissen betont, was zugegebenermaßen eine wichtige Quelle von Schwierigkeiten, aber – wie ich vorschlagen möchte – nicht das kritischste Element in der Konstruktion des Sozialismus ist.

Dieses Element ist der Bruch in der Verbindung zwischen Produktion und Konsum. Dieser Bruch hätte mit Sicherheit zum Scheitern des Sozialismus geführt, sogar in einer imaginären Welt mit vollkommenem Wissen. Der Anreiz, Werte zu produzieren, ist es, der in der idealisierten sozialistischen Konstruktion fehlt, und dies führt zwangsläufig zu Armut.

In gewissem Sinne ist der Gedankengang dieses Vortrags so einfach, daß ich mich im voraus für die offensichtliche Beleidigung der Intelligenz meiner Zuhörerschaft entschuldigen muß. Aber zu meiner Verteidigung möchte ich darauf hinweisen, daß in der Tat oft die grundlegenden Wahrheiten gerade deswegen übersehen werden, weil sie so offensichtlich sind. Dabei möchte ich an das Märchen erinnern, in dem nur der kleine Junge wirklich erkannte, daß der Kaiser keine Kleider trug.

Ich möchte wie folgt vorgehen: In Abschnitt II werde ich einen zusammenfassenden Abriß über meine gesamte Argumentation in diesem Vortrag geben. Danach werde ich in Abschnitt III eine ökonomische Parabel vorstellen, die eine Alternative zu der der modernen ökonomischen Analyse darstellt. Dieses vereinfachte und abstrahierende Modell „einer Ökonomie" wird keine Allokation erfordern, und niemand wird Bewertungen zwischen den einzelnen Gütern und Dienstleistungen im üblichen Sinne vornehmen. Das Modell wurde teilweise so gestaltet, um die Funktion des Marktes, eine Wertskala aufzustellen und für die Allokation der Ressourcen zu sorgen, außer Kraft zu setzen. In Abschnitt IV wird das Modell modifiziert, um die Einführung erstens des Kollektivismus, zweitens einer autoritären Kontrolle und drittens und letztens der Extraktion von Renten durch diejenigen, die die Kontrolle ausüben, zu ermöglichen. Erst in den Abschnitten V und VI werde ich zur Diskussion und Analyse „realistischerer" Modelle wirtschaftlicher Interaktion übergehen, in denen bewertende, allokative, organisatorische und distributive Funktionen unterschiedlicher Ordnungen marktlicher oder hierarchischer Art verglichen und gegenübergestellt werden müssen. In Abschnitt VII werde ich kurz einige der möglichen Gründe diskutieren, warum Ökonomen das elementare Prinzip, das ich in dieser Vorlesung betonen werde, vernachlässigt haben. Abschließend werde ich in Abschnitt VIII einige Implikationen dieser Analyse für das Verständnis der in den neunziger Jahren entstehenden „postsozialistischen“ und „nichtsozialistischen“ Ordnungen untersuchen.

II. Konsum und Produktion

In der Alten Pinakothek in München gibt es ein Gemälde von Breughel („Schlaraffenland“), das die ewige Idylle von Menschen zeigt, die sich eine Welt ausdenken können, die anders als ihre eigene ist. Fette, faulenzende Bauern finden ihre offenen Münder sofort mit feinsten Leckerbissen gefüllt. Jeder konsumiert, ohne daß irgendeiner produziert – das ist ein Zustand menschlicher Existenz, den man sich zwar vorstellen, der aber niemals verwirklicht werden kann. Der Mythos des Sündenfalls stößt den Träumer in die nüchterne Wirklichkeit zurück: damit konsumiert werden kann, muß produziert werden. Nur durch den Schweiß auf irgendjemands Stirn entsteht die Nahrung für Breughels Bauern. Der Mythos vom Garten Eden bevor der Apfel gegessen wurde – das heißt der Mythos vom Überfluß in der Natur – muß dem wissenschaftlichen Denken vollkommen ausgetrieben werden, wenn wir die vielen fehlgeschlagenen ebenso wie die erfolgreichen Versuche des Menschen, sein Los zu verbessern, verstehen wollen.

Die Quelle des Scheiterns des Sozialismus ist genau in dem wissenschaftlichen Irrtum zu suchen, der eine Trennung zwischen Produktion und Konsum erlaubte. Dieser wissenschaftliche Irrtum leitet sich letztlich von den fehlerhaften analytischen Parabeln sowohl der klassischen als auch der neoklassischen Ökonomie her. Beide Parabeln enthalten als Voraussetzung die Realität der Knappheit, der Knappheit des Bodens in der streng klassischen Version, und der Knappheit allgemeiner definierter Ressourcen in der ausgefeilteren neoklassischen Variante. Und Knappheit – wie uns die Ökonomen immer wieder erinnern – impliziert die Notwendigkeit von Entscheidungen. Folglich muß über die Allokation dessen, was knapp ist, entschieden werden: durch irgendjemanden, irgendwie, oder durch irgendeinen Prozeß. Und die Knappheit eröffnet – wie David Hume bemerkt hat – auch Möglichkeiten für Gerechtigkeitsüberlegungen.

Ich behaupte, daß diese vertrauten Bilder der Knappheit wissenschaftliche Irrtümer heraufbeschworen haben, weil sie es den Analytikern erlauben, den notwendigen Zusammenhang zwischen Produktion und Konsum zu vergessen, den ein angemesseneres Bild vielleicht deutlich gezeigt hätte. In letzter Konsequenz leben wir in einer Welt, die weder durch „Überfluß“ noch durch „Knappheit“ genau beschrieben wird. Diese zwei imaginären Zustände können die mögliche Wirklichkeit nicht ausfüllen. Wir brauchen hierfür nur zur biblischen Mythologie zurückzugehen. Der Überfluß im Paradies ist nicht einfach durch die Knappheit jenseits seiner Grenzen ersetzt worden. Der nachparadiesische Mensch muß das, was er zu konsumieren wünscht, produzieren, selbst wenn er lediglich überleben will. Eine „Entscheidung“ zu produzieren ist eine „Entscheidung“ zu konsumieren. Und Produktion bedeutet eher die Allokation von „etwas“ zu „etwas“ als „zu etwas anderem“. Aber das gewöhnliche

Kalkül allokativer Entscheidungen, das uns von den Modellen der Ökonomen vertraut ist, faßt dieses elementare Verhalten überhaupt nicht und lenkt vielmehr die Aufmerksamkeit von der Sichtweise des gesunden Menschenverstandes ab. Denn ursprünglich gibt es keine Menge von Werten, die zuzuteilen sind; es gibt kein Manna vom Himmel, von der Natur oder woher auch immer. Wert muß zuerst produziert werden, damit er existiert. Und die Produktion einer bestimmten Art von Wert impliziert nicht die Opferung eines produzierten Werts anderer Art, zumindest nicht in der üblichen Bedeutung dieser Begriffe. Wie Jeremy Bentham meinte, besteht das Kalkül aus Leid *und* Freude, und die Freude des antizipierten Konsums ist nur durch die Inkaufnahme von Leid zu erreichen. Das, was durch die Nichtproduktion vermieden wird, ist mehr das Leid oder der negative Nutzen der Mühe als das Aufgeben einer anderen Produktionsmöglichkeit, die ansonsten konsumiert werden könnte. Die Opportunitätskosten müssen auf diese Entscheidung bezogen werden, und die Kosten der Entscheidung, Leid auf sich zu nehmen, um Werte zu produzieren, werden durch das Leid selbst und damit durch den negativen Nutzen der Mühe gemessen. Diese Kosten kann man nur durch die Einberechnung der Freude der Leidvermeidung erfassen.

Die Produktion findet natürlich in realer Zeit statt, und die Zeit selbst scheint eine objektive Begrenzung zu haben. Aber Zeit als solche muß keine wirksame Beschränkung für produktive Aktivität sein. Die Produktion von etwas, das Wert hat, erfordert gleichzeitig viele marginale Anpassungen, von denen sich nur eine auf die objektiv meßbare Zeitdimension bezieht. Die physische Anstrengung, der Zeitbedarf von Handlungen, die Sorgfalt in der Beobachtung, die Findigkeit in bezug auf Umweltveränderungen, die angewendeten Ursache-Wirkungs-Überlegungen, die Verhaltenseinstellungen gegenüber Risiko, die individuell ausgedrückten Diskontraten – alle diese Faktoren scheinen nur einige der vielen möglichen Eigenschaften zu sein, die in die Produktionsbemühungen eingehen, welche sich nicht auf den eindimensionalen Maßstab realer Zeit reduzieren lassen. Verschiebungen dieser und anderer Verhaltensparameter beeinflussen den gemessenen Wert, der aus den Produktionsanstrengungen erwächst.

Als ein Produzent-Konsument kann das Individuum als in bezug auf die verschiedenen Parameter nutzenmaximierend modelliert werden, aber eine solche Übung ist wenig mehr als eine erzwungene Übersetzung in den Jargon des Ökonomen. Es mag nichtsdestoweniger hilfreich sein, sich das Individuum-als-Produzent als vom Individuum-als-Konsument motiviert vorzustellen, und ein persönliches Gleichgewicht derart zu definieren, daß – marginal betrachtet – der erwartete Nutzen dessen, was zum Konsumieren produziert wird, dem erwarteten negativen Nutzen oder Leid der notwendigen Produktionsbemühungen entspricht.

Diese einfache Übung in persönlicher Ökonomie kann nun einem Modell gegenübergestellt werden, in dem die Verbindung zwischen Produktion und Konsum nicht existiert. Nehmen wir eine Situation an, in der von Personen erwartet wird, daß sie produzieren ohne das, was sie produzieren, zu konsumieren, und zwar sowohl jetzt als auch in Zukunft, direkt oder indirekt. Warum sollte eine Person bei der völligen Abwesenheit eines solchen Zusammenhangs überhaupt irgendeinen Wert produzieren?

Diese skizzenhaften Überlegungen genügen vielleicht, um die Bedeutung meines einfachen Arguments in diesem Vortrag anzudeuten. Aber ich werde versuchen, die Struktur der Analyse für die Skeptiker interessanter zu machen, indem ich einige Details einer sowohl zur klassischen wie zur neoklassischen ökonomischen Modellwelt alternativen Parabel skizziere.

III. Die Büffelparabel

Im frühen Amerika produzierten und konsumierten die Plains-Indianer ein einziges Gut: Büffel, die alle ihre Grundbedürfnisse befriedigten – Nahrung, Kleidung, Schutz (zur Erinnerung: dies ist eine Parabel und keine Geschichtsschreibung). Weder Büffel noch Land waren knapp. Aber die Büffel haben sich nicht von selbst in direkt konsumierbare Produkte für Nahrung, Kleidung und Unterkunft verwandelt. Vielmehr entstanden diese Produkte in einem Produktionsprozeß, der Aufwand in Form von Zeit, Vorstellungsvermögen, Geschicklichkeit, Kraft, Geschwindigkeit und anderen Eigenschaften erforderte. Die Endprodukte Fleisch, Häute und Pelze waren in dem Sinne „knapp", daß niemand den Sättigungspunkt erreichte. Jede Person hätte mehr Produkte bevorzugt, vorausgesetzt, daß er oder sie diese nicht hätte produzieren müssen.

Die Familie war die ökonomische Einheit in dieser Gesellschaft, und wir nehmen an, daß die Spezialisierungsvorteile innerhalb der Familie als produzierend-konsumierender Einheit lagen. Ferner gehen wir davon aus, daß jede Familie mit allen ihren Mitgliedern die „Rechte" der anderen Familien an den verschiedenen produzierten Werten, die bereits produziert, aber noch nicht konsumiert worden waren, respektierte.

In dieser imaginären Ökonomie würde jede Familie ihren Produktionsaufwand, wie er oben mit seinen verschiedenen Einsatzdimensionen beschrieben wurde, bis zu dem Punkt ausdehnen, an dem der erwartete positive Wert des Konsums gleich dem erwarteten negativen Wert der weiteren Produktion ist. In der Sprache der Ökonomen können wir sagen, daß jede Familie eine Position erreichen würde, die als „effizient“ charakterisiert werden könnte. Aber es ist zu beachten, daß es hier keine Bedeutung des Begriffs „Effizienz“ gibt, die sich auf eine größere Einheit als die einzelne Familie bezieht. Es gibt keine Wechselwirkungen; jede Familie produziert das, was sie konsumiert. Und es gibt keine aggregierte oder allumfassende „Ressourcen“-Kapazität, die „alloziiert“ wird. Gleichermaßen gibt es auch kein interfamiliäres System von „Preisen“, auch nicht in Form von Schattenpreisen, die miteinander verglichen werden könnten.

Natürlich ließe sich für diese imaginäre Welt voraussagen, daß die Familien sich in ihren relativen Präferenzen für produzierte Güter, in ihrer Vermeidung von Mühe und in ihren relativen Fähigkeiten, Anstrengung in produzierte Güter umzuwandeln, unterscheiden. Die aus vielen Familien bestehende „Gesellschaft“ würde weder durch Gleichheit im beobachteten Aufwand von Mühe noch durch Gleichheit in der Produktion-Konsumtion von Büffeln in ihrer letztendlich genutzten Form charakterisiert sein.

IV. Kollektive Produktion, gemeinsamer Konsum und autoritäre Allokation

Bleiben wir innerhalb dieser Grundparabel vom Büffel und nehmen wir an, daß die Mitglieder dieser Büffel produzierenden und konsumierenden Gesellschaft die Ungleichheiten zwischen den verschiedenen Familien feststellen. Unterstellen wir ferner, daß alle diese Familien übereinkommen, die Produktion zu kollektivieren, indem alles, was produziert wird, in ein einziges gemeinsames Lager gebracht wird, aus dem jede Familie einen gleichen Anteil (pro Person) zurückerhält. Wie zuvor wird nun von jeder Familie erwartet, Anstrengungen zu unternehmen, um Büffel zu produzieren, aber das Produzierte ist nun für den gemeinsamen statt den eigenen Konsum bestimmt. Über Produktion und Konsum wird nun getrennt statt gleichzeitig entschieden.

Die vorausgesagten Ergebnisse sind bekannt. Eine Familie erreicht das persönliche Gleichgewicht ihrer Produktionsaktivität dann, wenn der negative Nutzen, der mit der zusätzlichen Mühe verbunden ist, dem zusätzlichen Wert des durchschnittlichen Anteils an dem Konsum des Produzierten plus dem eventuellen Wert, den die Familie aus dem Konsum anderer in dieser Gesellschaft zieht, entspricht. Gibt es N Familien in dieser Gesellschaft, dann beträgt der eigene Anteil einer Familie an dem, was sie produziert, 1/N. Wenn die Familie den Konsum der anderen nicht genauso hoch bewertet wie ihren eigenen, wird sie das Produktionsgleichgewicht bei einem geringeren Aufwand an Mühe bezüglich aller Dimensionen des Inputeinsatzes erreichen. Jede Familie wird einen geringeren Produktionswert als in der Autarkie produzieren, ehe Produktions- und Konsumentscheidungen getrennt wurden.

In ihren Konsumentscheidungen wird sich jede Familie schnell auf die von der Regel der gleichen Teilung gezogene Grenze zubewegen, und auf diesem Konsumniveau wird jede Familie versuchen, ihren Konsum soweit wie möglich auf Kosten des Konsums anderer Familien auszudehnen. In dieser Gesellschaft wird ein geringerer Produktionswert hergestellt und konsumiert, und die produzierten Güter werden von einer schlechteren Qualität sein als die früher hergestellten. Weiterhin wird jede Familie mit ihrem Anteil am Produzierten unzufrieden sein.

Festzuhalten ist, daß dieses Resultat auch dann aufzutreten tendiert, wenn sich ursprünglich alle Familien auf die Kollektivierung der Produktion und die gleiche Aufteilung des Produzierten geeinigt haben. Die grundlegende organisatorische Änderung mit ihrem angenommenen Ziel der Gleichheit des Konsums zwischen den einzelnen Familien der Gesellschaft wird erreicht. Aber die gesamte Quantität und Qualität der Produktion und des Konsums wird niedriger – und vielleicht sogar wesentlich niedriger – sein als in einer Ordnung mit Privateigentum. Der produktive Aufwand jedoch wird sich nach der Veränderung der Ordnung nicht angeglichen haben, und die Unterschiede im Aufwand zwischen den verschiedenen Familien können sich durch die Kollektivierung der Produktion eher vergrößert als verringert haben. Diejenigen Familien, die produktiver in der Umwandlung von Mühe in Output sind, und jene, die einen geringeren negativen Nutzen aus ihren Anstrengungen erleiden, werden feststellen, daß sie einen größeren Wert an Gütern für das gemeinsame Lager beisteuern als ihnen erlaubt wird zu entnehmen. Dagegen werden die weniger produktiven Familien und jene, die weniger bereit sind, die Unannehmlichkeiten von Anstrengungen in Kauf zu nehmen, finden, daß sie mehr aus dem gemeinsamen Topf herausnehmen können als sie beitragen. Die erste Gruppe, die wir die *Nettoproduzenten* nennen können, werden sich selbst als von der zweiten Gruppe, den *Nettokonsumenten,* ausgebeutet betrachten. Dieses Gefühl der Ungerechtigkeit, das unter den Mitgliedern der ersten Gruppe entsteht, wird dazu führen, das Gleichgewicht in Richtung auf geringere Produktion und Qualität zu verändern.

Das Scheitern des „reinen" Sozialismus in der beschriebenen Form wird jedem einsichtig sein. Die nächste Stufe der „Reform" muß nun die Zuweisung von Autorität an irgendeinen Agenten beinhalten, der ermächtigt wird, Produktionsquoten festzusetzen und die Konsumanteile zu verändern. Unter der idealisierten Annahme von Allwissenheit könnte der Agent jeder Familie in ihrer Funktion als Produktionseinheit eine Quote zuweisen, die genau der Produktion entspricht, die unter einem autarkistischen Gleichgewicht beobachtet würde. Unter diesen idealisierten Umständen könnte eine völlige Gleichheit im Konsum ohne Opfer in der Produktion erreicht werden. Die produzierenden Einheiten würden gezwungen, soviel oder mehr Anstrengungen aufzuwenden als sie freiwillig aufbringen würden.

In der Praxis gibt es jedoch keinen Weg, wie sogar der uneigennützigste Agent herausfinden könnte, welches die persönlichen Gleichgewichte der produzierenden Einheiten in der früheren Ordnung gewesen wären. Der produktive Aufwand kann bestenfalls nur anhand der objektiv meßbaren Einsatzdimensionen kontrolliert werden. Wie bereits bemerkt, scheinen Stunden oder Tage, die bei der Arbeit verbracht werden, objektive Einheiten zu sein, aber diese beinhalten nur eine von vielen Dimensionen produktiven Aufwandes. Der Agent kann Personen und Familien Arbeitszeiten zuteilen, aber es scheint keinen Weg zu geben, daß auch die Anpassungen entlang der anderen Dimensionen unter die Kontrolle des Agenten gebracht werden können. Gezwungen, das bevorzugte Aufwandsniveau zu verlassen, wird der Produzent der Qualität sicherlich weniger Aufmerksamkeit schenken. Bestenfalls kann die Autorität, die zur Zuweisung von Produktionsquoten ermächtigt ist, den Output in der Gesellschaft etwas über das Niveau erhöhen, das im „reinen“ Sozialismus erreicht würde. Aber das Gesamtprodukt wird wesentlich unter dem liegen, das in einem autarkistischen Modell mit Privateigentum beobachtet würde, und die Qualität der produzierenden Güter wird schlechter sein.

Die nächste Stufe der „Reform" wird eine Lockerung der Regel der gleichen Konsumanteile beinhalten. Selbst der uneigennützigste Agent wird erkennen, daß die Gesamtproduktion in der Gesellschaft erhöht werden kann, wenn die Nettoproduzenten Konsumanteile bekommen, die in einer positiven Relation zu ihren Anteilen an der Produktion stehen. Eine solche Reform kann die Gestalt annehmen, daß es allen produzierenden Einheiten erlaubt wird, für ihren eigenen Gebrauch einen bestimmten Anteil des von ihnen produzierten Wertes zu behalten. Jeder produzierenden Einheit könnte zum Beispiel erlaubt werden, die Hälfte des Wertes, den ihre Anstrengungen erbringen, zu behalten, so daß nur die verbleibende Hälfte in das gemeinsame Lager für die folgende Aufteilung zwischen allen Einheiten in der Gesellschaft kommt. Eine solche Modifikation der Anreizstruktur wird im Ausmaß des jeweiligen Anteils die Verbindung zwischen Produktion und Konsum wiederherstellen. Es kann vorausgesagt werden, daß diese Veränderung die Größe des gesamten Wertes der produzierten Güter und ihre Qualität unter Umständen sogar dramatisch erhöhen wird. Es kann jedoch nicht erwartet werden, daß eine solche teilweise Wiederherstellung der Verbindung die Produktion wieder auf das Niveau zurückbringt, das unter einer autarkistischen Produktion-Konsumtion in dieser Parabel erreicht würde. Die teilweise Sozialisierung des ökonomischen Prozesses zeitigt direkt voraussagbare Ergebnisse. Und natürlich werden die Wirkungen auf den Gesamtproduktionswert in direkter Beziehung zu der Höhe des Sozialisierungs-Privatisierungs-Verhältnisses stehen. Eine Gesellschaft, die die Hälfte ihres produzierten Wertes sozialisiert, wird weniger produzieren als eine, die ein Viertel sozialisiert.[3]

[3] Einige Ökonomen mögen vorbringen, daß eine größere Produktion zu erwarten ist, wenn die Produzenten weniger als das produzierte Gesamtprodukt zurückbehalten dürfen, weil ein starker Einkommenseffekt möglicherweise den Substitu-

Der Kollektivierungs-Sozialisierungs-Prozeß erfordert – gleichgültig ob er ein totaler oder partieller ist – die Etablierung und die laufende Aktivität einer Autorität, die ermächtigt ist, – falls gewünscht – Produktionsziele und/oder -quoten festzusetzen und die jeweils gewählte Konsumaufteilung zu überwachen. Nur wenn Produktion und Konsum strikt miteinander verbunden sind, wie im autarkistischen Modell dieser Parabel, ist die Autorität vollkommen auf ihre schützende Rolle beschränkt. Bis hierher habe ich angenommen, daß die allokative und distributive Autorität in dem Sinne uneigennützig ist, daß sie ausschließlich als ein Vertreter für die Mitglieder der Gesellschaft handelt und keine eigenen Interessen verfolgt. Aber auch innerhalb dieser Grenzen müssen natürlich die Personen, die solche Positionen innehaben, selbst Konsumanteile erhalten, wodurch eine Art bürokratischer Keil zwischen dem geschaffenen Gesamtwert und dem Wert, den die gewöhnlichen Personen in der Gesellschaft erhalten, eingeführt wird.

Die Annahme, daß jene, die solche Autoritätspositionen bekleiden, uneigennützig sind, kann nicht aufrechterhalten werden. Diese Personen werden ihre eigenen ökonomischen Interessen haben, und ihre Positionen werden ihnen erlauben, diese Interessen ohne direkte Kontrollen zu verfolgen. Selbst im Rahmen unserer einfachen Büffelparabel wird es für Personen, die allokative und distributive Autorität ausüben, relativ einfach sein, Renten aus dieser Ökonomie herauszuziehen, die über jene Konsumanteile hinausgehen, die sie für einen anderweitigen Beitrag zur Produktion bekommen würden. Diese bürokratischen Renten sorgen dafür,

---

tionseffekt aufwiegt. Diese Argumentation ist hier jedoch nicht anwendbar, weil sich für die Gesellschaft als Ganzes die Einkommenseffekte neutralisieren. Der Ertrag des sozialisierten Wertanteils führt bei jeder Teilungsregelung dazu, daß netto nur ein Substitutionseffekt übrig bleibt.

daß die Kluft zwischen Produktion und Konsum größer ist als es durch den Anteil des Produkts, das für gemeinsame Zwecke vorgesehen ist, direkt angezeigt wird. Dieser Effekt wird teilweise dadurch kompensiert, daß die kontrollierende Autorität ein umfassendes Interesse an einer möglichst großen Produktion haben wird, weil eine solche Autorität quasi das Residuum beansprucht.[4]

Ich habe in einiger Ausführlichkeit gezeigt, warum und wie Sozialismus, ob ganz oder teilweise, in einer übervereinfachten – mit der Büffelparabel modellierten – Ökonomie, scheitern würde. Ich habe dies deshalb so breit diskutiert, um deutlich zu machen, daß auch bei Abwesenheit der üblichen Allokations- und Bewertungsprobleme jeder Versuch der Trennung von Produktions- und Konsumentscheidungen im Vergleich zu einer Situation, in der diese Entscheidungen zusammenfallen, Wertverluste hervorruft.

V. Von der einfachen zur komplexen Ökonomie: Produktion und Konsum im Marktaustausch

Es ist relativ unkompliziert, von der einfachen Parabel einer Ein-Gut Büffel-Ökonomie bei autarkistischer Organisation zu einer komplexen Tauschökonomie überzugehen, die durch Inputspezialisierung, viele Endverbrauchsgüter, und eine Struktur von Märkten gekennzeichnet ist, in denen der Tausch durch ein System von Preisen, die auf ein Numeraire definiert sind, erleichtert wird. Für meinen Zweck ist es wichtig festzuhalten, daß dieser Übergang von einer einfachen zu einer komplexen Ökonomie ohne Bruch in der Verbindung zwischen Produktion und Konsum bewirkt werden kann. Die individuelle Produktion eines Gutes, das

---

4 Vgl. hierzu OLSON (1990).

anschließend für das Numeraire-Gut getauscht wird, welches wiederum für Einheiten anderer Endprodukte eingetauscht wird, wird ein Prozeß, durch den das Individuum indirekt Endverbrauchsgüter produziert. Auch wird die Verbindung nicht unterbrochen, wenn eine Person oder eine Familie ihre produktiven Faktorleistungen gegen Geldlöhne verkauft, die wiederum verwendet werden, um Endkonsumgüter auf anderen Märkten zu kaufen: Trotz des Umwegcharakters dieses Prozesses sind sich die beteiligten Individuen vollkommen im klaren, daß sie durch ihre Entscheidungen über ihr Angebot auf dem Faktormarkt indirekt die von ihnen gewünschten Konsumleistungen produzieren. Adam Smiths Metzger produziert das Fleisch, das wir begehren, aus Eigeninteresse, nämlich als Endverbraucher anderer Güter.

Die Wissenschaft der Ökonomie besteht seit Adam Smith aus der Gesamtheit von Analysen, die unser Verständnis darüber erleichtern, wie das komplizierte Netzwerk der Marktinterdependenzen funktioniert, damit die Produktions-Konsum-Verbindung aufrechterhalten wird, während sie gleichzeitig die Koordination zwischen den getrennten individuellen Wahlhandlungen erreicht, die notwendig ist, damit ein maximaler Wert des Gesamtprodukts erzeugt wird, wie er von den Präferenzen der an dem Prozeß Beteiligten bestimmt wird. Wie erreicht „der Markt", der notwendigerweise die getrennten Produktions-Konsum-Einheiten in eine Position gegenseitiger Abhängigkeit bringt, ein Resultat, das jenem bei voller autarkistischer Unabhängigkeit in der einfachen Büffel-Ökonomie, wie es in den Abschnitten III und IV geschildert wurde, vergleichbar ist? Wie Ökonomen (und vielleicht nur Ökonomen) wissen, entstehen diese Ergebnisse, ohne daß irgendjemand bewußt allokative oder wertende Entscheidungen trifft. „Der Markt" als eine Organisationsstruktur benutzt die isolierten und unabhängigen

Entscheidungen, die von Individuen und Gruppen in vielen Input- und Outputtauschprozessen gemacht werden, in der Weise, daß eine Allokation des produktiven Aufwandes zwischen vielen möglichen Verwendungen erreicht wird. Hierbei wird eine Wertskala aufgestellt, die sich in einer Menge von Input- und Outputpreisen ausdrückt, und die es ermöglicht, die unterschiedlichen Güterbündel miteinander zu vergleichen.

Wie in der Ein-Gut-Ökonomie erreichen die Individuen ihre Gleichgewichte, wenn – marginal gesehen – der negative Nutzen des Produktionsaufwandes dem erwarteten Nutzen dessen, was dieser Aufwand produziert, entspricht. Diese Gleichgewichte können auf eine sinnvolle Weise als „effizient“ bezeichnet werden. Wegen der wechselseitigen Abhängigkeit der isolierten Individuen durch das Netz von Märkten kann jedoch der Begriff „Effizienz“ auch für das Gesamtresultat verwendet werden, vorausgesetzt man achtet darauf, die Verwirrung zu vermeiden, die durch die Voraussetzung erzeugt wird, daß es eine „knappe“ Ressource gibt, die unabhängig von den Produktionsentscheidungen der Individuen zugeteilt wird. In dem Umfang, in dem noch Gewinne aus weiteren Tauschprozessen erzielbar sind, haben einige Personen ihre persönlichen Gleichgewichte noch nicht erreicht, und folglich kann das Gesamtresultat zu Recht als „ineffizient“ bezeichnet werden.

In dieser idealisierten Vorstellung vom Funktionieren einer komplexen Tauschökonomie, in der viele Güter durch hochspezialisierte Inputs hergestellt werden, kann vorausgesagt werden, daß Individuen und Familien sich sowohl bezüglich der Präferenzen zwischen Produktionsaufwand und produziertem Wert als auch bezüglich der Relationen, mit denen wertmäßiger Output von produktivem Input produziert werden kann, unterscheiden werden. Die interdependente Marktökonomie wird durch Ungleichheiten bezüglich der aufgewendeten Anstrengungen und des Konsums von Endverbrauchsgütern charakterisiert sein.

VI. Kollektive Produktion, gemeinsamer Konsum und autoritäre Allokation in einer komplexen Ökonomie

Nehmen wir jetzt an, daß die beobachteten Ungleichheiten zu einer Revolution der ökonomischen Ordnung führen, und daß die komplexe Marktökonomie durch eine vollentwickelte sozialistische Ordnung ersetzt wird. (Ob ein Konsens für einen solchen revolutionären Wandel besteht oder nicht, ist für unsere Analyse hier nicht relevant.) Die Produktion ist in der Weise kollektiviert, daß der gesamte produzierte Wert in einem gemeinsamen Lager gesammelt wird, aus dem alle Mitglieder der Gesellschaft gleiche Konsumanteile erhalten. Wie in dem Falle der oben untersuchten Ein-Gut-Ökonomie werden die Individuen (Familien) als Produzenten künftig keine Anreize mehr haben, Anstrengungen zu erbringen, wohingegen die Individuen als Konsumenten versuchen werden, ihren jeweiligen Anteil über die zugeteilten Grenzen hinaus zu erhöhen. Damit wird eine Autorität, die ermächtigt ist, Produktionsquoten zuzuteilen und Konsumanteile durchzusetzen, notwendig. Aber während diese Aufgabe für eine solche Autorität bereits im einfachen Ein-Gut-Fall groß erschien, so ist sie jetzt im Vergleich dazu enorm gewachsen. Den Produktionseinheiten müssen nicht nur Inputgrößen zugeteilt werden, sondern sie müssen auch einem Produktionsprozeß oder einer „Industrie“ zugeordnet werden. Personen müssen angewiesen werden, in einer Brauerei, auf einer Weizenfarm oder in einem Stahlwerk zu arbeiten. Und jede dieser Zuordnungen zwischen den vielen möglichen Verwendungen von produktivem Aufwand erfordert die Existenz einer Wertskala, die es ermöglicht, Abwägungen zwischen den unterschiedlichen Endverbrauchsgütern zu treffen. Ist der zusätzliche Weizen, der durch das Abziehen von Inputs aus der Stahlproduktion produziert werden könnte, den Verlust an Stahlproduktion „wert", den diese Verlagerung bedeuten würde?

Die frühen Kritiker der sozialistischen zentralen Planung, vor allem v. Mises und v. Hayek, hatten mit ihrer Betonung der Größe dieser Aufgabe, mit der jede Planungsautorität in einer Ökonomie mit vielen Gütern fertig werden muß, das Problem klar vor Augen. Und das Hervorheben der Informations- und Wissensanforderungen, die notwendig sind, um Ergebnisse mit einer erträglichen „Effizienz" zu erreichen, war sehr treffend. Weiterhin hätte der dramatische Gegensatz zwischen der einzigartigen Fähigkeit des Marktes, Informationen aus den freiwilligen Wahlhandlungen der Individuen in einem verbundenen Netzwerk von Tauschprozessen zu verwenden, und jeden Versuchs einer bürokratischen Autorität, vergleichbare Ergebnisse zu erzielen, jeden überzeugen müssen, was jedoch nicht der Fall war. Aufgrund des Fehlens einer Wertskala, die aus den Entscheidungen der Individuen als Produzenten-Konsumenten in einer Marktordnung hervorgeht, müssen die allokativen Entscheidungen einer Autorität bis zu einem gewissen Grad willkürlich bleiben. Folglich wird das Güterbündel, das schließlich produziert wird, nicht mit jenem Güterbündel übereinstimmen, das sich die Personen gewünscht hätten. Der Wert, der in einer solchen Ökonomie produziert wird und letztlich für den Konsum zur Verfügung steht, steht in keiner direkten Beziehung zu dem, was von denen, die unter dem Zwang der Autorität tatsächlich produzieren, gewünscht wird. Die allokative „Verzerrung" schiebt einen weiteren Keil zwischen Produktion und Konsum, weit über den hinaus, der bereits durch die bloße Trennung von Produktions- und Konsumentscheidungen inklusive der Extraktion bürokratischer Renten entsteht.

Die Aufgabe, der der autoritäre Agent in einer komplexen Ökonomie gegenübersteht, ist unvergleichlich schwieriger als die, die sich in einer einfachen Ökonomie stellt; und sie ist tatsächlich so schwierig, daß sie als unmöglich angesehen werden kann. Aus genau diesem Grund jedoch wird das Potential für bürokratische Renten erhöht, sobald die sozialistische Ordnung realisiert ist. Da soviel mehr zu tun ist, muß die Bürokratie größer sein und einen größeren Anteil an Rente beanspruchen, selbst wenn sie vollkommen uneigennützig bleibt. Die enorme Ausweitung der Dimensionen der allokativen Kontrolle schafft eine vergleichbare Ausweitung der Möglichkeiten für die Schaffung von Renten bei denjenigen Agenten, die ihr Amt zur Förderung ihrer eigenen ökonomischen Interessen nutzen. Zusammenfassend können wir sagen, daß die distributiven, allokativen und bürokratischen Quellen einer Trennung zwischen Produktion und Konsum um so beschränkender wirken, je komplexer die Ökonomie wird.

VII. Die Quellen der wissenschaftlichen Verirrungen

Weder wollte ich im obigen Abschnitt V zeigen, wie eine komplexe Ökonomie unter Marktbedingungen funktioniert, noch in Abschnitt VI, warum jeder Versuch der sozialistischen Organisation einer solchen Ökonomie scheitern muß. Vielmehr war es meine Absicht vorzuschlagen, daß die Konzentration sowohl auf die positive Analyse der Funktionsweise einer komplexen Marktwirtschaft als auch – mit ihren normativen Untertönen – auf die möglichen schrecklichen Konsequenzen jedes Versuchs einer Kollektivierung solcher Ökonomien, die Aufmerksamkeit von dem grundlegendsten Element des ganzen sozialistischen Experiments abgelenkt hat, nämlich dem Versuch, die Produktion vom Konsum ökonomischer Werte zu trennen. Die letztendlichen Ursachen für dieses relative Übersehen können in den Parabeln der Ressourcenknappheit gesehen werden, die sowohl für die klassische als auch für die neoklassische ökonomische Theorie grundlegend sind.

Meine These kann verdeutlicht werden, indem wir für die Zwecke unserer Argumentation von einer vereinfachten Version der Knappheitsparabel ausgehen. Nehmen wir an, daß es wirklich eine knappe Ressource im üblichen Sinne gibt, d.h. eine Menge potentieller Kapazität, von der ein ganzes Bündel gewünschter Konsumgüter und Dienstleistungen generiert werden kann, aber daß dieses Bündel nicht ausreichend ist, um die Personen in dieser Gruppe zufriedenzustellen. Die Ressource existiert als potentielle Kapazität; sie erfordert keine Produktion. Die „Funktion" des ökonomischen Prozesses oder der wirtschaftlichen Ordnung ist es, diese knappe Ressource auf die alternativen Endzwecke aufzuteilen. Wir befinden uns mitten in der klassischen Definition des „ökonomischen Problems" von Robbins[5].

Die Anwendung relevanter und nützlicher ökonomischer Analysen würde zeigen, daß die Zuteilung privater Eigentumsanteile an der knappen Ressource an viele Personen zusammen mit der Freiheit, Prozesse zu organisieren, die die Ressource in Endkonsumgüter umwandeln, und der Freiheit, freiwillige Tauschgeschäfte abzuschließen, allokative

[5] Vgl. ROBBINS (1932).

Ergebnisse zeitigt, die den Wert der knappen Ressource in bezug auf die Präferenzen der Teilnehmer in dieser Ökonomie maximiert. Dieser Satz faßt das neoklassische Paradigma zusammen, von dem ich annehme, daß es von allem oberflächlich entdeckten „Marktversagen" gereinigt ist, das in jedem Fall nichts mit meiner Diskussion zu tun hat.

Nehmen wir jetzt an, daß eine sozialistische Transformation durchgeführt wird. Die knappe Ressource wird unter kollektives Eigentum und Kontrolle gestellt, und einer Planungsautorität wird die Aufgabe zugeteilt, die Ressource auf die verschiedenen Verwendungen aufzuteilen und die Umwandlungsprozesse zu organisieren. Ich behaupte hier, daß v. Mises und v. Hayek ihre Kritik des Sozialismus im Rahmen dieses Paradigmas entwickelten, eine Kritik, die tatsächlich die Undurchführbarkeit des sozialistischen Versuchs zeigte und die auf einer Demonstration der relativen Überlegenheit von Marktarrangements in der Nutzung der Informationen, die den Individuen überall in der Wirtschaft verfügbar sind, beruhte. Dies bedeutet, daß v. Mises und v. Hayek argumentierten, daß selbst wenn keine Produktion der ökonomischen Werte notwendig ist, der Sozialismus als allokativer Mechanismus relativ zum Markt versagt, vorausgesetzt daß das letztendliche Ziel die Befriedigung der Bedürfnisse der Mitglieder der Gesellschaft ist.

Innerhalb seiner Grenzen wird diese Argumentation nun als erfolgreich anerkannt, obwohl es ihr nicht glückte, frühzeitig akzeptiert zu werden. Was jedoch übersehen wurde, war das zentrale sozialistische Element, die Trennung der Produktion von Werten von deren Konsum. Wir müssen nun die Frage stellen und sie zu beantworten versuchen, warum die Ökonomen nicht erkannt haben, daß der Wert erst produziert werden muß, bevor er verteilt werden kann.

Ich möchte vorschlagen, daß eine Antwort in der Unfähigkeit der Ökonomen gesehen werden kann, sich völlig von der klassischen Vorstellung zu lösen, daß der Wert in objektiv beobachtbaren „Dingen“ enthalten und konzeptionell vom Bewertungsprozeß, der innerhalb des Bewußtseins der Menschen stattfindet, getrennt ist. In anderen Worten wird die Dimensionalität des ökonomischen Wertes eher als objektiv denn als subjektiv angesehen: Personen tauschen „Waren gegen Waren“ eher als Verkörperung objektivierten Wertes denn als antizipierten Nutzen. Teilweise stammt die Abneigung der Ökonomen, die Nutzendimension voll in ihre formale Struktur der Analyse einzubeziehen, von ihrem Wunsch, die fertig bereitstehende mathematische Rechenlogik anzuwenden. Eine knappe Ressource, objektiv gemessen, kann „zugeteilt“, und das einfache Prinzip der Maximierung kann leicht angewandt werden. Aber beobachten wir denn nicht auch, daß dieses Prinzip auch auf den Nutzen ausgedehnt wird, mit viel formaler Theorie und ausgedrückt in den Begriffen der Nutzenmaximierung? Wie jedoch alle Ökonomen erkannt haben, hat der Nutzen, der in solchen Übungen verwendet wird, keine unabhängig objektivierbare Existenz; es ist nur ein Begriff mit der Bedeutung „das, was maximiert wird“, ohne jeglichen operationalen Inhalt. Der „Nutzen“ in der Theorie entsteht durch die Wahl zwischen Alternativen; er existiert nicht als mögliches Wertsubjekt für die Allokation als solche. Ein Übergang von der grundlegenden Knappheitsparabel, in der objektiv meßbare Ressourcen bereitstehen, um alloziiert zu werden, zu einer Parabel, in der Nutzengewinne nur dann auftreten, wenn ein Bewertungsprozeß zu einem produktiven Aufwand führt, dessen negativer Nutzen von dem Nutzen übertroffen wird, den dieser Aufwand erbringt, würde eine Reformulierung der Grundlagen der ökonomischen Theorie erfordern. Die idealisierte Marktordnung würde den Wert maximieren, wie er von den Präferenzen der Teilnehmer bestimmt und von ihren Kapazitäten, Wert zu produzieren, begrenzt wird, aber nicht einmal konzeptionell könnte es ein „Maximierungskalkül“ unabhängig von den freiwilligen Wahlhandlungen der Teilnehmer selbst geben. Die intellektuelle Übung, die der Sozialismus beinhaltet, hätte niemals unternommen werden können.

In der Einleitung zu diesem Vortrag habe ich mich für die einfache Art meiner Argumentation entschuldigt. Folglich sollte ich an diesem Punkt nicht derart interpretiert werden, daß der grundlegende Fehler des sozialistischen Experiments, nämlich die versuchte Trennung von Produktion und Konsum, völlig vernachlässigt worden ist. Die Stärke dieses Arguments ist so alt wie die Verteidigung des Privateigentums durch Aristoteles, und das Problem der Anreizkompatibilität ist Gegenstand eines bedeutenden Forschungsprogramms in der modernen Wirtschaftswissenschaft. Ich möchte jedoch behaupten, daß jene, die früh zu dieser Analyse beigetragen haben, die Logik dieses Arguments nicht direkt auf das sozialistische Unternehmen ausgeweitet haben. Die Inkompatibilität der Anreizstruktur war kein zentrales Thema der sozialistischen Wirtschaftsrechnungsdebatte in den dreißiger Jahren.

Anreizstrukturen wurden in die moderne Wirtschaftswissenschaft durch die Theorien der Eigentumsrechte, der Bürokratie und des Unternehmers eingeführt. In allen diesen Fällen war die Analyse jedoch größtenteils, wenn nicht völlig, auf den institutionellen Vergleich innerhalb teilweise politisierter westlicher Ökonomien beschränkt. Armen Alchians frühe Arbeiten über die Ökonomie der Verfügungsrechte[6] führten ihn dazu, Voraussagen über beobachtbare Unterschiede zwischen Eigentümer- und Nichteigen-

6 Vgl. ALCHIAN (1977).

tümerinstitutionen zu machen, aber meines Wissens dehnte er die Diskussion nicht auf sozialistische Ökonomien aus, wie er es für Organisationsstrukturen tat. Die Pionieranstrengungen von Gordon Tullock, Anreizstrukturen zu benutzen, um moderne Bürokratien zu analysieren, waren in ihrer Anwendung auf die westlichen Länder beschränkt.[7] Israel Kirzners Hervorheben der unternehmerischen Komponente in jedem ökonomischen Verhalten kann als Anerkennung der Notwendigkeit der Verbindung von Produktion und Konsum interpretiert werden. Kirzner hat jedoch seine Kritik auf diejenigen Ökonomen gerichtet, die versucht haben, Marktstrukturen zu verstehen.[8] Meine eigene frühe Arbeit war von dem Bemühen motiviert, die Konzeption der Opportunitätskosten zu klären, und obgleich ich einen Abschnitt über sozialistische Wahl einbezogen habe, der als meinem Argument in diesem Vortrag vorausgehend verstanden werden könnte, hatte ich kein Gespür für die weitergehende Relevanz und Anwendbarkeit meiner eigenen Analyse[9]. Meines Wissens ist dieses Argument erst in einem kürzlich erschienen Artikel von di Pierro[10] direkt auf den Zusammenbruch des Sozialismus angewendet worden.[11]

VIII. Implikationen und Ausblicke

In meinem Verständnis ist die mutmaßliche motivierende Kraft für die sozialistische Transformation in der Verteilung zu suchen. Die Produktion wird vom Konsum getrennt, um

---

7 Vgl. TULLOCK (1965).

8 Vgl. KIRZNER (1973/1978).

9 Vgl. BUCHANAN (1969).

10 Vgl. di PIERRO (1990).

11 Die umgekehrte Form des Arguments wurde von CARENS (1981) präsentiert. Das bedeutet, daß die kritische Bedeutung moralischer Anreize für eine sozialistische Organisation erkannt wurde, aber immer noch innerhalb des Kontexts einer möglichen, wenn auch idealisierten Realisierung.

Verteilungsziele zu erreichen. Im Gegensatz dazu können Personen in einer idealisierten Marktwirtschaft, wenn sie wollen, den Anteil an ökonomischem Wert konsumieren, den sie produzieren. Jede Erhöhung des Konsumanteils über das Produzierte hinaus muß pari passu bedeuten, daß jemand anderer in dieser Ökonomie mehr produziert als er oder sie für den Konsum erhält.

Diese Interpretation legt nahe, daß es ein Spektrum gibt, entlang dessen der Sozialisierungsgrad einer Ökonomie konzeptuell gemessen werden kann. Am einen Ende gibt es die reine Marktwirtschaft ohne Trennung von Produktion und möglichem Konsum. An dem anderen Ende gibt es die reine oder totale Sozialisierung, wo der gesamte produzierte Wert in einen Pool gelegt wird, der gemeinsam zwischen allen Personen in diesem Kollektiv aufgeteilt wird. Die realen Volkswirtschaften befinden sich auf unterschiedlichen Punkten entlang dieses Spektrums. Die modernen Wohlfahrsstaaten, die zwangsweise große Anteile des produzierten Wertes an Personen transferieren, die wenig oder nichts produzieren, unterscheiden sich in gewisser Hinsicht nicht von sozialistischen Staaten, die erhöhte Konsumanteile als Anreize für die Produzenten bieten. In beiden Fällen wird ein Keil zwischen Produktion und Konsum getrieben, mit vorhersagbaren Verminderungen in der Produktion von Wert.

In der oben beschriebenen, höchst vereinfachten Büffel-Ökonomie sind sich der Wohlfahrtstransferstaat und der sozialistische Staat in allen wesentlichen Hinsichten ähnlich, da für die Produktionsanreize nur die Wertanteile wichtig sind, die die Produzenten behalten dürfen. In einer komplexen Ökonomie mit vielen letztendlichen Verwendungen von Wert mag es größere Unterschiede zwischen dem Betreiben eines Wohlfahrtstransferstaates und eines sozialistischen

Staates geben. Diese Unterschiede rühren natürlich aus der Tatsache, daß es in einer komplexen Ökonomie ein Allokationsproblem gibt, das in einem einfachen Ein-Gut-Modell nicht auftritt. Der Wohlfahrtstransferstaat kann so organisiert sein, daß er die direkte Lenkung der Produktion ohne politisches und bürokratisches Intervenieren in den Prozeß der Organisation durch den Markt überläßt. Demgegenüber kann der sozialistische Staat durch bürokratische Barrieren für die Marktkräfte charakterisiert werden. Folglich kann in jeder komparativen Bewertung des Wohlfahrtsstaates vorausgesagt werden, daß er bei jeder gegebenen Kluft zwischen Produktion und Konsum für einen etwas höheren Wert an ökonomischer Produktion sorgt als der Staat, der den Apparat der sozialistischen Organisation beibehält. Aber der grundlegende Charakter der Trennung von Produktion und Konsum ist beiden Organisationsformen gemeinsam.

Die politischen Ökonomien der westlichen Länder haben sich im Laufe dieses Jahrhunderts schrittweise zum sozialistischen Pol bewegt. Der Anteil des Gesamtprodukts, das von der Steuer vereinnahmt und größtenteils, wenn nicht völlig, für Verteilungszwecke ausgegeben wird, ist dramatisch angestiegen. Die Trennung zwischen Produktion und Konsum blieb unvollständig, aber sie wurde nichtsdestoweniger über jede Grenze früherer Voraussagen ausgedehnt. Diese politischen Ökonomien haben zum größten Teil und mit einigen Ausnahmen marktwirtschaftliche Strukturen für die Organisation der Produktion beibehalten. Kollektivistisch-sozialistische Organisationen als solche wurden meistens vermieden, und selbst dort, wo Experimente mit Nationalisierungen durchgefuhrt wurden, gab es im letzten Jahrzehnt eine Bewegung hin zur Entnationalisierung (Privatisierung). Für diese westlichen Ökonomien ist eine Bewegung zu einer sozialistischen Organisation kaum zu erwarten, aber gleichzeitig gibt es fast keine Aussichten für eine dramatische Verringerung der Größe des Transfersektors.

In jenen Ländern, die früh in diesem Jahrhundert das große sozialistische Experiment durchgeführt haben, ist eine politische und ökonomische Revolution eingetreten. Diese Revolution entzündete sich zu einem großen Teil an dem offensichtlichen Scheitern der sozialistischen Organisation, Wert zu produzieren, ein Scheitern, das zum einen dem Bemühen, die Produktion vom Konsum zu trennen, und zum anderen der Undurchführbarkeit autoritärer Allokation zuzuschreiben ist. Diese Länder befinden sich nun in Übergangsperioden mit unvorhersehbarem Ausgang. Für einige dieser Ökonomien existiert jedoch sicherlich die unvergleichliche Möglichkeit, sich näher als die westlichen Wohlfahrtsstaaten an dem Pol der Marktorganisation zu etablieren. Die „Last" des Wohlfahrtsstaates, die sich in dem komplizierten Zusammenspiel zwischen politischen und bürokratischen Interessengruppen im politischen Prozeß widerspiegelt, braucht nicht sofort als hervorstechendes Kennzeichen in den postsozialistischen Systemen aufzutreten. Je nachdem ob und in welchem Ausmaß die postsozialistischen Länder „die Gunst der Stunde nutzen" können, lassen sich für sie vergleichsweise unbeschränkte Entwicklungsperspektiven vorhersagen.

Als Schlußfolgerung möchte ich zur zentralen und sehr einfachen These meines Vortrags zurückkehren. Wenn den Individuen die Freiheit gegeben wird, Wert in der Erwartung zu produzieren, daß ihnen erlaubt ist, zu konsumieren, was sie herstellen, dann kann von ihnen erwartet werden, daß sie einen höheren Wert dessen, was auch immer sie wollen, produzieren als unter jedem anderen Arrangement.

Meine ganze Diskussion blieb auf die einfache Ökonomie dieses Problems beschränkt. Ich habe absichtlich jede Behandlung ethischer Überlegungen beiseite gelassen. Welche ethischen Ansprüche haben jene, die keinen Wert produzieren, gegenüber denjenigen, die solchen Wert schaffen? Die ökonomische Argumentation scheint klar genug, die ethische Frage dagegen bleibt für mich in Nebel gehüllt.

Literatur

ALCHIAN, Armen A.: *Economic Forces at Work,* Indianapolis (Liberty Press) 1977.

BUCHANAN, James M.: *Cost and Choice,* Chicago (Markham) 1969, Midway Reprint (University of Chicago Press) 1974.

CARENS, Joseph H.: *Equality, Moral Incentives and the Market,* Chicago (University of Chicago Press) 1981.

HAYEK, Friedrich A. von (ed.): *Collectivist Economic Planning. Critical Studies on the Possibilities of Socialism,* London (George Routledge & Sons) 1935.

HAYEK, Friedrich A. von: *Individualism and Economic Order,* Chicago (University of Chicago Press) 1948. Deutsche Übers.: *Individualismus und wirtschaftliche Ordnung,* Salzburg (W. Neugebauer) 2. erw. Aufl. 1976.

KIRZNER, Israel M.: *Competition and Entrepreneurship,* Chicago (University of Chicago Press) 1973. Deutsche Übers.: *Wettbewerb und Unternehmertum,* Walter Eucken Institut (Hrsg.), Wirtschaftswissenschaftliche und wirtschaftsrechtliche Untersuchungen 14, Tübingen (J. C. B. Mohr/Paul Siebeck) 1978.

MISES, Ludwig von: *Socialism* (1932) Indianapolis (Liberty Classics) 1981. Deutsches Original: *Die Gemeinwirtschaft. Untersuchungen über den Sozialismus,* 2. umgearbeitete Aufl. Jena (G. Fischer) 1932.

OLSON, Mancur: „Autocracy, Democracy, and Prosperity“, in: ZECKHAUSER, Richard (ed.): *Autocracy, Democracy and Prosperity,* Cambridge (MIT Press) 1990, pp. 131–157.

di PIERRO, Alberto: „Istituzioni e modelli produttivi“, in: *Politeia* 6 (1990) No. 18, pp. 4–6.

ROBBINS, Lionel: *The Nature and Significance of Economic Science,* London (Macmillan) 1932.

TULLOCK, Gordon: *The Politics of Bureaucracy,* Washington, D. C. (Public Affairs Press) 1965.

Consumption without Production: The Impossible Idyll of Socialisms[1]

by

James M. Buchanan

---

1 I am indebted to my collegue, Viktor Vanberg, for helpful comments.

I. Introduction

Social scientists, historians, and philosophers will devote years of research effort in attempts to explain why socialism failed so dramatically in the last decades of this century. Perhaps more productively, they will seek to explain and to understand why social scientists, and especially economists, did not predict such failure. Professor F. A. Hayek is one of the acknowledged few who both warned fellow scientists of socialism's fatal flaws and predicted the ultimate breakdown. It is appropriate, therefore, that in this 1992 Hayek lecture, I relate my argument to socialism's failure.

At the outset, I should acknowledge my own prior failure to examine more critically the basic structure of socialism. It is only in my search for understanding of the observed organizational failure that I have come to the realization that elementary relationships, perhaps too obvious to attract earlier attention, more or less insured the results we see. In this respect, I suggest that even those few critics, such as Hayek and Mises, who did sense socialism's eminent demise, tended to concentrate on features of structure that are unnecessarily complex, while overlooking the more basic flaw. Stress was placed on the potential for the exploitation of knowledge, which is, admittedly, an important source of difficulty, but which is, I suggest, not the most critical element in the socialist construction.

This element is the rupture of the nexus between production and consumption, a rupture that would have guaranteed socialism's failure, even in some imaginary world where knowledge might have been perfect. The incentive to produce value is missing in the idealized socialist construction, and thereby poverty is insured.

In one sense, the argument of this lecture is embarrassingly simple, so much so that I apologize in advance for the apparent insult to the intelligence of my audience. But, in some defense here, let me suggest that often the elementary verities are indeed overlooked precisely because they are so self-evident. And recall the fable where only the small boy really did see that the king had no clothes.

I shall proceed as follows: In Section II, I shall offer a summary sketch of the whole argument of the lecture. I then follow this summary with the presentation in Section III of an economic parable that is an alternative to that which informs the analysis of modern economists. The simplified and abstracted model of „an economy" requires no allocation, as such, and there is no evaluation, by anyone, as among separate goods and services in the ordinary sense. The model is designed, in part, to eliminate the market's role or function both in setting a value scale and in allocating resources. In Section IV the model is modified to allow for the introduction, first, of collectivism, second, of authoritarian control, and, third and finally, of rent extraction by those who control. Only in Sections V and VI do I shift discussion and analysis to more „realistic" models of economic interaction, in which evaluative, allocational, organizational, and distributional functions of regimes, whether market or hierarchy, must be compared and contrasted. In Section VII I discuss briefly some of the possible reasons why economists have neglected the elementary principle emphasized in the lecture. Finally, in Section VIII I examine some of the implications of the analysis for an understanding of both the „post-socialist" and the „nonsocialist" regimes emergent in the 1990s.

II. Consumption and Production

In Munich's Alte Pinakothek, there is a Breughel painting („Schlaraffenland") that depicts the eternal idyll of men who can think of worlds other than their own. Fat peasants lounge about and find their open mouths filled immediately with morsels of the finest foods. Consumption by everyone without production by anyone – this state of existence describes that which can be imagined but never realized. The myth of the fall jolts the dreamer into sobering reality; in order for anyone to consume, someone must produce. Only by the sweat of some brow does the food for Breughel's peasants come into being. The myth of Eden before the apple was eaten – the myth of nature's abundance – must be entirely exorcised from scientific thought if we are to understand man's many failures, as well as his successes, in attempts to better his own condition.

The source of socialism's failure is located precisely in the scientific error that allowed a divorce between production and consumption, a scientific error that is ultimately derivative from the flawed analytical parables of both classical and neoclassical economics. Both parables embody the presupposed reality of scarcity, of land in the strict classical setting, of resources more generally defined in the more sophisticated neoclassical alternative. And, as all economists are wont to remind us, scarcity makes choice necessary. Hence, some allocation of that which is scarce must be chosen, by someone, somehow, or by some process. And, as David Hume suggested, scarcity also opens up avenues for considerations of justice.

I submit that these familiar parables of scarcity have prompted scientific error because they allow analysts to forget the necessary linkage between production and consumption, a linkage that a more appropriate parable might have placed in full light. In some ultimate sense, we live in a world that is accurately described by neither „abundance" nor „scarcity". These two imagined states do not exhaust potential reality. We need go no further than biblical mythology. Abundance in the garden is not simply replaced by scarcity beyond the boundaries. Post-Eden man must produce that which he desires to consume, even to survive at all. A „choice" to produce is a „choice" to consume; and production does involve the allocation of „something" to „something" rather than to „something else". But the ordinary calculus of allocative choice that is familiar from the economists' models does not capture the elemental behavioral enterprise at all, and, indeed, distracts attention from common sense understanding. Ab initio, there is no glob of value to be allocated, no manna from heaven, nature, or anywhere else. Value must first be produced in order to exist, and the production of value of one sort does not imply the sacrifice of produced value of yet another sort, at least not in the standard meaning of these terms. As Jeremy Bentham implied, the calculus is one of pain *and* pleasure, and the pleasure of anticipated consumption is achieved only by the incurrence of pain. That which is avoided by not producing is the pain or disutility of effort rather than the sacrifice of some produced alternative that might have been consumed. Opportunity cost must be related to choice, and the cost of the choice to incur pain to produce value is measured by the pain itself, by the disutility of effort. This cost is captured only in some reckoning of the pleasure of pain avoidance.

Production takes place in real time, of course, and time itself does seem to have an objective limit. But time, as such, need not be the operative constraint on productive activity. Production of that which has value requires adjustment among many margins simultaneously, only one of which involves the time dimension that is objectively measurable. Physical exertion, time rates of action, carefulness in observation, alertness to environmental change, applied cause-effect reasoning, behavioral attitudes toward risk, personally expressed rates of discount – these seem to be only a few of the many possible attributes that enter into productive effort that cannot be reduced to the unidimensional measure of real time. Shifts along any of these, and other, behavioral margins will affect the measured value that emerges from productive effort.

As a producer-consumer, the individual may be modelled as maximizing utulity by adjusting along the several margins, but such an exercise is little more than a forced translation into economists' jargon. It may be nonetheless helpful to think of the individual-as-consumer motivating the individual-as-producer and to define a personalized equilibrium, of sorts, where the promised utility of that which is produced-to-be-consumed matches the promised disutility or pain of the production effort required to produce it, always at the appropriate margins.

This simple exercise in personal economics may be contrasted with a model in which the linkage between production and consumption does not exist. Consider a setting in which persons are expected to produce without consuming that which they produce, currently or in future time periods, either directly or indirectly. In the total absence of such linkage, why should any person produce value at all?

This sketch is perhaps sufficient to indicate the thrust of my simplistic argument in this lecture. But I shall try to make the structure of analysis more interesting to skeptics by outlining some details of an alternative parable to either the classical or neoclassical economic world-as-modelled.

III. The Parable of the Buffalo

In early America, the Plains Indians produced and consumed a single good: buffalo, which met all of their basic needs – food, clothing, shelter. (Reminder: This is a parable, not a history.) Neither buffalo nor land was scarce. But the buffalo did not convert themselves into directly consumable articles of food, clothing, and housing. These articles came into being only through a process of production that required effort embodying time, imagination, dexterity, strength, speed, and many other attributes. The final products, meat, hides, and fur, were „scarce“ in the sense that no one attained satiety. Any person would have preferred more product, provided that he or she was not required to produce it.

The family was the economic unit in this society, and we assume that the advantages of specialization were internal to the family producing-consuming unit. We assume, further, that each family, along with all of its members, respected the „rights“ of other families to the product values, in varying form, that had been produced but not yet consumed.

In this imagined economy, each family would extend its productive effort, as described in the several dimensions of adjustment noted above, to the point at which the expected positive value in consumption equals the expected negative value involved in further production. In the language of economists, we can say that each family attained a position that could be classified to be „efficient“. But note that there is no meaning of the term „efficiency“ as applied to any unit larger than the single family. There is no interdependence; each family produces that which it consumes. And there is no aggregative or overall „resource“ capacity that is „allocated“. Similarly, there is no interfamily set of „prices“, even shadow prices, that may be compared, one with another.

In this imagined world, families would, of course, be predicted to differ both in their relative preferences for produced goods and effort avoidance and in their relative capacities to convert effort into produced goods. The „society“ including many families would not be characterized by equality either in observed outlay of effort (including time) or in production-consumption of buffalo in its finally used form.

IV. Collective Production, Communal Consumption, and Authoritarian Allocation

Remain within the basic parable of the buffalo and suppose that members of the inclusive buffalo producing-consuming society observe the inequalities among the constituent families. Suppose, further, that all of the many families agree to collectivize production by placing all that is produced in a single common depot, from which each family is to get back an equal share (per person). Each family is now expected to exert effort to produce buffalo, as before, but that which is produced is now for common rather than own consumption. Production and consumption are now separate rather than simultaneous choices.

The predicted results are familiar. A family will attain personal equilibrium in its productive activity when the disutility associated with extended effort matches the value that it places on its proportionate share in the consumption of that which is produced plus whatever value that might be placed on the consumption of others in the inclusive society. If there are *N* families in the society, the producing family's own share in that which it produces is only *1/N*. Unless the family values the consumption of others equally with its own, it will attain production equilibrium at some lesser input of effort along all of the dimensions of input adjustment. Each family will produce a lower value of product than it produced in the autarkic setting before the production and consumption decisions were divorced.

In its consumption choices, each family will move quickly to the limit allowed by the equal sharing rule, and, at this level of consumption, each family will seek, if at all possible, to extend its own consumption, at the expense of other families if possible. A lower value of product will be produced and consumed in the inclusive society, and the product that is produced will be of a quality that is inferior to that previously generated. Further, each family will find itself dissatisfied with its share of that which is produced.

Note that this result will tend to emerge even in the setting where all families, initially, might have agreed on the collectivization of production and the equal sharing of that which is produced. The basic organizational change will have succeeded in its presumed objective of equalizing consumption of produced goods as among the separate families in the society. But the overall quantity and quality of production and consumption will be lower, perhaps substantially lower, than in the private property regime. Productive effort will not, however, be equalized after the regime change examined here, and the disparities in effort as among the separate families may be increased rather than decreased by the collectivization of production. Those families that are more productive in converting effort into output and those that suffer less disutility from any outlay of effort will find that they place higher values of product into the common depot than they are allowed to take out. And those families that are less productive and those that are less willing to endure the disutility of effort will find that they take out more than they contribute to the common pool. The first group, which we may call the *net producers,* will consider themselves to be exploited by the second group, which we can call the *net consumers.* And the sense of unfairness generated among members of the first group will tend to alter the equilibrium adjustment toward lowered rates of production and lowered quality standards.

The failures of „pure“ socialism, in the form described, will seem evident to everyone, and the next stage of „reform“ must involve the assignment of authority to some agent who will be empowered to set production quotas and to modify consumption shares. In some idealized omniscience, the agent might assign to each family in its capacity as a producing unit a quota that is the same as that which might have been observed under the autarkic equilibrium adjustment. In this idealized setting, full equalization in consumption might be achieved without sacrifice of production; the producing units would be coerced into supplying effort over and beyond that which they would voluntarily choose to supply.

In practice, however, there is no way that even the most benevolent agent might find out just what the personalized equilibria of producing units might have been under the earlier regime. At best, productive effort can be monitored only along the objectively measurable dimensions of adjustment. As noted, hours or days spent in supplying work seem to be objective units, but these involve only one of the many dimensions of productive effort. The agent can assign working times to persons and families, but there seems to be no way that adjustments along the other dimensions can be brought under the agent's control. Forced out of the preferred level of effort, the producer surely will pay less attention to quality. At best, the authority who is empowered to assign production quotas can increase output in the society somewhat above that level attained under „pure" socialism. But total product will remain well below that observed in the autarkic private property model, and the quality of produced goods will be inferior.

The next stage in „reform" will involve some relaxation of the equal sharing rule for consumption. Even the most benevolent agent will recognize that total production in the society can be increased if the net producers are given shares in consumption in some positive relationship to shares in production. Such reform may take shape by allowing all producing units to retain, for their own usage, some specified share of the value that is produced. Each producing unit may, for illustration, be allowed to retain one-half of the value its effort generates, with only the remaining one-half allocated to the common depot for subsequent sharing along all units in the society.

Such a modification in the incentive structure will restore, to the extent measured by the relevant share, the nexus between production and consumption, and the change can be predicted to increase, and perhaps dramatically, the size of the total value of product along with the quality of output. Such a partial restoration of the nexus cannot, however, be predicted to return production to that level that would have been attained under autarkic production-consumption in this parable. The partial socialization of the economic process will have directionally predictable results. And, of course, the effects on total product value will be directly related to the size of the socialization-privatization ratio. A society that socializes one-half of its value produced will produce less than a society that socializes one-fourth.[2]

The collectivization-socialization process, whether this be total or partial, requires the establishment and continuing operation of an authority that is empowered to act to set production targets and/or quotas, if desired, and to police whatever consumption sharing arrangements are chosen. Only in the setting where production and consumption are strictly tied together, the autarkic model of this parable, is the authority strictly limited to a protective role. To this point, I have assumed that the allocative-distributive authority is benevolent in the sense that it acts exclusively as an agent for the members of the society and behaves in such fashion as to exhibit no interests of its own. Even in this limit, of course, persons who act in such positions must themselves receive consumption shares, thereby inserting a bureaucratic wedge, of sorts, between total value generated and value returned to ordinary persons in the society.

The assumption of benevolence in the part of those in positions of authority cannot be sustained. These persons will have their own economic interests, and their positions will be such as to allow these interests to be furthered without directly related checks. It becomes relatively easy for persons charged with allocative and distributive authority, even in the confines of the simple buffalo parable here, to exact rents from the economy, rents over and beyond those con-

2 Some economists may suggest that a larger product may be forthcoming when producers are allowed to retain less than the total value produced because of the possible presence of a strong income effect that may offset a substitution effect. This logic is, however, inapplicable here because, for the society as a whole, the income effects are canceling. The return of the socialized share of value, in any sharing arrangement, insures that, in net, only a substitution effect remains.

sumption shares that would measure their alternative contributions to production. The bureaucratic rents will insure that the rupture between production and consumption is larger than that indicated directly by the share in product devoted to communal purposes. As a partial offset to this effect, the control authority will have an all-encompassing interest in promoting the highest possible production, because such authority becomes a residual claimant of sorts.[3]

I have gone to some length to show why and how socialism, whether total or partial, would fail in the overly simplified economy modelled in the parable of the buffalo. I have extended the discussion for the purpose of suggesting that even in the absence of allocative and evaluation problems of the standard sort any attempted separation of the production and consumption choices creates value shortfalls by comparison with the setting in which these choices merge into one.

V. From the Simple to the Complex Economy: Production and Consumption in Market Exchange

It is a relatively straightforward procedure to shift from the simple parable of the one-good buffalo economy under autarkic organization toward a complex exchange economy characterized by input specialization, many final goods, and an operative market structure in which exchanges are facilitated by a set of prices defined in terms of a numeraire. For my purpose, the important point of note is that this conjectural shift from a simple to a complex economy may be

---

[3] On this point see OLSON (1990).

effected without any rupture in the production-consumption nexus. The individual production of one good followed by exchange for a numeraire good that is, in turn, exchanged for units of some finally desired good becomes a process through which the individual indirectly produces the final items of consumption. Nor is the nexus broken when a person or family sells its productive input services for money wages which are utilized, in turn, to purchase final end items in other markets. Despite the apparent circuitousness of the process, participating individuals fully understand that, in making choices to offer inputs to the market, they are indirectly producing the consumption services that they desire. Adam Smith's butcher produces the meat that we desire out of his own interest, as an ultimate consumer of other goods.

The science of economics, commencing with Adam Smith, is that body of analysis that provides the understanding of how the complex network of market interdependence operates so as to maintain the production-consumption linkage while at the same time achieving the coordination among the separated individual choices that is required to generate the maximum value of total product, as determined by the preferences of those who participate in the process.

How does „the market", which necessarily places separate producing-consuming units in positions of mutual dependence, achieve a result that is analogous to that achieved only in fully autarkic independence in the simple buffalo economy sketched out in Sections III and IV? As economists (and perhaps only economists) know, these results emerge without the operation of any consciously registered allocative or evaluative choices on the part of anyone. „The market", as an organizational structure, exploits the separated, and independent, choices made by individuals and groups, in many input and output exchange processes, in such a way that an allocation of productive effort among many possible uses is made, and that a value scale, represented by a set of input and output prices, is established, a scale that, in turn, allows disparate bundles of goods to be compared, one with another.

As in the one-good economy, individuals attain their own equilibria when the disutility of production effort at the margin matches the promised utility of that which such effort produces, and these equilibria can be labeled to be „efficient" in some meaningful sense. Because of the interdependence of separate individuals through the network of markets here, however, the term „efficiency" can also be applied to the whole structure of results, provided care is taken to avoid the confusion generated by some presupposition that there exists some „scarce" resource to be allocated independently of individuals' actions in production. To the extent that there may exist gains from further exchanges, some persons have not attained their own personalized equilibria, and, as a consequence, the overall results may properly be labeled to be „inefficient".

In the idealized workings of the complex exchange economy, with many goods produced by highly specialized inputs, individuals and families would be predicted to differ both as to preferences between productive effort and value produced and as to rates at which valued output can be generated from productive inputs. The interdependent market economy will be characterized by observed inequalities both in effort supplied and in rates of consumption of final goods.

VI. Collective Production, Communal Consumption, and Authoritarian Allocation in a Complex Economy

Let us now suppose that the observed inequalities prompt a revolution in the economic regime and that the complex market economy is replaced by a full-fledged socialist order. (The presence or absence of a consensus in support of such a revolutionary change is not relevant to the analysis here.) Production is collectivized in the sense that all of the value generated is collected into a common depot from which equal consumption shares are assigned to all participants in the society. As was the case in the one-good economy examined earlier, individuals (families) as producers will no longer have an incentive to supply effort, whereas individuals as consumers will seek to increase their aliquot share beyond the limits assigned. An authority empowered to assign production quotas and to enforce consumption share limits will be necessary. But whereas the task of such an authority may have seemed large even in the simple one-good setting, here the task is enormously increased by comparison. Producing units must not only be assigned rates of input supply, they must also be assigned to this or that productive process or „industry". Persons must be directed to work in the brewery, on the wheat farm, or in the steel factory. And the making of any such assignment among the many possible uses of productive effort, even as monitored, requires the presence of some value scale that will allow trade-offs to be made as among the different end items. Is the additional wheat that might be produced by a shift of inputs from steel production „worth" the loss of steel production involved in the shift?

The early critics of socialist central planning, and notably Mises and Hayek, were clearly on target in their emphasis on the magnitude of the task that any putative planning authority must face in any economy that involves many goods. And the stress on the informational-knowledge requirements necessary to accomplish any results, even to a tolerable degree of „efficiency", was well placed. Further, the dramatic contrast drawn between the market's unique ability to exploit information through the voluntary choices of individuals in an interlinked network of exchanges and any bureaucratic authority's effort to achieve comparable results should have been (but was not) convincing to everyone. In the absence of a value scale emergent from the choices of individuals as producers-consumers in a market order, the allocative choices made by any authority must be, to some degree, arbitrary. As a result, the bundle of goods finally produced fails to correspond with that bundle that persons might have preferred. That value which is produced in such an economy and becomes finally available for consumption is not directly related to that which might have been desired by those who actually do the producing, under the coercion of the authority. The allocative „distortion" acts to drive a further wedge between production and consumption, over and beyond that which is represented by the mere separation of production and consumption choices, along with the extraction of bureaucratic rents.

The task that faces the authoritarian agent in a complex economy is incomparably more difficult than that which might be faced in a simple economy, and, indeed, so difficult that it may be considered to be impossible. For this very reason, however, once the socialist order is politically emplaced, the potential for the extraction of bureaucratic rents is enhanced. Because it is called upon to do so much more, the bureaucracy must be larger, and must claim a larger share of rent, even if it remains totally benevolent. And the enormous expansion in the dimensions of allocative control create like expansion in the opportunities for rent extraction by those agents who use office to further their own economic interests. In sum, we can say that the distributive, allocative, and bureaucratic sources of the separation between production and consumption become increasingly constraining as the economy grows more complex.

VII. Sources of Scientific Distraction

My purpose in Section V, above, was not to show how a complex economy functions under a set of market arrangements, and my purpose in Section VI was not to show why any attempted socialist organization of such an economy must fail. My purpose was, instead, to suggest that concentration both on the positive analysis of the workings of a complex market economy, with normative overtones, and on the potential disastrous consequences of any attempted collectivization of such economies may have acted to distract attention from the most basic element in the whole socialist experiment, the attempt to divorce the production from the consumption of economic value. The ultimate sources of this relative oversight may be located in the parables of resource scarcity that are foundational in both classical and neoclassical economic theory.

My point here can be demonstrated by accepting, for purposes of argument, and working within one simplified version of the scarcity parable. Suppose that there does, indeed, exist a scarce resource, in the usual sense, a glob of potential „capacity", from which may be generated a whole set of desired end items of consumption goods and services, but a set that is not sufficient to satiate persons in the relevant group. This resource exists, as potential capacity; it does not require production. The „function" of the economic process or economic order is to allocate this scarce resource among alternative end uses. We are squarely inside the classic Robbins' definition of what „the economic problem" is.[4]

Relevant and useful economic analysis can be brought to bear which will suggest that the assignment of separate ownership shares in the scarce resource to many persons, along with the liberty to organize processes that convert the resource into end items of consumption, and the liberty of entering into voluntary exchanges, will generate allocative results that maximize the value of the scarce resource in terms of the preferences of the economy's participants. This sentence summarizes the neoclassical paradigm, which I presume is cleansed of all its peripherally discovered „failures", which are, in any case, unrelated to my discussion.

Assume now that a socialist transformation is implemented. The scarce resource is placed under collective ownership and control, and a planning authority is assigned the task of allocating the resource among uses and of organizing the conversion processes. I submit here that it was within this paradigm that Mises and Hayek mounted their criticism of socialism, a criticism that did, indeed, demonstrate the infeasibility of the socialist effort, and which based such a demonstration on the relative superiority of market arrangements in utilizing information available to individuals throughout the economy. That is to say, Mises and Hayek argued that, even if no production of the source of economic value is required, socialism fails as an allocative mechanism relative to the market, provided only that the ultimate objective is the satisfaction of the preferences of members of the economy.

---

4 See ROBBINS (1932).

Within its limits, this argument is now acknowledged to have been successful, despite its failure to gain early acceptance. What was overlooked, however, was the central socialist element, the separation of the production of value from its consumption. We must ask, and try to answer, the question: Why did economists fail to understand that value must first be produced before it can be allocated?

I suggest that one answer may be identified in economists' failure fully to escape from the classical notion that value is embodied in objectively observable „things", and conceptually separate from the evaluation process that takes place within the consciousness of persons. In other words, the dimensionality of economic value is considered to be objective rather than subjective. Persons exchange „commodities for commodities", as embodiments of objectified value, rather than anticipated utilities. In part, economists' reluctance to incorporate the utility dimension fully in their formal structure of analysis stems from their desire to apply the readily available mathematical logic of the calculus. A scarce resource, objectively measured, can be „allocated", and the simple principle of maximization can be used readily. But do we not also observe this principle being extended to utility, with much of formal theory couched in terms of utility maximization? As economists all recognize, however, utility as employed in such exercises has no independent objectifiable existence; it is merely a term meaning „that which is maximized", and with no operational content. The „utility" of theory comes into being with choices among alternatives; it does not exist as a potential value subject to allocation, as such. A shift from the basic scarcity parable, in which objectively measurable resources are available to be allocated, to a parable in which utility gains emerge only when, as, and if some evaluation process prompts productive effort, the disutility of which is overmatched by the utility value of that which such effort brings forth, would require a reformulation of the foundations of economic theory. The idealized market order would maximize value, as determined by the preferences of participants, and as constrained by the capacities of participants to produce values, but, even conceptually, there could be no „calculus of maximization“ independently of the voluntary choices made by participants themselves. The intellectual exercise that socialism embodies could never have been undertaken.

In the introduction to this lecture, I apologized for the elementary nature of the whole argument. Hence, I should not be interpreted at this point to suggest that the basic flaw in the socialist experiment, the attempted divorce of production from consumption, has been totally neglected. The thrust of the argument is as old as Aristotle's defense of private property, and incentive compatibility is an important research programm in modern economics. I do suggest, however, that those who have made early contributions to analysis here have not directly extended the argument's logic to the socialist enterprise. The incompatibility of the incentive structure was not a central feature of the socialist calculation debates of the 1930s.

Incentive structure entered modern economics by way of the theories of property rights, bureaucracy, and entrepreneurship. In each case, however, the analysis was largely, if not wholly, limited to institutional comparison within the partially politicized Western-style economies. Armen Alchian's early work on the economics of property rights[5] led him to advance predictions about observable differences between proprietary and nonproprietary institutions, but he did not, to my knowledge, extend discussion to socialist eco-

5 ALCHIAN (1977).

nomies, as inclusive organizational structures. Gordon Tullock's pioneering effort to use incentive structures to analyze modern bureaucracies was limited in application to Western countries.[6] Israel Kirzner's emphasis on the entrepreneurial component in all economic behavior can be interpreted to embody a recognition of the necessary production-consumption nexus. However, Kirzner directed his criticism at the economists who sought to understand market structures.[7] My own early work was motivated by a concern to clarify the notion of opportunity cost, and although I did include a section on socialist choice that may now be interpreted as precursory to my argument in this lecture, I did not sense extended relevance and applicability of my own analysis.[8] To my knowledge, only in a short recently published paper by di Pierro[9] has the argument been applied directly to the collapse of socialism.[10]

VIII. Implications and Prospects

In my interpretation the presumed motive force for socialist transformation is distributional. Production is separated from consumption in order to achieve distributional objectives. By contrast, in an idealized market structure, persons, if they so choose, may consume that share in economic value that they produce. Any increase in a consumption share beyond that which is produced must, *pari passu,* imply

---

6 TULLOCK (1965).

7 KIRZNER (1973).

8 BUCHANAN (1969).

9 di PIERRO (1990).

10 The inverse form of the argument was presented by CARENS (1981). That is, the critical importance of moral incentives for the efficacy of socialist organization was recognized, but still within the context of potential, even if idealized realization.

that someone else in the economy produces more value than he or she retains for consumption.

This interpretation suggests that there is a spectrum along which the socialization of an economy may be conceptually measured. At the one extreme, there is the pure market economy, with no separation between production and potential consumption. At the opposing limit, there is pure or total socialization, where all value that is produced is placed in a pool for common sharing among all persons in the collectivity. Real world economies are located variously along this spectrum. The modern welfare states, which coercively transfer large shares of produced value to persons who produce little or nothing, are not different, in kind, from socialist states that offer enhanced consumption shares as incentives to producers. In both cases, a wedge is driven between production and consumption, with predictable shortfalls in value generation.

In the highly simplified buffalo economy described above, the welfare-transfer state and the socialist state are essentially similar in all respects, since all that matters for productive incentives are the shares of value that producers are allowed to retain. In a complex economy with many end uses of value, there may be major differences between the operation of the welfare-transfer state and the socialist state. These differences stem, of course, from the fact that, in a complex economy, there does exist an allocation problem that is not present in the simple one-good model. The welfare-transfer state may be organized so as to allow market organization to direct production without political or bureaucratic intervention in the process. By contrast, the socialist state may be characterized by bureaucratic barriers to market forces. As a consequence, in any comparative evaluation the welfare-transfer state can be predicted to secure a somewhat higher value of economic product, for any given size wedge between production and consumption, than the state that retains the apparatus of socialist organization. But the basic feature that separates production from consumption remains common to the two organizational structures.

The political economies of Western countries have been transformed gradually over the course of this century toward the socialist pole. The share of total value taken in taxation, largely if not wholly for distributional purpose, has increased dramatically. The separation between production and potential consumption has been less than total, but, nonetheless, has been extended beyond any limits of earlier predictions. For the most part and with some exceptions, these political economies have retained market structures for the organization of production; collectivist-socialist organization, as such, has been avoided in most settings, and even where experiments in nationalization have been carried out there has been a movement toward denationalization (privatization) in the most recent decade. For these Western economies, there seems little prospect for movement toward socialist organization, but, at the same time, there seems almost no prospect for any dramatic reduction in the size of the transfer sector.

Political and economic revolution has occurred in those countries that carried out the grand socialist experiments early in the century. This revolution was sparked in large part by the demonstrable failure of socialist organization to produce economic value, a failure that seems attributable, first, to the effort to separate production from consumption, and, second, to the infeasibility of authoritarian allocation. These countries are now in periods of transition, with unpredictable prospects. For some of these economies, however, there surely exists the unparalleled opportunity to locate closer to the pole of market organization than those positions that describe Western welfare states. The „baggage“ of the welfare state, reflected through the complex interplay of client and bureaucratic pressure groups on the political process, need not emerge to prominence immediately in the post-socialist settings. If, and to the extent that, post-socialist countries can „seize the day“, we can predict that their prospects for development are relatively unlimited.

In conclusion, I return to the central, and very elementary, point of the lecture. If individuals are allowed the liberty to produce value in the expectation that they are, themselves, to be allowed to consume that which they produce, they can surely be predicted to produce a higher value of whatever it is that they may want than in any other setting.

My whole discussion has been restricted to the simple economics of the matter. I have deliberately left aside any treatment of ethical considerations. What ethical claims do those who produce no value have on those who do produce such value? The economics seems clear enough, the ethics remain, for me, shrouded in mist.

References

ALCHIAN, Armen A.: *Economic Forces at Work,* Indianapolis (Liberty Press) 1977.

BUCHANAN, James M.: *Cost and Choice,* Chicago (Markham) 1969, Midway Reprint (University of Chicago Press) 1974.

CARENS, Joseph H.: *Equality, Moral Incentives and the Market,* Chicago (University of Chicago Press) 1981.

HAYEK, Friedrich A. von (ed.): *Collectivist Economic Planning. Critical Studies on the Possibilities of Socialism,* London (George Routledge & Sons) 1935.

HAYEK, Friedrich A. von: *Individualism and Economic Order,* Chicago (University of Chicago Press) 1948.

KIRZNER, Israel M.: *Competition and Entrepreneurship,* Chicago (University of Chicago Press) 1973.

MISES, Ludwig von: *Socialism* (1932) Indianapolis (Liberty Classics, Liberty Press) 1981.

OLSON, Mancur: „Autocracy, Democracy, and Prosperity“, in: ZECKHAUSER, Richard (ed.): *Autocracy, Democracy and Prosperity,* Cambridge (MIT Press) 1990, p. 131 – 157.

di PIERRO, Alberto: „Istituzioni e modelli produttivi“, in: *Politeia* 6 (1990) No. 18, 4 – 6.

ROBBINS, Lionel: *The Nature and Significance of Economic Science,* London (Macmillan) 1932.

TULLOCK, Gordon: *The Politics of Bureaucracy,* Washington, D. C. (Public Affairs Press) 1965.

Organisationen in spontanen Ordnungen*

von

Ernst-Joachim Mestmäcker

---

* Erweiterte Fassung der Friedrich A. von Hayek-Vorlesung vom 14. Mai 1991.

Einleitung

Im Denken *Friedrich v. Hayeks* nimmt der Gegensatz von Ordnung durch Organisation und spontanen Ordnungen einen zentralen Platz ein. Es handelt sich zugleich um den Teil der Hayekschen Gesellschaftstheorie, dem für das Verhältnis von Staat, Recht und Wirtschaftsordnung die größte Bedeutung zukommt. Hier wie sonst steht die Frage im Mittelpunkt, wie es möglich ist, in einer Gesellschaft, in der individuelle Handlungsfreiheit besteht, eigene Pläne zu verwirklichen und zugleich zu einer Gesamtordnung beizutragen, die dadurch gekennzeichnet ist, daß sie alle Beteiligten instand setzt, mehr Wissen zu nutzen, als jeder für sich haben kann. Ein konstituierendes Element solcher spontanen Ordnungen ist das Handeln nach Regeln. Deren wichtigster Teil sind die Regeln gerechten Verhaltens. *Hayek* definiert diesen Teil des Rechts wie folgt:

> „Das Recht besteht aus zweckunabhängigen Regeln, die das Verhalten der einzelnen zueinander leiten, zur Anwendung auf eine unbekannte Anzahl weiterer Fälle bestimmt sind und durch die Abgrenzung eines geschützten Bereichs für jeden die Entstehung einer Ordnung der Handlungen ermöglicht, in der die Individuen durchführbare Pläne machen können.“[1]

Den Gegensatz bildet eine Ordnung, in der die Teile nach einem vorgefaßten Plan zueinander in Beziehung gebracht werden. Dies ist das Kennzeichen der Organisation[2].

---

1 *F. A. v. Hayek*, Recht, Gesetzgebung und Freiheit, Eine neue Darstellung der liberalen Prinzipien der Gerechtigkeit und der politischen Ökonomie, Bd. I: Regeln und Ordnung, 1980, S. 121.

2 *F. A. v. Hayek*, Arten der Ordnung, in: *ders.*, Freiburger Studien, 1969, (Walter Eucken Institut, Wirtschaftswissenschaftliche und wirtschaftsrechtliche Untersuchungen Nr. 5), S. 32 – 46 (S. 34).

Die Regeln in spontanen Ordnungen müssen unabhängig von den individuellen Zwecken sein, weil es darum geht, das Handeln von Individuen zu koordinieren, die verschiedene und häufig entgegengesetzte Zwecke verfolgen. Sie leiten das Verhalten der einzelnen zueinander, indem sie aus Erfahrung gewonnene Erwartungen schützen oder enttäuschen. Sie müssen auf eine unbestimmte Zahl anderer Fälle anwendbar sein, weil sie nur so zur Stabilisierung von rechtlich geschützten Erwartungen beitragen können und willkürliche Entscheidungen im Einzelfall ausschließen. Die Abgrenzung eines geschützten Bereichs für jeden ist die Aufgabe der Eigentumsordnung. Sie gewährleistet für den Rechtsinhaber die Befugnis, seine Vermögensrechte unter Ausschluß Dritter zu nutzen und frei über sie zu verfügen. Dies ist der Grund, aus dem spontane Ordnungen ohne „property rights" nicht möglich sind.

Regeln gerechten Verhaltens werden in Auseinandersetzung mit Konflikten in einer unübersehbar großen Zahl von Fällen weiterentwickelt. Der Richter entscheidet aufgrund der Tatsachen, die den Parteien bekannt waren, welche Erwartungen in der gegebenen Ordnung berechtigt oder unberechtigt waren. Er entscheidet damit jedoch zugleich über die Weiterentwicklung der für die Ordnung kennzeichnenden allgemeinen Regeln. Diese Regeln gerechten Verhaltens, die zur Konstitution spontaner Ordnungen gehören, sind im Kern die Regeln des Privatrechts, des Strafrechts sowie die justiziablen Normen des Wettbewerbs- und Kartellrechts.

Spontane Ordnungen und Organisationen bestehen nicht unabhängig voneinander. Spontane Ordnungen setzen den Staat, wenn auch einen auf ganz bestimmte Aufgaben beschränkten Staat, voraus. Auch gehören Organisationen, insbesondere Unternehmen und Verbände, zu den wichtigsten Akteuren in marktwirtschaftlichen Ordnungen. Im Gegensatz zu Organisationen ist aber spontanen Ordnungen eine bestimmte Hierarchie von Zwecken ebenso fremd wie die Gewährleistung bestimmter Ergebnisse zugunsten oder zu Lasten von identifizierten Personen oder Personengruppen[3]. Organisationen beruhen mithin auf Prinzipien, die mit spontanen Ordnungen in wichtigen Beziehungen unvereinbar sind. Sie werden gegründet, um bestimmte Ziele mit bestimmten Mitteln zu verwirklichen. Zwar sind sie für die Verwirklichung ihrer Ziele gleichfalls auf Regeln angewiesen, aber im Innenverhältnis handelt es sich in der Formulierung *Hayeks* um „Regeln für die Durchführung zugewiesener Aufgaben". Die Stellung der einzelnen werde in einer festen Struktur durch Befehl bestimmt. Inwieweit die Angehörigen einer Organisation eigenes Wissen nutzen dürften, hänge von den Zwecken und der Binnenstruktur ab. Jedenfalls sei die zugelassene Nutzung von Wissen auf Organisationswissen reduziert.

Mit spontanen Ordnungen seien Organisationen deshalb nur vereinbar, solange sie auf dem Prinzip der Freiwilligkeit beruhten, in einer freien Umwelt operierten und gezwungen seien, sich an veränderte Umstände anzupassen oder unterzugehen[4]. Aber *v. Hayek* läßt keinen Zweifel daran, daß er Organisationen für gefährlich hält:

„Wir sind nicht weit davon entfernt, daß die bewußt organisierten Kräfte der Gesellschaft jene spontanen Kräfte zerstören können, die den Fortschritt möglich machten."[5]

---

[3] Umfassend hierzu insbesondere *F. A. v. Hayek*, Grundsätze einer liberalen Gesellschaftsordnung, in: *ders.*, Freiburger Studien (vgl. Fn. 2), S. 108–125 (S. 112). Aus dem Schrifttum zu v. Hayek siehe *V. Vanberg*, Markt und Organisation, 1982, S. 104 ff.

[4] *F. A. v. Hayek*, Die Verfassung der Freiheit, 2. Aufl. 1983 (Walter Eucken Institut, Wirtschaftswissenschaftliche und wirtschaftsrechtliche Untersuchungen Nr. 7), S. 47.

[5] Ebd., S. 48.

I. Organisierte Wirtschaftsordnungen

Das Spannungsverhältnis zwischen Organisation und spontanen Ordnungen erscheint zunächst überraschend, weil spontane Ordnungen auf dem Prinzip der Arbeitsteilung beruhen. Das gilt für arbeitsteilig erworbenes Wissen ebenso wie für die Entscheidung über die effizienteste Kombination von Produktionsfaktoren. Dem Prinzip der Arbeitsteilung selbst liegt aber das der Organisation zugrunde. Es ist, wie *v. Hayek* wiederholt hervorhebt, eines der mächtigsten Instrumente, das der menschlichen Vernunft zur Verfügung steht[6]. Es findet jedoch seine Grenze an den Eigengesetzlichkeiten spontaner Ordnungen. Diese beruhen auf einem dauernden Prozeß der Selektion, der durch Markt und Wettbewerb gekennzeichnet ist.

Die exakt entgegengesetzte Argumentation findet sich bei *Marx* und *Engels*. Das gilt zunächst für deren Kritik des kapitalistischen Wirtschafts- und Rechtssystems; es gilt aber ebenso – und darauf kommt es in diesem Zusammenhang an – für die Rationalität, die für die Produktion in der sozialistischen Gesellschaft bestimmend sein soll. *Marx* und *Engels* unterscheiden die technische und betriebliche Rationalität der Manufaktur von der Anarchie auf den Märkten. Dieser Widerspruch, so hat es *Friedrich Engels* formuliert, reproduziere sich als Gegensatz zwischen der Organisation der Produktion in der einzelnen Fabrik und der Anarchie der Produktion in der ganzen Gesellschaft[7]. Er werde jedoch aufgehoben, wenn die Gesellschaft den Besitz an den Produktionsmitteln ergreife. Das hier maßgebliche Prinzip sei das der Organisation. Wörtlich heißt es:

---

6 Ebd., S. 47.

7 *Friedrich Engels*, Herrn Eugen Dührings Umwälzung der Wissenschaft („Anti-Dühring"), in: *Karl Marx, Friedrich Engels*, Werke Bd. XX, Berlin 1962, S. 255.

„Die Anarchie innerhalb der gesellschaftlichen Produktion wird ersetzt durch planmäßige, bewußte Organisation."[8]

Es handelt sich dabei um Gedanken, die *Karl Marx* in ähnlicher Weise anhand der Aktiengesellschaft entwickelt hat.

„In den Aktiengesellschaften", heißt es bei ihm, „ist die Funktion getrennt vom Kapitaleigentum – es ist das Resultat der höchsten Entwicklung der kapitalistischen Produktion, ein notwendiger Durchgangspunkt, Zurückverwandlung des Kapitals in Eigentum der Produzenten, aber nicht mehr als Privateigentum unmittelbarer Produzenten, sondern als das Eigentum ihrer als Assoziierter, als unmittelbares Gesellschaftseigentum."[9]

Damit wird vorausgesetzt, daß es zur Aufgabe der Gesellschaft wird, die Produktionsmittel in eigener Zuständigkeit zu lenken. Die Planmäßigkeit aller Wirtschaftstätigkeit gilt seither als Kennzeichen ihrer Rationalität. Die Bedeutung, die dieser Art der Rationalität beigemessen wird, reicht jedoch über das Ökonomische und das Rechtliche hinaus. *Marx* sah in ihr zugleich eine Voraussetzung für die Überwindung eines sich verdinglichenden Systems. In den sozialistischen Staaten hat das Bestreben, Rationalität und Humanität durch Organisation zu verwirklichen, zum verfassungsrechlich normierten Grundsatz der „Planung und Lenkung der Volkswirtschaft sowie aller anderen gesellschaftlichen Bereiche" geführt (Art. 9 Abs. 3 DDR-Verfassung). Das heute vor aller Augen liegende Ergebnis dieses Vorhabens hat *v. Hayek* wie folgt gekennzeichnet:

---

8 Ebd., S. 264.

9 *Karl Marx*, Das Kapital, in: *Marx/Engels*, Werke, Bd. XXV, S. 453.

„Sollte es jemand jemals gelingen, eine solche Gesellschaft vollständig zu organisieren, dann würde sie nicht mehr von vielen Geistern Gebrauch machen, sondern völlig von einem einzigen Geist abhängen. Sie würde gewiß nicht sehr komplex, sondern außerordentlich primitiv sein."[10]

Die rechtlichen Konsequenzen einer auf dem Prinzip der Organisation beruhenden Wirtschaftsordnung sind in den Staaten des real existierenden Sozialismus zutage getreten. Recht wird in dem als wirtschaftlich oder gesellschaftlich erheblich definierten Bereich zum Instrument der Kontrolle. Es nominiert Positionen in vertikalen Über- und Unterordnungsverhältnissen. Seine Kategorien sind Befehl und Gehorsam. Für Regeln gerechten Verhaltens ist kein Platz, weil es kein Platz für freies Verhalten gibt. Angesichts dieses Befundes ist es um so bemerkenswerter, daß die Rolle des Rechts in Planwirtschaften vielfach für wichtiger gehalten wird als in Marktwirtschaften.

Dieser Auffassung liegt eine Rechtstheorie zugrunde, der für das Verständnis der verschiedenen Funktionen von Recht in verschiedenen Ordnungszusammenhängen grundlegende Bedeutung zukommt. Den Kernsatz positivistischer Rechtstheorie hat *Thomas Hobbes* wie folgt formuliert:

„Recht ist der Befehl derjenigen Person, möge es eine natürliche Person oder eine Institution sein, deren Weisung (precept) für sich allein den Grund des Gehorsams mit sich führt."[11]

---

10 *F. A. v. Hayek*, Recht, Gesetzgebung und Freiheit (vgl. Fn. 1), S. 73.

11 *Thomas Hobbes*, Philosophical Rudiments Concerning Government and Society, in: Edition Molesworth, The English Works of Thomas Hobbes of Malmesbury (London MDCCCXLI) Vol. 2, S. 183.

Danach ist Recht der Befehl des Inhabers der höchsten Gewalt[12]. Diese Auffassung führt, wie die Position von Hans Kelsen zeigt, zur Identifikation von Recht mit Macht und Organisation. „Recht", heißt es bei ihm, „besteht aus einer besimmten Ordnung (oder Organisation) von Macht"[13]. Die Parallele zur sozialistischen Theorie der Organisation der wirtschaftlichen Macht durch zentrale Verfügung über die Produktionsmittel ist offenbar. Bei Renner, dem wichtigsten Juristen unter den Austro-Marxisten, wird diese Folgerung für das Recht ausdrücklich gezogen. Es heißt bei ihm:

„Recht und Gerechtigkeit lassen sich erst verwirklichen, wenn der geschlossene Wille der Gesamtheit aufgeboten wird gegen den Zwang der Natur und die anmaßende Armseligkeit des Individuums." Das könne der Gesamtwille aber nur, indem er selbst direkt und zielsicher die Beziehungen der Menschen untereinander und zur Natur ordne[14]. Diesen Lehren ist gemeinsam, daß sie bei aller Verschiedenheit im übrigen unter Recht ein Instrument zur Organisation politischer, wirtschaftlicher oder gesellschaftlicher Macht verstehen. Dem steht die von Kant umfassend begründete Auffassung von Recht als Bedingung der Möglichkeit von Freiheit unter allgemeinen Gesetzen gegenüber. Dieser Gegensatz entspricht weitgehend der von *Hayek* in den Mittelpunkt gestellten Unterscheidung von Recht als zweckunabhängigen Rechtsregeln in spontanen Ordnungen und Recht als Mittel zur Verwirklichung von Organisationszwecken[15].

---

[12] Dazu auch *Thomas Hobbes*, Leviathan, or the Matter, Form, and Power of a Commonwealth Ecclesiastical and Civil, Edition Molesworth, Vol. 3, S. 251.

[13] *Hans Kelsen*, Reine Rechtslehre, Wien 1934, S. 63.

[14] *Renner*, Die Rechtsinstitute des Privatrechts und ihre soziale Funktion, Ein Beitrag zur Kritik des bürgerlichen Rechts, 1929, S. 175.

[15] Im einzelnen dazu *E.-J. Mestmäcker*, Regelbildung und Rechtsschutz in marktwirtschaftlichen Ordnungen, 1984, S. 10 – 15 (Walter Eucken Institut, Vorträge und Aufsätze Nr. 100).

Nicht beantwortet ist damit die im folgenden im Mittelpunkt stehende Frage, welche Bedeutung der Unterscheidung von Organisation und Regeln gerechten Verhaltens in Verfassungsordnungen zukommt, die rechtsstaatlichen und marktwirtschaftlichen Prinzipien folgen. Diese Fragen sollen hier vornehmlich für die Bereiche erörtert werden, die Gegenstand sozialistischer Kritik waren und deren Vereinbarkeit mit marktwirtschaftlichen Ordnungen streitig geblieben ist. Das geltende Wirtschafts- und Gesellschaftsrecht wird beispielhaft in Bezug genommen, um Anhaltspunkte für die zu erwartenden Konflikte zu gewinnen. Im Wirtschaftsrecht kommt dabei dem Spannungsverhältnis von öffentlichem Recht und Privatrecht besondere Bedeutung zu. Das europäische Gemeinschaftsrecht ist geeignet, zur Klärung der hier in den Blick kommenden Probleme beizutragen.

II. Organisationen in der Rechts- und Wirtschaftsordnung

1. Grundlagen

Die Frage, ob und wie sich Organisationen durch Regeln gerechten Verhaltens in spontane Ordnungen einfügen lassen, stellt sich unabhängig von der Rechtsform der Organisation und unabhängig von der Zuordnung zum öffentlichen Recht oder zum Privatrecht[16]. Die in Betracht zu ziehenden Interessen und Interessenkonflikte betreffen das Verhältnis der Organisation zu ihren Mitgliedern (Binnenstruktur) sowie der Organisation zur Umwelt (Außenbeziehungen). In der ökonomischen Theorie stehen die durch Tausch über Märkte vermittelten Außenbeziehungen ganz im Mittelpunkt. Die Binnenstruktur von Organisationen bleibt dabei ebenso außer Betracht wie ihre Rechtsform. Dies sind die Fragen, die bei der rechtlichen Erfassung von Organisationen im Mittelpunkt stehen. Diese sind in den hier erheblichen Zusammenhängen in der Regel juristische Personen. Ihre Verfassung gibt Aufschluß über den Zweck der Organisation, über die Zuständigkeit der Organe und der für ihre Willensbildung im Innen- und Außenverhältnis geltenden Regeln. Auf diese Weise sollen die Interessen der die Gesamtheit der Mitglieder repräsentierenden Organisation mit denen der einzelnen Mitglieder zum Ausgleich gebracht werden. *Otto v. Gierke* unterscheidet auf dieser Grundlage das Sozialrecht, welches das „innere Leben der Verbände" zum Gegenstand habe, vom Individualrecht, das die „äußeren Beziehungen der als Subjekte anerkannten Lebewesen" regele[17]. Zu den

[16] Zu den Konflikten zwischen Organisation und Freiheit in der Perspektive des öffentlichen Rechts bes. *Christian Starck,* Freiheit und Organisation, 1976, bes. S. 7 – 13 (Recht und Staat in Geschichte und Gegenwart Heft 460).

[17] *Otto v. Gierke*, Das Wesen der menschlichen Verbände, 1902, Neudruck 1954, S. 28.

rechtlich „anerkannten Lebewesen“ gehören nach Otto v. Gierke die Verbände. Es entspricht der insoweit unstreitigen Theorie der juristischen Person, daß für die rechtliche Zurechnung ihres Handelns „in den äußeren Beziehungen“ grundsätzlich dieselben Regeln gelten wie für natürliche Personen. Einen positivrechtlichen Ausdruck findet dieser Grundsatz in § 31 BGB.

Damit ist indessen noch nichts über die rechtliche Bedeutung der über den Markt vermittelten Außenbeziehungen gesagt. Diese liegen zwar den individualrechtlichen Beziehungen zugrunde, als solche werden die Marktbeziehungen aber erst mit der Gesetzgebung gegen Wettbewerbsbeschränkungen erheblich. Der Zweck dieser Gesetzgebung besteht im wesentlichen darin, vom Wettbewerb nicht oder nur unzureichend kontrollierte Verhaltensspielräume zu verhindern oder sie durch Verhaltensnormen zu kontrollieren. Daraus hat sich eine weitgehende Parallele zwischen der ökonomischen und der rechtlichen Bewertung der Marktbeziehungen ergeben. Das Kartellrecht zeigt, daß das Prinzip der Organisation durch Unternehmen in einer Weise genutzt werden kann, das mit den Erfordernissen der über den Markt gesteuerten spontanen Ordnung unvereinbar ist. Die Kriterien, nach denen zu entscheiden ist, ob ein solcher Konflikt vorliegt, sind indessen nicht, wie man zunächst angenommen hat, aus der Art und Weise der Organisation zu entnehmen, sondern aus den Erfordernissen des Wettbewerbs[18]. Daraus folgt andererseits, daß sich anhand einer auf die Außenbeziehungen begrenzten Betrachtung keine allgemeinen Kriterien für die Vereinbarkeit von Organisa-

[18] Im einzelnen dazu *E.-J. Mestmäcker*, Das Prinzip der Rule of Reason und ähnliche Ausnahmemechanismen im Recht der Wettbewerbsbeschränkungen, 1974, auch in: *ders.*, Recht und ökonomisches Gesetz (1984), S. 674 ff.; zusammenfassend zur Überwindung der organisationsrechtlichen Betrachtungsweise im Recht der Wettbewerbsbeschränkungen *Immenga/Mestmäcker*, Kommentar zum GWB, 2. Aufl. 1992, Einleitung Rdnrn. 26ff.

tionen mit spontanen Ordnungen gewinnen lassen. Dafür bedarf es der Einbeziehung auch der Binnenstruktur von Organisationen. Einen Ansatz, der beide Perspektiven berücksichtigt, bieten die von *Albert O. Hirschmann* begründeten Kategorien von Abwanderung und Widerspruch[19]. Sie sollen im folgenden als Leitfaden dienen, um das Verhältnis von Organisationen und spontanen Ordnungen in der Rechts- und Wirtschaftsordnung zu erörtern.

2. Abwanderung und Widerspruch

Mit diesen Kategorien generalisiert *Hirschmann* die Reaktionen, die den vom Leistungsabfall einer Organisation Betroffenen zur Verfügung stehen, um diese zu einem korrigierenden Verhalten zu veranlassen.

Bei der „Abwanderung" handelt es sich um die Reaktion, die für das Verhalten von Nachfragern auf Wettbewerbsmärkten charakteristisch ist. Sie hat jedoch eine weit darüber hinausgehende Bedeutung, nämlich für Bürger im Verhältnis zum Staat ebenso wie für Mitglieder korporativer Großorganisationen. In bezug auf den Staat geht es um das Grundrecht der Freizügigkeit. Die jüngste deutsche Geschichte zeigt die für den einzelnen wie für die Gesellschaft im ganzen existentielle Bedeutung des Rechts, sich dem Herrschaftsanspruch von Zwangsorganisationen durch Abwanderung zu entziehen.

Beim „Widerspruch" handelt es sich um die Reaktion, die für das Wählerverhalten in Demokratien charakteristisch ist und zunächst in diesem Zusammenhang thematisiert wurde.

[19] *Albert O. Hirschmann*, Abwanderung und Widerspruch, Reaktionen auf Leistungsabfall bei Unternehmen, Organisationen und Staaten, 1974, (Schriften zur Kooperationsforschung A: Studien Bd. 8).

Auch dieser Kategorie kommt über ihren ursprünglichen Anwendungsbereich hinaus Bedeutung zu. Zu den Möglichkeiten des Widerspruchs in diesem Sinne gehören die Mitwirkungs- und Kontrollrechte von Mitgliedern der Organisation ebenso wie öffentliche Kritik oder Demonstrationen. Widerspruch ist die einzig mögliche Reaktion, wenn eine Abwanderung ausgeschlossen ist.

Es handelt sich bei Abwanderung und Widerspruch nicht um sich gegenseitig ausschließende, sondern um sich ergänzende Prinzipien für die Kontrolle von Organisationen. Das Gewicht, das den Möglichkeiten von Widerspruch und Abwanderung zukommt, hängt jedoch von der Struktur und den Aufgaben der betroffenen Organisationen ab. Es ist gerade die Einsicht in das „Wechselspiel zwischen Markt und Nichtmarktkräften“, von dem sich *Hirschmann* ein besseres Verständnis sozialer Prozesse verspricht[20]. Bezieht man Abwanderung und Widerspruch auf die rechtlichen Instrumente der Organisation, insbesondere auf das Gesellschaftsrecht, so zeigt sich ein ähnliches Wechselspiel zwischen Abwanderung und Widerspruch, Marktkräften und Nichtmarktkräften, wie es *Hirschmann* im Verhältnis von Ökonomie und Politologie feststellt[21].

Anhand von Abwanderung und Widerspruch läßt sich indessen nur ein Teil der hier in den Blick kommenden verbandsrechtlichen Konflikte erfassen. Das gilt zunächst für die Bedeutung, die von *v. Hayek* dem jederzeit möglichen Untergang von Organisationen für ihre Vereinbarkeit mit spontanen Ordnungen beigemessen wird. *Hirschmann* sieht darin eine für die Ökonomie kennzeichnende, dem Modell

---

20 Ebd., S. 15.

21 Zur Bedeutung von Hirschmanns Theorie für das rechtliche Verständnis von Bürokratie und Verbänden im einzelnen *Peter Behrens*, Die ökonomischen Grundlagen des Rechts, 1986, S. 218 ff., S. 263 ff.

der vollständigen Konkurrenz verhaftete Betrachtung, die zu überwinden sei[22]. Damit wird indessen ein Gegensatz zwischen dem Ausscheiden des Grenzunternehmens in der ökonomischen Theorie und der von *Hirschmann* in den Mittelpunkt gestellten Korrektur von „Schlaffheit" unterstellt, der so nicht besteht. Unterschätzt werden bei *Hirschmann* die Gefahren, die der Korrektur von „Schlaffheiten" dadurch drohen, daß sich Unternehmen den Sanktionen des Wettbewerbs, zu denen die Gefahr des Ausscheidens aus dem Markt gehört, mit Hilfe von Wettbewerbsbeschränkungen oder mit Hilfe des Staates entziehen. Dies deutet auf eine Eigenart der *Hirschmannschen* Theorie, die deren Erklärungswert zugleich begründet und begrenzt. Sie faßt Reaktionsmöglichkeiten zusammen, die dem einzelnen gegenüber der Macht von Organisationen zur Verfügung stehen. Sie gibt damit zugleich wichtige Hinweise, wie Konflikte zwischen der Organisation, ihren Mitgliedern und Dritten auch im Interesse der Organisation selbst vermieden oder gelöst werden können. Die Grenzen der Theorie treten jedoch dort hervor, wo weder Abwanderung noch Widerspruch für die Lösung organisationstypischer Konflikte zur Verfügung stehen. Gerade in diesen Fällen sind jedoch besonders nachhaltige Konflikte mit den Erfordernissen spontaner Ordnung und besonders schwierige Rechtsfragen zu erwarten. Das trifft etwa zu bei öffentlich-rechtlichen Anstalten, die über ein Monopol verfügen. Die Abwanderung der Nachfrager scheidet wegen der Monopolstellung aus. Reaktionen der Mitglieder sind schon deshalb ausgeschlossen, weil die öffentlich-rechtliche Anstalt keine Mitglieder hat. Ähnliche Fragen stellen sich für Staatsunternehmen auch dann, wenn sie nicht über eine Monopolstellung verfügen. Sie können nicht untergehen, solange der Staat bereit ist, sie aus Steuergeldern zu finanzieren. Und die parlamen-

---

22 *A. O. Hirschmann* (vgl. Fn. 19), S. 8.

tarische Kontrolle als Erscheinungsform des Widerspruchs hat sich allenthalben als wenig effektiv und als unvereinbar mit der Leitung von Unternehmen erwiesen.

Besonders kennzeichnend für Konflikte, die sich einer Lösung durch Abwanderung oder Widerspruch entziehen, sind die „erzwungene Abwanderung" sowie die „erzwungene Aufnahme" in eine Organisation.

3. Erzwungene Abwanderung

Ein Indiz für die Härte der hier zu erwartenden Konflikte bietet die erzwungene Abwanderung von oppositionellen Staatsbürgern durch Abschieben in das Ausland (oder das deutsche Inland), um ihnen die Möglichkeit zum Widerspruch zu nehmen. Paradigmatisch für die erzwungene Abwanderung sind im Verbandsrecht die Kündigung (Austritt) bzw. der Ausschluß aus wichtigem Grunde[23]. Die erzwungene Trennung von der Organisation kann vom Mitglied ausgehen, für das sich die übernommenen Verpflichtungen als untragbar erweisen. Sie kann aber auch vom Verband ausgehen, weil sich das Verhalten eines Mitglieds mit dem gemeinsamen Zweck als unvereinbar erweist. In der Ambivalenz von Kündigung durch das Mitglied und Ausschluß des Mitglieds durch den Verband tritt der vollständig nicht auflösbare Konflikt von Organisationsinteressen und Individualinteressen besonders deutlich hervor. Es gehört zu den allgemeinen Grundsätzen des Verbandsrechts, daß die Ausübung von Rechten des Widerspruchs nicht geeignet ist, einen wichtigen Grund für den Ausschluß eines Mitglieds zu

[23] Zu Austritt und Ausschluß von GmbH-Gesellschaftern *Karsten Schmidt*, Gesellschaftsrecht, 2. Aufl. 1991, S. 882 ff.; zu Austritt und Ausschluß eines OHG-Gesellschafters, S. 1198 ff. Zum Vereinsrecht *Dieter Reuter* in Münchener Kommentar, Allgemeiner Teil, 2. Aufl. 1984, § 25 VI.

begründen. Andererseits kann die eigennützige Ausübung von Rechten des Widerspruchs, z. B. des Anfechtungsrechts im Aktienrecht, zur Unzulässigkeit der Rechtsausübung führen[24].

4. Erzwungener Beitritt

a) Anschluß an monopolistische Organisationen

Hirschmann nimmt an, daß unter bestimmten Voraussetzungen die Kontrolle von „trägen Monopolen" durch Widerspruch wirksamer sein könne als die durch neu aufkommende Konkurrenz[25]. Das treffe zu, wenn staatlich gestützte Monopole unzufriedene Kunden zur Konkurrenz abwandern ließen, um sich dem von der Kundenkritik ausgehenden Druck zu Änderungen zu entziehen. Die Abhilfe würde mithin in der vollständigen Monopolisierung bestehen. Die vorausgesetzte Interessenlage ist jedoch ebenso unwahrscheinlich wie die Wirksamkeit der vorgeschlagenen Abhilfe. Monopolisten neigen dazu, Außenseiter der eigenen Organisation rechtlich oder faktisch anzuschließen, um die eigene Strategie ungestört verfolgen zu können. Nicht selten hat sogar die staatliche Politik solchen Anschluß erzwungen, um dadurch die begünstigte Organisation instand zu setzen, ihre Ziele effektiver zu verwirklichen. Das kann geschehen, indem Außenseiter durch Gesetz gezwungen werden, sich einem Kartell anzuschließen. Auch kann die Kartellorganisation ermächtigt werden, Außenseiter mit Mitteln des Organisationszwangs zum Beitritt zu zwingen. Ergänzend kann die Reaktion der Abwanderung durch monopolistische Organisation der vor- oder nachgeordneten Stufen ausgeschlossen werden. Reiches Anschauungsmaterial für

24 BGH 22. 5. 1989, BGHZ 107, S. 296 (S. 309).

25 *A. O. Hirschmann* (vgl. Fn. 19), S. 48 ff.

Maßnahmen dieser Art bieten Phasen der Wirtschaftspolitik, in denen an die Stelle des Wettbewerbs die Organisation der Märkte durch staatliche Verwaltung oder durch Selbstverwaltung der Wirtschaft treten soll. Beispielhaft verwiesen sei auf die Verbindung von Selbstverwaltung der Wirtschaft mit staatlicher Steuerung der Märkte im Rahmen der National Industrial Recovery Administration in den Vereinigten Staaten während der großen Depression[26]. Ein weiteres Beispiel bietet die ständische Organisation der deutschen Wirtschaft nach 1933, zu der auch Zwangskartelle gehörten[27]. Die mit solchen Politiken gemachten Erfahrungen zeigen, daß das Prinzip des „Widerspruchs" im Rahmen von wettbewerbsbeschränkenden Marktordnungen keinen Ersatz für das dem Wettbewerb entsprechende Prinzip der Abwanderung darstellt. Das gilt auch dann, wenn – wie es für die amerikanischen Erfahrungen zutrifft –, Repräsentanten von Verbraucherorganisationen an der Willensbildung der Organisation beteiligt werden müssen. Im geltenden deutschen Recht haben sich diese Erfahrungen im Verbot des äußeren (§ 26 Abs. 1 und 2 GWB) und inneren (§§ 13, 14 GWB) Organisationszwanges der Kartelle niedergeschlagen. Damit wird der individuellen Wettbewerbsfreiheit Vorrang vor dem Bestand der Organisation beigelegt.

b) Aufnahmezwang

Dem Ausschluß von Außenseitern zur Durchsetzung von Organisationsinteressen stehen die Fälle gegenüber, in denen die Beteiligung an einer Organisation ein unerläßliches Mittel ist, um berechtigte individuelle Interessen oder Rech-

---

26 *Arthur Burns*, The Decline of Competition, A Study of the Evolution of American Industry (1936), S. 462 – 512.

27 *Müllensiefen/Dörinkel*, Kartellrecht, 3. Aufl. 1938, XII Zwangskartellrecht; zu den Konflikten im geltenden Wettbewerbsrecht *E.-J. Mestmäcker*, Der verwaltete Wettbewerb, 1984 (Walter Eucken Institut, Wirtschaftswissenschaftliche und wirtschaftsrechtliche Untersuchungen Nr. 19), insbes. S. 5 ff.

te wahrzunehmen. In solchen Fällen kann ein Anspruch auf Aufnahme in die Organisation begründet sein. Dies trifft insbesondere zu, wenn der Gesetzgeber die Wahrnehmung von Rechten bestimmten Organisationen vorbehält, wie es das Urheberrecht für bestimmte Vergütungsansprüche tut, indem es eine Verwertungsgesellschaftenpflicht begründet[28]. Auch sind die Transaktionskosten für die individuelle Wahrnehmung von Urheberrechten in der Regel prohibitiv hoch. Hier entscheidet mithin die Beteiligung an einer Verwertungsgesellschaft darüber, ob die Rechte überhaupt wahrgenommen werden können. Für urheberrechtliche Verwertungsgesellschaften gilt deshalb in nahezu allen Rechtsordnungen ein Wahrnehmungszwang. Im deutschen Urheberwahrnehmungsgesetz ist er in § 6 normiert[29].

Nach § 23 GWB kann die Aufnahme eines Unternehmens in eine Wirtschafts- oder Berufsvereinigung angeordnet werden, wenn die Ablehnung eine sachlich nicht gerechtfertigte unterschiedliche Behandlung darstellt und zu einer unbilligen Benachteiligung des Unternehmens im Wettbewerb führt. Kennzeichnend für die hier erfaßten Verbände ist die verbandspolitische Zielsetzung, deren Vertretung nach außen sowie die Unfähigkeit von Unternehmen, die für die Mitglieder wahrgenommenen kollektiven Interessen als Einzelinteressen wirksam zur Geltung zu bringen.

Es bestätigt sich, daß es Konflikte von besonderer rechtlicher Relevanz sind, die durch Abwanderung oder Widerspruch nicht vermieden oder gelöst werden können. Gleichwohl schärft *Hirschmanns* Theorie den Blick für die Bedeu-

---

[28] Überblick bei *Schricker*, Kommentar zum Urheberrecht (1987), Einl. Rdnr. 25.

[29] Bezieht man, wie es A. O. Hirschmann tut, auch die Leistungen in die Betrachtung ein, welche ein Unternehmen auf dem Markt erbringt, so gehört in den vorliegenden Zusammenhang auch der Kontrahierungszwang für bestimmte Monopolunternehmen.

tung verschiedener Ordnungsformen und die Wirkungsmöglichkeiten von Abwanderung und Widerspruch. Unter diesen Gesichtspunkten sollen deshalb einige der für die geltende Wirtschaftsordnung maßgebenden Großorganisationen betrachtet werden. Dabei ist zwischen gesellschaftsrechtlich organisierten Unternehmen, den Organisationen der Tarifparteien und der unternehmerischen Tätigkeit des Staates zu unterscheiden.

III. Gesellschaftsrechtlich organisierte Unternehmen, insbesondere die Aktiengesellschaft

1. Wirtschaftswissenschaftliche Theorie des Unternehmens

Das Verhältnis der Ordnungsformen Organisation und spontane Ordnung betrifft historisch und systematisch vor allem die Stellung von Unternehmen in der marktwirtschaftlichen Ordnung. Die klassisch gewordene Frage von *Coase* lautet:

> „Warum werden wirtschaftliche Tätigkeiten in einem Falle durch das Preissystem und im anderen Falle durch den Unternehmer koordiniert?"[30]

Die Forschungsrichtung der New Institutional Economics untersucht die Gründe, aus denen Unternehmer Transaktionen über den Markt oder innerhalb des Unternehmens, also durch Organisation, abwickeln. In diesen Theorien werden wichtige Fragen aus der Theorie spontaner Ordnungen aufgenommen und auf die Erklärung der Entstehung und des Untergangs von Unternehmen angewendet. Das gilt insbesondere für die Berücksichtigung begrenzter Rationalität (bounded rationality), für die dezentrale Verfügbarkeit von Wissen, für die Notwendigkeit der dauernden Anpassung der Wirtschaftssubjekte an veränderte Verhältnisse und für die Informationsleistung des Preissystems[31]. Die ökonomischen Bestimmungsgründe für alternative „governance structures" orientieren sich an Transaktionskosten, opportunistischem Verhalten und transaktionsspezifischen Inve-

---

30 *R. Coase*, The Nature of the Firm, Economica (1937), S. 386 – 405 = Readings in Price Theory (1953), S. 331 – 351 (S. 334).

31 *O.E. Williamson*, Market and Hierarchies, 1975, S. 5.

stitionen. Diesen Kriterien ist gemeinsam, daß sie die Entwicklung von Unternehmen und Unternehmensstrukturen auf die Außenbeziehungen im Wettbewerb zurückführen. Davon zu unterscheiden ist jedoch das Spannungsverhältnis zwischen Abwanderung und Widerspruch in der Verfassung der Korporation. Dies läßt sich am Beispiel der Aktiengesellschaft besonders deutlich zeigen, weil hier infolge des Marktes für Mitgliedschaftsrechte beide Kategorien erheblich werden.

2. Das Unternehmen als Organisation

Das Gesellschaftsrecht ist in marktwirtschaftlichen und in sozialistischen Wirtschaftsordnungen immer auch das Organisationsrecht der Unternehmen. Daraus scheint die Unabhängigkeit der Rechtsformen des Gesellschaftsrechts von der jeweils verwirklichten Wirtschaftsordnung zu folgen. In diese Richtung weisen in der Tat die Theorien vom Unternehmen als Organisation und vom Gesellschaftsrecht als wirtschaftspolitisch neutralem Organisationsrecht[32]. Im Rahmen der Reformen sozialistischer Wirtschaftssysteme werden Betriebe und Kombinate häufig in Aktiengesellschaften umgewandelt, um dadurch das Wirtschaftssystem schrittweise zu dezentralisieren. Es werden jedoch weder individuelle Mitgliedschaftsrechte begründet, noch sind die Unternehmen berechtigt, über die von ihnen genutzten Ressourcen zu verfügen[33]. In solchen Maßnahmen tritt das

---

[32] Repräsentativ für die organisationstheoretische Betrachtung des Unternehmens ist *Thomas Raiser*, Das Unternehmen als Organisation, Kritik und Erneuerung der juristischen Unternehmenslehre, 1969, bes. S. 93 ff. Zum Zusammenhang mit der *Gierkeschen* Verbandstheorie siehe *Karsten Schmidt*, Einhundert Jahre Verbandstheorie im Privatrecht, Aktuelle Betrachtungen zur Wirkungsgeschichte von Otto von Gierkes Genossenschaftstheorie (1987), S. 34 ff. (Berichte aus den Sitzungen der Joachim Jungius-Gesellschaft der Wissenschaften e. V. Hamburg).

[33] Näher dazu *Frank Münzel* (Hrsg.), Konzerne des Ostens, Gesellschaftsrecht zwischen Plan und Markt, 1991.

Mißverständnis des Aktienrechts als reinem Organisationsrecht besonders deutlich hervor. Eine Erscheinungsform dieser Auffassung ist jedoch auch die Kennzeichnung der großen Aktiengesellschaft als eines Herrschaftsverbandes, der nur politisch kontrolliert werden könne. Als wichtigster Beleg für die organisatorische Verselbständigung der public corporation wird seit den Untersuchungen von *Berle* und *Means* „The Modern Corporation and Private Property" die Trennung von Eigentum und Kontrolle in der Publikums-AG angesehen[34]. Gerade anhand der Publikums-AG läßt sich jedoch zeigen, in welcher Weise das Recht auf Widerspruch und auf Abwanderung zusammenwirken, um die Interessen der Aktionäre und die der Gesellschaft im Rahmen marktwirtschaftlicher Ordnung aufeinander abzustimmen.

Das organisationstheoretische Verständnis der AG wird ferner durch die für sie geltende zwingende Zuständigkeitsordnung zwar nahegelegt, aber nicht gerechtfertigt. Sie ist notwendig, um das Vermögen der Gesellschaft von dem der Gesellschafter zu trennen; sie grenzt die Kompetenzen der Mitglieder von denen der Verwaltung ab; sie bildet schließlich die Grundlage für die Ausübung der Kontrollrechte der Aktionäre. Dazu gehört das Recht auf gesetz- und satzungsgemäßes Verhalten der Gesellschaftsorgane[35].

3. Finanzierung und Abwanderung

Die Aktiengesellschaft als Publikumsgesellschaft hat die Aufgabe, kurzfristiges in langfristiges Kapital umzuwan-

---

[34] *Adolf A. Berle/Gardiner C. Means*, The Modern Coporation and Private Property, 1932, bes. S. 119 ff.

[35] Grundlegend für das Aktienrecht BGH 25. 2. 1982, BGHZ 83, S. 122 (S. 134ff.).

deln. Die Umlauffähigkeit der Aktie als Wertpapier und der Handel an der Börse ermöglichen die Beteiligung des Publikums am Produktivvermögen. Diese wirkt der Vermögenskonzentration entgegen. Die Aktiengesellschaft erhält damit Zugang zum Markt für risikotragendes Kapital. Die Besonderheiten der Rechtsbeziehungen zwischen Aktionären, Aktiengesellschaft und Banken sind so ausgeprägt, daß sie zum Gegenstand eines eigenen Rechtsgebiets geworden sind, nämlich dem Kapitalmarktrecht[36]. Seine Normen sind überwiegend zwingend. Sie betreffen Rechnungslegung und Publizität, Maßnahmen gegen Mißbräuche des Insider-Handels und die Organisation der Börse. Der Zweck dieser Normen besteht nicht zuletzt darin, die Teilhaberrechte der Aktionäre durch die Funktionsfähigkeit der Kapitalmärkte zu sichern. Der Börsenkurs ist für den einzelnen Aktionär das jederzeit verfügbare Abfindungsguthaben. Der Kurs soll sich am wirtschaftlichen Erfolg oder Mißerfolg der Unternehmen auf den Märkten für Güter und Dienstleistungen orientieren. Daraus entsteht zugleich eine mittelbare Kontrolle der Leitung der Unternehmen mit Hilfe des Kapitalmarktes.

4. Legitimation der Verwaltung durch „Widerspruch"

Im direkten Gegensatz zu Marx und Engels hat Ludwig von Mises hervorgehoben, daß im Mittelpunkt der Analyse marktwirtschaftlicher Systeme nicht das Kapital und nicht der Kapitalist stehen müßten, sondern der Unternehmer[37]. In der Aktiengesellschaft geht die Rolle des Unternehmers an angestellte Manager über. Das Aktienrecht trägt dieser

---

36 Repräsentativ *R. M. Buchsbaum/K. J. Hopt*, Legal Harmonization and the Business Enterprise, Corporate and Capital Market Law Harmonization Policy in Europe and the USA, 1988.

37 *Ludwig von Mises*, Die Gemeinwirtschaft, 1922, S. 201.

Rolle des Vorstands als Unternehmer dadurch Rechnung, daß sich seine Haftung nicht am unternehmerischen Erfolg oder Mißerfolg orientiert, sondern an der Sorgfalt eines ordentlichen Unternehmensleiters. Nur dort, wo Interessenkonflikte zwischen den Organen der Aktiengesellschaft und den Aktionären bestehen, greift die strengere treuhänderische Haftung ein. Das Risiko der Verwaltung besteht darin, daß sie das Vertrauen der Kapitalmehrheit verliert und von ihr abberufen werden kann[38]. Daraus entstehen aber auch die für Großorganisationen charakteristischen Konflikte zwischen den hauptberuflichen Verwaltern und Mitgliedern. In der AG treten die Konflikte hinzu, die sich aus dem Bestreben der jeweiligen Verwaltung ergeben können, ihre eigene Stellung gegen Veränderung der sie stützenden Kapitalmehrheit abzuschirmen.

5. Markt für Unternehmen

In marktwirtschaftlichen Ordnungen gibt es kein rechtlich geschütztes Interesse an der Erhaltung bestimmter Unternehmen oder Unternehmensstrukturen. Bestand und Untergang von Unternehmen sollen vom Erfolg oder Mißerfolg auf den Märkten abhängen, auf denen sie tätig sind. Ein Grund für den Untergang von Unternehmen ist aber nicht nur der Konkurs, sondern auch die Aufgabe der Selbständigkeit durch Unternehmenszusammenschluß. Aus Unternehmenszusammenschlüssen und Unternehmensveräußerungen entsteht der Markt für Unternehmen. Er ist ein notwendiger Teil eines funktionsfähigen Kapitalmarktes. Daraus folgt, daß es kein Vetorecht der einzelnen Mitglieder gegen die Aufgabe der Selbständigkeit des Unternehmens im

---

[38] Rechtsvergleichend hierzu *E.-J. Mestmäcker*, Verwaltung, Konzerngewalt und Rechte der Aktionäre, 1958, S. 78 ff. Zum geltenden Aktienrecht *Karsten Schmidt* (vgl. Fn. 23), S. 678 ff.

Wege der Veräußerung, der Verschmelzung oder der Konzernierung gibt. Dem Prinzip des Widerspruchs wird zwar durch qualifizierte Stimm- und Kapitalmehrheiten Rechnung getragen. Dadurch soll aber nicht der Bestand der Organisation gesichert werden; es geht vielmehr um die möglichst enge Verbindung von wirtschaftlichem Eigentum am Unternehmen und Verfügung über das Unternehmen. Außenstehende Aktionäre müssen im Falle des Untergangs des Unternehmens als selbständiger Einheit durch Dividendengarantie, Barabfindung oder in Aktien des erwerbenden Unternehmens abgefunden werden. An die Stelle der Wahl zwischen Abwanderung und Widerspruch tritt die durch Mehrheitsentscheidung erzwungene Abwanderung. Maßstab für die Bewertung der entzogenen Mitgliedschaftsrechte soll der Anteil am Wert des seine Selbständigkeit aufgebenden Unternehmens als eines selbständigen Unternehmens sein.

Durch die genannten zwingenden Vorschriften trägt das Gesellschaftsrecht zur Funktionsfähigkeit des Marktes für Unternehmen und zum Schutz der Interessen außenstehender Aktionäre bei. Der Markt für Unternehmen ist jedoch ein im hohen Grade unvollkommener Markt. Unternehmen sind heterogene Güter, für die sich keine Marktpreise bilden. Das Gesellschaftsrecht stellt überdies Mittel zur Verfügung, welche die faktische Kontrolle von Unternehmen ohne Kapitalmehrheit ermöglichen. Dadurch wird der Zusammenhang von Kapitalbeteiligung, Investitionsrisiko und Verfügung über das Unternehmen gelockert. Hinzu kommt, daß die Aussicht, durch Zusammenschluß die Märkte für Güter oder Dienstleistungen monopolisieren zu können, häufig im Interesse der am Zusammenschluß beteiligten Unternehmen und ihrer Mitglieder liegt. Deshalb sind vom Gesellschaftsrecht als Vermögensrecht keine zureichenden Sicherungen gegen wettbewerbsbeschränkende Unternehmenszusammenschlüsse zu erwarten. Die Aufgabe, die Entstehung oder Verstärkung marktbeherrschender Stellungen zu verhindern, übernimmt die Fusionskontrolle.

Die dargestellten Zusammenhänge lassen die Grenzen einer organisationstheoretischen und organisationsrechtlichen Betrachtung von Unternehmen besonders deutlich hervortreten. Gesellschaftsrechtlich und wirtschaftsrechtlich ausschlaggebend sind nicht die Selbsterhaltung der Organisation, auch nicht die Mitgliedschaftsrechte als Eigentum an einer bestimmten Korporation. Als letztlich maßgeblich erweist sich in den genannten Grenzfällen eine Interessenabwägung, in welche die Vermögensrechte der Aktionäre ebenso eingehen wie die unternehmerischen Interessen der kontrollierenden Aktionäre und das öffentliche Interesse an der Funktionsfähigkeit der Kapitalmärkte.

Diese Feststellung präjudiziert nicht die Bedeutung auch des Prinzips „Widerspruch“ für die Verfassung der AG. Zwar ist in der Publikums-AG die Möglichkeit der Abwanderung mit Hilfe der Veräußerung der Aktie wirtschaftlich wichtiger als der Widerspruch mit Hilfe von Stimm-, Kontroll- oder Anfechtungsrechten. Daraus darf indessen nicht gefolgert werden, daß den Mitgliedschaftsrechten unter solchen Umständen ein geringerer Rang zukomme als der Möglichkeit, zum jeweiligen Börsenkurs zu veräußern. Das Stimmrecht sowie das Recht der Mitglieder auf gesetz- und satzungsgemäßes Verhalten der Gesellschaftsorgane sind vielmehr zusätzliche und unerläßliche Mittel, um der Verselbständigung der Organe und Mißbräuchen der kontrollierenden Aktionäre entgegenzuwirken.

In Gesellschaften mit geschlossenem Mitgliederkreis, für deren Anteile es keinen Markt gibt, ist die Interessenlage eine grundlegend andere. Hier sind die Mitwirkungs- und

Kontrollrechte das einzige Mittel, das den Gesellschaftern zur Wahrung ihrer Interessen zur Verfügung steht. Eine Abwanderung ist nur aufgrund Vertrages oder durch Kündigung bzw. Ausschluß aus wichtigem Grunde möglich. In den Grenzfällen, in denen der Ausschluß eines Mitglieds im Interesse des Fortbestandes der Gesellschaft gerechtfertigt ist, wird der fehlende Markt für Mitgliedschaftsrechte durch den Anspruch auf Abfindung ersetzt[39].

---

[39] Siehe auch Fn. 23.

IV. Soziale Selbstbestimmung durch Organisation

In der Entwicklung der geltenden Wirtschafts- und Sozialordnung haben sich die Forderungen der Arbeitnehmer nach politischer und rechtlicher Gleichberechtigung mit dem Prinzip der Organisation verbunden. Repräsentativ für diese Forderungen ist der 5. Abschnitt der Weimarer Reichsverfassung über „Wirtschaftsleben“. Ihre Vorschriften sind geprägt von dem Gegensatz zwischen den individualistisch aufgefaßten Freiheitsrechten (Privateigentum, Vertragsfreiheit, Gewerbefreiheit, Erbrecht) und der organisationsrechtlich zu sichernden Ordnung des Wirtschaftslebens nach „den Grundsätzen der Gerechtigkeit“ (Art. 151 Abs. 1 S. 1). Zu diesem Zweck sah Art. 156 die Überführung von Unternehmen in Gemeineigentum und die Ermächtigung der öffentlichen Hand vor, sich an der Verwaltung wirtschaftlicher Unternehmen und Verbände zu beteiligen oder sich in anderer Weise bestimmenden Einfluß zu sichern. Mit Hilfe solcher Organisationen der Gemeinwirtschaft sollte wirtschaftliche Macht der Unternehmen von innen her begrenzt und kontrolliert werden. Ferner konnten nach Art. 156 Abs. 2 wirtschaftliche Unternehmen und Verbände auf der Grundlage der Selbstverwaltung zusammengeschlossen werden. An der Selbstverwaltung sollten „alle schaffenden Volksteile“, insbesondere Arbeitgeber und Arbeitnehmer, beteiligt werden. Gewährleistet wird das Recht von Arbeitern und Angestellten, gleichberechtigt mit dem Unternehmen an der Regelung der Lohn- und Arbeitsbedingungen mitzuwirken: “Die beiderseitigen Organisationen und ihre Vereinbarungen werden anerkannt“ (Art. 165 Abs. 1 S. 2).

Der entscheidende Unterschied zwischen demokratischem und revolutionärem Sozialismus besteht zunächst in den

Mitteln, mit deren Hilfe ein als ungerecht empfundenes Wirtschaftssystem umgestaltet werden soll[40]. Der demokratisch legimitierte Gesetzgeber wird ermächtigt, Wirtschaft und Gesellschaft schrittweise so umzugestalten, daß gemeinwirtschaftliche Organisationen schließlich strukturbestimmend sind.

Die diesen Forderungen zugrundeliegende Wende von der Revolution zur Demokratie und von der Diktatur des Proletariats zur Sozialautonomie wurde durch die neukantischen Sozialisten vorbereitet. Sie verknüpften die Kantische Ethik mit dem Prinzip der Organisation. Das von *Cohen* mit dem kategorischen Imperativ begründete Prinzip lautet:

> „Handle so, daß Du Deine Person wie die Person jedes anderen jederzeit zugleich als Zweck niemals bloß als Mittel brauchst".

Aus dieser Idee des „Zweckvorzuges der Menschheit" folge die Idee des Sozialismus[41]. Das Prinzip der Organisation wurde aus der kantischen Analyse biologischer Organismen abgeleitet, in denen alles Zweck und wechselseitig auch Mittel sei. In § 65 der Kritik der Urteilskraft hat *Kant* auf die Möglichkeit einer solchen Analogie im Hinblick auf die Organisation des Staates in der Tat hingewiesen. Wörtlich:

> „So hat man sich bei einer neuerlich unternommenen gänzlichen Umbildung eines großen Volks zu einem Staat, des Worts Organisation häufig für Einrichtung der Magistraturen usw. und selbst des ganzen Staatskörpers sehr schicklich bedient. Denn jedes Glied soll freilich in einem solchen Ganzen nicht bloß Mittel, sondern zugleich auch Zweck und, indem es zu der Möglichkeit des

---

40 Näher dazu *Mestmäcker*, Die Wiederkehr der bürgerlichen Gesellschaft und ihres Rechts, Max-Planck-Gesellschaft, Jahrbuch 1991, S. 24 – 36 (S. 32 f.).

41 *Cohen*, Ethik des reinen Willens, Berlin 1904, S. 303 f.

Ganzen mitwirkt, durch die Idee des Ganzen wiederum seiner Stelle und Funktion nach bestimmt sein."[42]

Die Vertreter des neukantischen Sozialismus leiteten daraus die Forderungen nach der umfassenden Organisation der Arbeiterklasse ab: Wirtschaftlich in Konsum- und womöglich Produktivgenossenschaften, beruflich in Gewerkschaften und politisch in der Partei[43]. In der harschen, utilitaristisch begründeten Kritik *von Mises* an Kant und an den neukantischen Sozialisten[44] bleiben die im kantischen System höchst exakt bestimmten Unterschiede von Recht, Staat und Gesellschaft unberücksichtigt. In unserem Zusammenhang geht es jedoch nicht um die Frage, ob die Neukantianer *Kant* richtig oder falsch verstanden haben. Festzuhalten ist vielmehr, daß man den Gegensatz von der Autonomie der Person und den anonymen Kräften des Marktes zu überwinden hoffte, indem man Großorganisationen zu emanzipatorischen Zwecken gründete. Auf diese Weise erlag man der Faszination derjenigen Organisation, von der man sich befreien wollte, nämlich der des Großunternehmens. Aufgegeben war damit die Vorstellung einer umfassenden Wirtschaftsplanung.

Die Überführung von Unternehmen in Gemeineigentum erwies sich bereits in der Weimarer Republik als Irrweg. Die westdeutschen Gewerkschaften haben die Politik des Gemeineigentums an Untenehmen, das ihnen selbst zusteht, unter dem Eindruck wirtschaftlicher Mißerfolge aufgegeben. Die Genossenschaften haben sich weitgehend zu gewinnorientierten Unternehmen entwickelt und sich zum

---

42 *Kant*, Kritik der Urteilskraft, in Kants Gesammelte Schriften, Akademieausgabe Bd. V., 1913, S. 375.

43 Umfassend dazu *Karl Vorländer*, Kant und Marx, 1911; 2. Aufl. 1926, im hier zitierten Teil abgedruckt bei *H. J. Sandkühler* und *R. de la Vega*, Marxismus und Ethik, Texte zum neukantischen Sozialismus, 1970, S. 262, S. 336.

44 *von Mises* (vgl. Fn. 37), S. 421 ff.

Teil in Aktiengesellschaften oder Gesellschaften mit beschränkter Haftung umgewandelt. Nachhaltige Wirkungen sind indessen von der Entwicklung des individuellen und kollektiven Arbeitsrechts ausgegangen. Die hierfür maßgeblichen Gedanken lassen sich anhand der Arbeiten von *Hugo Sinzheimer* nachvollziehen.

Hugo Sinzheimer hat die Tarifautonomie als selbständiges Rechtsinstitut anhand der auf Autonomie und spontaner Koordination beruhenden Regeln des Privatrechts begründet[45]. In einer die grundrechtliche Garantie der Tarifautonomie vorwegnehmenden Inhaltsbestimmung sieht er deren Kern in der Regelung der Lohn- und Arbeitsbedingungen[46]. Wichtiger ist in unserem Zusammenhang indessen das aus dem Grundsatz der Autonomie abgeleitete Verhältnis der Tarifparteien zum Staat. Er sieht es bestimmt durch die Grenzen, die für die Tarifautonomie aus den zwingenden Normen des Privatrechts folgen, durch die vom staatlichen Gesetz zur Verfügung gestellte Organisation und schließlich durch die rechtlichen Sanktionen, welche die Einhaltung der Tarifverträge sichern. Die eigentliche Errungenschaft dieser sozialen Selbstbestimmung sieht *Sinzheimer* in der Bereitschaft des Staates, Handlungsautonomie zu gewähren, „die Erzeugung der Resultate“ aber sich selbst zu überlassen und nicht „unmittelbar selbst aufzustellen“[47]. In Bezug genommen wird damit der Unterschied zwischen Regeln, die freies Handeln aufeinander abstimmen und der Beurteilung von Handlungen anhand der den von ihnen ausgehenden erwünschten oder unerwünschten Wirkungen. Das Prinzip hat *Wilhelm v. Humboldt* wie folgt formuliert:

---

45 *Sinzheimer*, Der korporative Arbeitsnormvertrag, Eine privatrechtliche Untersuchung, 2. Aufl. Berlin 1907, Neudruck 1977.

46 Ebd., S. 96.

47 *Sinzheimer*, Ein Arbeitstarifgesetz, Die Idee der sozialen Selbstbestimmung im Recht, 2. Aufl. 1915, Neudruck 1977, S. 189 – 194.

„... Und es ist ein höherer Grad von Kultur notwendig, sich mehr an der Tätigkeit zu erfreuen, welche nur Kräfte schafft und ihnen selbst die Erzeugung der Resultate überläßt, als an derjenigen, welche unmittelbar diese selbst aufstellt: Dieser Grad der Kultur ist die wahre Reife der Freiheit. Allein diese Reife findet sich nirgends in ihrer Vollendung ...“[48]

Der Anwendung dieser Gedanken auf die soziale Selbstbestimmung hat Sinzheimer den Weg gewiesen. Die Erfahrung zeigt jedoch, daß es sich bei der Parallele von Privatautonomie und Sozialautonomie nicht um ein konfliktfreies Nebeneinander handelt. Die Gründe dafür liegen zunächst in dem von Sinzheimer vernachlässigten Unterschied zwischen individuellem Austauschvertrag des Privatrechts und dem kollektiven Austauschvertrag der Tarifpartner. Bis heute streitig geblieben ist insbesondere das Verhältnis des Arbeitsrechts zur Privatrechtsordnung[49]. In diesen Streitfragen bleiben die politischen und ideengeschichtlichen Konflikte gegenwärtig, welche die Entwicklung der Arbeiterbewegung und des Arbeitsrechts begleitet haben. Der dargestellte organisationstheoretische und organisationsrechtliche Ansatz findet im Arbeitsrecht insofern eine wichtige Grundlage, als Arbeit typischerweise im Verbund geleistet wird. In den Worten von *Dieter Reuter*:

„Zur schuldrechtlichen Zweierbeziehung zwischen Arbeitgeber und Arbeitnehmer tritt eine auf verbandsrecht-

---

[48] *Wilhelm v. Humboldt*, Idee zu einem Versuch, die Grenzen der Wirksamkeit des Staates zu bestimmen (1872), in: *ders.*, hrsg. von *Andreas Flitner* und *Klaus Giel*, Bd. 1 (1960), S. 56–233 (S. 217). Die Parallele zu *F. A. Hayeks* Theorie zeigt dessen Aufsatz „Die Ergebnisse menschlichen Handelns, aber nicht menschlichen Entwurfs“, in: *ders.*, Freiburger Studien (vgl. Fn. 2), S. 97–107 besonders deutlich.

[49] Näher und grundlegend dazu *Dieter Reuter*, Die Stellung des Arbeitsrechts in der Privatrechtsordnung, 1989 (Berichte aus den Sitzungen der Joachim Jungius-Gesellschaft der Wissenschaften e. V. Hamburg).

liche Organisation drängende Verbandsbeziehung hinzu."[50]

Den Besonderheiten organisierter Arbeit muß deshalb mit verbandsrechtlichen Kategorien Rechnung getragen werden. Klassenkämpferische Interpretationen des Gegensatzes von Kapital und Arbeit tragen dazu ebenso wenig bei wie die rechtlich und tatsächlich überwundene Vorstellung vom personenrechtlichen Abhängigkeitsverhältnis, in das der einzelne Arbeitnehmer eingebunden sei. In dem personenrechtlichen Verständnis des Arbeitsrechts haben sich deutschrechtliche und sozialistische Denkweisen so verbunden, daß sie den Blick auf die rechtlichen und wirtschaftlichen Arbeitsbedingungen der Gegenwart verstellen. Verkannt wird damit die wichtigste Aufgabe des Rechts in der modernen Gesellschaft, die Inanspruchnahme des ganzen Menschen für Staatszwecke oder für die Zwecke gesellschaftlicher Organisationen zu verhindern[51]. Dazu gehört, daß die Beziehungen des einzelnen Arbeitnehmers zum Arbeitgeber, zu seinem Verband und die Beziehungen der Verbände untereinander mit Hilfe des Rechts funktional zu differenzieren und zu begrenzen sind. Im Falle der Verbände schließt das die Prüfung ein, ob ihre Vereinbarungen die Interessen Dritter in einer Weise berühren, die rechtlicher Korrektur bedarf. Eine Betrachtung, die von einer rechtlich nicht zu überwindenden individuellen oder kollektiven Abhängigkeit der Arbeitnehmer ausgeht, gerät dagegen in die Dialektik von Macht und Gegenmacht. Aus dem Grad der behaupteten Abhängigkeit ergibt sich der Grad der Macht, der zur Überwindung der Abhängigkeit notwendig erscheint. Dies erklärt zugleich die Vielfalt der Ziele, für welche gewerkschaftliche Gegenmacht politisch geltend gemacht werden kann.

---

50 Ebd., S. 26.

51 Dazu *E.-J. Mestmäcker*, Macht-Recht-Wirtschaftsverfassung, ZHR 137 (1973) 97, auch in *ders.*, Recht und ökonomisches Gesetz, 2. Aufl. 1984, S. 24.

Bei einer von funktionaler Differenzierung ausgehenden verbandsrechtlichen Betrachtung ist von der Feststellung auszugehen, daß sich die Tarifparteien auf dem Arbeitsmarkt als Monopolisten gegenüberstehen.

J. K. Galbraith hat in dieser Organisation der Arbeitsmärkte die wichtigste Bestätigung seiner Theorie der gegengewichtigen Marktmacht gesehen[52]. Seine These geht dahin, daß einseitige Marktmacht eine proportionale Gegenmacht hervorrufe. Auf diese Weise soll die Gegenmacht die Handlungsfreiheit der Beteiligten in ähnlicher Weise begrenzen, wie es der Wettbewerb auf Konkurrenzmärkten tue. Darüber hinaus habe das Gegenmachtprinzip die Gewerkschaften instand gesetzt, an der Marktmacht der ihnen gegenüberstehenden Korporationen zu partizipieren. Diese optimistische Theorie hat sich allenthalben als unzutreffend erwiesen. Den Hauptgrund nennt *Galbraith* selbst. Wenn die Gewerkschaften an der Marktmacht der ihnen gegenüberstehenden Unternehmen partizipieren, so ist dies nur möglich, indem sich die Beteiligten zu Lasten Dritter einigen. Dies ist ein Kennzeichen aller marktübergreifenden kollektiven Marktordnungen.

Auch die Möglichkeiten von Abwanderung und Widerspruch erweisen sich bei den gegebenen Organisationsstrukturen als weitgehend wirkungslos. Die „Abwanderung" ist auf der Marktgegenseite unter Bedingungen des bilateralen Monopols definitionsgemäß ausgeschlossen. Aus demselben Grunde bietet auch die Abwanderung der Verbandsmitglieder, die sich durch die Mehrheit nicht repräsentiert fühlen oder die durch die getroffenen Vereinbarungen in unter Umständen existenzgefährdender Weise betroffen werden,

---

[52] *J. K. Galbraith*, American Captitalism, The Concept of Countervailing Power, 1952, S. 121 f.

keine wirksame Abhilfe. Die Möglichkeiten des Widerspruchs hängen von der Wirksamkeit der verbandsinternen Demokratie ab. Eine Richtigkeitsgewähr, welche die Interessen Dritter und damit die der Allgemeinheit einschließt, ist davon angesichts der bereits geschilderten Interessenlage jedoch nicht zu erwarten.

Unter diesen Bedingungen sprechen wichtige Gründe dafür, daß Gerichte und Gesetzgeber aufgerufen sind, dort regelnd einzugreifen, wo die Gefahr besteht, daß Tarifverträge die wirtschaftliche Bewegungsfreiheit der Beteiligten in unbilliger Weise einschränken oder eine durch die Tarifautonomie begründete Stellung auf dem Arbeitsmarkt mißbraucht wird. Dies sind Kriterien, die der Aufsicht über erlaubte Kartelle nachgebildet sind[53]. Sie enthalten keinen Gesetzgebungsvorschlag, sondern sie sind bestimmt, anhand einer Analogie die Rechtsnatur des Problems zu kennzeichnen. Dieser Gedanke liegt um so näher, als *Sinzheimer* die Sozialautonomie auch mit parallelen Entwicklungen im Kartellwesen begründet hat[54]. Ähnlich wie die Rechtsentwicklung die Autonomie der Kartelle überholt hat, wird es notwendig sein, die Tarifautonomie so auszugestalten, daß sie mit den allgemeinen Prinzipien der Rechts- und Wirtschaftsordnung vereinbar bleibt. Konzertierte Aktionen, beschwörende Appelle der Politiker und der Druck der öffentlichen Meinung werden auf Dauer nicht ausreichen, die hier anzutreffenden Erscheinungsformen der Verbandsmacht wirksam zu begrenzen.

---

[53] Dazu *Dieter Reuter* (vgl. Fn. 49), S. 36. Zu den verfassungsrechtlichen Fragen mit Nachweisen *H.H. v. Arnim,* Gemeinwohl und Gruppeninteressen, 1977, S. 100–114. In einer als „liberal-korporativistisch" bezeichneten Sicht soll das Recht auf Nichtmitgliedschaft („Abwanderung") hinter übergeordneten funktionalen Gesichtspunkten zurückstehen. „Liberalität" sei kein interpersonelles, sondern ein interorganisatorisches System. Maßgeblich sei nicht die Freiwilligkeit der Mitgliedschaft, sondern „die Freiwilligkeit der Mitgliedschaft der beteiligten Organisationen im korporativistischen Kooperationssystem" (so *Streeck,* Gewerkschaftliche Organisationsprobleme in der sozialstaatlichen Demokratie, 1981, S. 202).

[54] *Sinzheimer* (vgl. Fn. 47), S. 186.

V. Der Staat

Die wichtigste Großorganisation ist der Staat. Ihm stehen kraft seiner Organisationsgewalt die Mittel des öffentlichen Rechts wie die des Privatrechts zur Verfügung, um selbstgewählte wirtschaftliche Ziele zu verfolgen. Er kann vorbehaltlich grundrechtlicher Schranken Kontrollen durch Abwanderung (Wettbewerb) ebenso ausschließen wie die durch Widerspruch. Er kann ferner öffentlich-rechtliche oder privatrechtliche Organisationen mit Vorrechten ausstatten. Er kann schließlich die Gesamtheit der auf seinem Territorium tätigen Unternehmen durch Regulierungen begünstigen, indem er für staatsfremde Unternehmen den Zugang zum Markt ausschließt oder behindert. Dieser Aspekt der Staatstätigkeit ist erst durch das Recht der Europäischen Gemeinschaften in das allgemeine Bewußtsein getreten. Er soll hier in der Begrenzung auf unternehmerische und wettbewerbsbezogene Staatstätigkeiten behandelt werden.

Dem Ausschluß von Kontrollen durch Abwanderung oder Widerspruch liegt in der Regel die Vorstellung zugrunde, daß öffentliche Interessen auf diese Weise am wirksamsten zur Geltung zu bringen seien. Den Grenzfall zeigt das als Regieunternehmen betriebene Staatsmonopol. Wichtige Beispiele für diese Organisationsformen bieten die kontinentaleuropäischen Fernmeldemonopole. Anhand der für sie im Rahmen der Europäischen Wirtschaftsgemeinschaft eingeleiteten Reformen lassen sich die bestimmten Organisationsformen entsprechenden Möglichkeiten ihrer Kontrolle darstellen.

1. Staatliche Fernmeldemonopole

Auszugehen ist von der Organisation des Fernmeldewesens als Fernmeldeverwaltung in Verbindung mit einem Fernmeldemonopol. Hier ist das Verhalten der Organisationen wettbewerblichen Kontrollen kraft Gesetzes und rechtsstaatlichen Kontrollen faktisch entzogen. Wettbewerb jeglicher Art, auch potentieller Wettbewerb, wird durch das gesetzliche Monopol ausgeschlossen. Wirtschaftlich transformiert es potentielle Wettbewerber in Zulieferer. Über die technische Entwicklung wird innerhalb der Organisation entschieden. Telefonnutzer werden zu Gebühren- und häufig darüber hinaus zu Steuerzahlern.

Die organisatorische Verbindung von Staatsaufsicht und eigenunternehmerischer Tätigkeit schließt wirksame verwaltungsrechtliche Kontrollen aus. Die Fernmeldeverwaltung ist nicht verpflichtet, im eigenen Verhalten zwischen unternehmerischen und öffentlichen (gemeinwirtschaftlichen) Zwecken zu unterscheiden. Auch die Rechtsprechung tendiert dazu, die Maßnahmen der Fernmeldeverwaltung anhand eines übergreifenden Organisationszwecks zu beurteilen, ohne zwischen den verschiedenen Funktionen der Organisation zu differenzieren. Anhand der besonders in der EG eingeleiteten Reformen läßt sich der Zusammenhang zwischen dem Grad der Zentralisierung und der Wirksamkeit rechtsstaatlicher und wettbewerblicher Kontrollen zeigen.

Die erste Stufe der Reform besteht in der organisatorischen Trennung der Staatsaufsicht von unternehmerischen Funktionen. Dies führt zur gesetzlichen Normierung der Pflichten des Monopolunternehmens, auf deren Grundlage die Aufsicht über das Unternehmen zu führen ist. Erst diese Trennung ermöglicht potentiellen Wettbewerbern oder Nutzern, eigene, rechtlich geschützte Interessen mit Hilfe des

Verwaltungsrechts gegen die Staatsaufsicht oder mit Hilfe des Wirtschaftsrechts gegen das Monopolunternehmen geltend zu machen.

Weitere Maßnahmen zur Annäherung des Fernmeldewesens an die marktwirtschaftliche Ordnung bestehen in der schrittweisen Zulassung von Wettbewerb (Märkte für Endgeräte, für Mehrwertdienste und im Netz). Mit jedem dieser Schritte ist eine Differenzierung von Funktionen verbunden, denen neue Möglichkeiten rechtsstaatlicher Kontrollen entsprechen. Dieser Zusammenhang kommt in einem Urteil des Europäischen Gerichtshofs zum Ausdruck, das die den Fernmeldeverwaltungen nach den Wettbewerbsregeln von der Kommission auferlegte Verpflichtung bestätigt, die Zulassung von Endgeräten organisatorisch so zu verselbständigen, daß die Neutralität der Zulassungsentscheidungen gesichert und von außen kontrollierbar ist[55].

Von den genannten Maßnahmen strikt zu unterscheiden ist die Privatisierung des Fernmeldewesens, wie sie in Großbritannien vollzogen worden ist. Die Privatisierung beseitigt als solche nicht das Monopol. Sie begründet bei Überführung in die Rechtsform der Aktiengesellschaft jedoch die zusätzliche Möglichkeit von Abwanderung und Widerspruch seitens der Aktionäre.

2. Wirtschaftstätigkeiten der öffentlichen Hand im deutschen Wirtschaftsrecht

Soweit der Staat seine Tätigkeiten privatrechtlich organisiert, gilt allgemeines Privatrecht. Handelt es sich um unternehmerische Tätigkeiten, finden auch die Normen des Un-

[55] EuGH 19. 3. 1991 – Rs. C 202/88 (Französische Republik ./. Kommission) (noch nicht in der amtlichen Sammlung veröffentlicht).

lauterkeitsrechts und des Beschränkungsrechts Anwendung. In weiten Bereichen sind diese Normen jedoch auch dann anwendbar, wenn die öffentliche Hand in öffentlich-rechtlichen Organisationsformen tätig wird. Es handelt sich hierbei um eine wichtige Erscheinungsform der Überwindung organisationsrechtlicher durch eine normativ funktionale Betrachtung. Das zeigt sich zunächst in der Anwendung des funktionalen Unternehmensbegriffs des GWB auf die wirtschaftliche Betätigung des Staates und der öffentlich-rechtlichen Körperschaften oder Anstalten. Unstreitig ist insbesondere die privatrechtliche und unternehmerische Natur der Nachfrage der öffentlichen Hand nach Waren oder Dienstleistungen. Das gilt nach höchstrichterlicher Rechtsprechung – im Gegensatz zu einer verbreiteten Meinung im Schrifttum – auch für die Nachfrage der öffentlich-rechtlichen Rundfunkanstalten nach Sendegut. Der BGH hat dazu in Anwendung allgemeiner Rechtsgrundsätze ausgeführt:

> „Der Umstand, daß die Programmbeschaffung der öffentlich-rechtlichen Rundfunkanstalten ihre Programmtätigkeit ermöglichen soll, und sich diese im öffentlich-rechtlichen Bereich vollzieht (BVerfGE 31, 314, 329), schließt nicht aus, die Rundfunkanstalten als Unternehmen im Sinne des GWB anzusehen.“[56]

Heute entspricht es darüber hinaus gefestigter höchstrichterlicher Rechtsprechung, daß öffentlich-rechtliche Leistungsbeziehungen privatrechtliche Wettbewerbsbeziehungen nicht ausschließen, sofern die Nachfrager zwischen den Angeboten auf dem Markt frei wählen können. Das gilt selbst dann, wenn die Anwendung der Normen des Unlauterkeitsrechts oder des Beschränkungsrechts ausnahmsweise zugleich in den öffentlich-rechtlichen Tätigkeitsbereich ein-

---

[56] BGH 14. 3. 1990, NJW S. 1991, S. 2815, S. 2817.

greifen[57]. Eine umfangreiche Rechtsprechung, die sich auf wichtige Bereiche wirtschaftlicher Tätigkeit des Staates erstreckt[58], hat hauptsächlich die Anwendung von § 1 UWG, §§ 22, 26 Abs. 2 GWB zum Gegenstand. Sie bestätigt die zentrale Rolle, die der Aufrechterhaltung des Wettbewerbs und der Kontrolle des wettbewerblichen Verhaltens des Staates ohne Rücksicht darauf zukommt, in welchen Rechtsformen die staatliche Wirtschaftstätigkeit organisiert ist.

4. Europäisches Gemeinschaftsrecht

Im Recht der Europäischen Gemeinschaften hat das Verhältnis von organisationsrechtlicher und normativ-funktionaler Betrachtung eine neue Qualtität gewonnen. Aus der Organisationsgewalt der Mitgliedstaaten folgt, daß sie über die Rechtsformen, in denen wirtschaftliche Tätigkeiten auszuüben sind, weitgehend frei entscheiden können. Diese Entscheidungen orientieren sich in den einzelnen Mitgliedstaaten aus historischen wie aus systematischen Gründen an verschiedenen Kriterien. Den daraus entstehenden Unterschieden in der Organisationsform liegen in der Regel jedoch keine für die Anwendung des Gemeinschaftsrechts erheblichen Unterschiede zugrunde. Aus dem Prinzip der einheitlichen und gleichmäßigen Anwendung des Gemeinschaftsrechts in den Mitgliedstaaten wie aus dem Vorrang des Gemeinschaftsrechts vor widersprechendem staatlichen Recht folgt, daß sich die gemeinschaftsrechtliche Qualifikation staatlichen Handelns nicht am Organisationsrecht der Mitgliedstaaten orientieren darf. Die unternehmensbezogenen sind ebenso wie die staatsbezogenen Normen des EWG-

---

57 BGH (GS) 22. 3. 1976, BGHZ 66, S. 229, S. 232 ff.; BGHZ 67, S. 81 ff.

58 Umfassende Nachweise bei *Emmerich* in *Immenga/Mestmäcker*, GWB-Kommentar, 2. Aufl. 1992, § 98 Abs. 1 Rdnrn. 12–38.

Vertrages vielmehr anhand genuin gemeinschaftsrechtlicher Kategorien auszulegen und anzuwenden.

Die wichtigsten Tatbestandsgruppen, die an anderer Stelle ausführlich dargestellt sind[59], werden hier nur als Beispiele für die genannten methodischen Fragen erwähnt. Es handelt sich um die Qualifikation von Hoheitsakten als unternehmerische Tätigkeit, um die Verpflichtung der Mitgliedstaaten, den Wettbewerbsregeln nicht ihre praktische Wirksamkeit zu nehmen, schließlich um die Anwendung des Vertrages auf Unternehmen, denen die Mitgliedstaaten besondere oder ausschließliche Rechte gewähren.

Auf Hoheitsakte der Mitgliedstaaten, selbst auf Akte der Gesetzgebung, sind die Wettbewerbsregeln anwendbar, sofern es sich um Tätigkeiten handelt, die wirtschaftlicher Natur sind und in ähnlicher Form privatrechtlich organisierten Unternehmen zugänglich wären[60]. Nach gefestigter und inzwischen ständiger Rechtsprechung verstoßen die Mitgliedstaaten gegen die Wettbewerbsregeln, wenn sie Maßnahmen treffen oder beibehalten, welche die praktische Wirksamkeit der Wettbewerbsregeln beeinträchtigen. Ein solcher Fall ist insbesondere gegeben, wenn ein Mitgliedstaat Art. 85 zuwiderlaufende Kartellabsprachen vorschreibt oder erleichtert oder deren Auswirkungen verstärkt[61]. Die Überwindung der organisationsrechtlichen Betrachtungsweise kommt besonders darin zum Ausdruck, daß ein solcher Tatbestand auch dann vorliegen kann, wenn der Staat einer eigenen Regelung dadurch ihren staatlichen Charakter nimmt, daß er die Ver-

---

59 *E.-J. Mestmäcker*, Staat und Unternehmen im Europäischen Gemeinschaftsrecht, Zur Bedeutung von Art. 90 EWGV, RabelsZ 52 (1988), S. 526 – 586.

60 Grundlegend EuGH 20. 3. 1985 – Rs. 51/85 (Italien ./. Kommission – „British Telecom"), Slg. 873; übereinstimmend EuGH 23. 10 1991 – Rs. C 41/90 (Hufner ./. Marocom – „Arbeitsvermittlungsmonopol") (noch nicht in der amtlichen Sammlung veröffentlicht).

61 EuGH 11. 4. 1989 – Rs. 60/86 (Ahmed Saeed Flugreisen ./. Zentrale zur Bekämpfung unlauteren Wettbewerbs), Slg. 838, 851.

antwortung für in die Wirtschaft eingreifende Entscheidungen privaten Wirtschaftsteilnehmern überträgt[62].

Derselbe Rechtsgedanke ist nach Art. 90 Abs. 1 auf Rundfunkanstalten anwendbar, wenn Mitgliedstaaten ihnen durch die Einräumung ausschließlicher Rechte eine Stellung verschaffen, „in der diese Unternehmen durch eine die eigenen Programme bevorzugende, diskriminierende Sendepolitik gegen Art. 86 verstoßen"[63].

Es zeigt sich, daß die Regeln des wirtschaftlich erheblichen Privatrechts sowie die den Wettbewerb sichernden Normen des deutschen und europäischen Wirtschaftsrechts auch in Anwendung auf die Wirtschaftstätigkeit des Staates geeignet sind, zu ihrer Vereinbarkeit mit den Erfordernissen spontaner Ordnungen beizutragen. Das gilt aufgrund des Prinzips normativ-funktionaler Differenzierung unabhängig von der privatrechtlichen oder öffentlich-rechtlichen Organisationsform.

---

62 EuGH 21. 9. 1988 – Rs. 267/86 (van Eycke ./. Asta), Slg. 4786, 4791.

63 EuGH 18. 6. 1991 – Rs. C 260/89 (ERT – AE u.a. ./. DEP – „Griechisches Fernsehen") (noch nicht in der amtlichen Sammlung veröffentlicht). Ausschließliche Rechte können als Maßnahmen gleicher Wirkung wie mengenmäßige Beschränkungen ferner gegen Art. 30 EWGV verstoßen; siehe EuGH 19. 3. 1991 – Rs. C 202/88 (Französische Republik ./. Kommission) (noch nicht in der amtlichen Sammlung veröffentlicht).

Der Weg zur Freiheit[1]

von

Christian Watrin

The dispute between the market order and socialism is no less than a matter of survival. To follow socialist morality would destroy much of present humankind and impoverish much of the rest.

F. A. von Hayek[2]

1 Erweiterte und überarbeitete Fassung der Friedrich A. von Hayek-Vorlesung vom 9. Mai 1990.

2 The Fatal Conceit. The Errors of Socialism, London 1988, S. 7.

I. War der Sozialismus ein Irrtum?

a) Rechtsstaat, Demokratie und Marktwirtschaft als Alternative zum Sozialismus

Wie kaum ein anderer hat Friedrich August von Hayek sich mit den Fragen einer freien Gesellschaft und ihrer Gefährdung befaßt. Seine besondere Sorge gilt einmal den beiden großen totalitären Strömungen in unserem Jahrhundert, zum anderen den freiheitsgefährdenden Tendenzen in demokratischen westlichen Gesellschaften. In seiner Jugend sozialistischen Ideen zugewandt, hat er sich nach einem Selbstzeugnis mit zunehmender Einsicht in die Natur der ökonomischen Probleme einer Gesellschaft zu einem „radikalen Anti-Sozialisten“[3] gewandelt. Diese Einsicht, so schreibt er in einer Auseinandersetzung mit seinen Kritikern, „brachte mich zu der Überzeugung, daß ich als Nationalökonom besser als auf irgendeine andere Weise mehr für meine Mitmenschen tun kann, wenn ich ihnen die Gründe darlege, weshalb ich dem Sozialismus entgegentrete“[4].

Hayeks Kritik ist in diesem Zusammenhang nicht als Sozialismuskritik im landläufigen Sinne zu verstehen, sondern er verwendet den Begriff „Sozialismus“ sowohl als Synonym für Kommunismus[5] als auch in „Opposition gegen *alle* direkten Regierungseingriffe in den Markt, in wessen Interesse solche Eingriffe auch immer ausgeübt werden“[6]. Mit Nachdruck wendet er sich dagegen, eine solche Einstellung als Laissez-faire-Haltung abzutun; denn ein Funktionieren

---

[3] Friedrich August von Hayek, Drei Vorlesungen über Demokratie, Gerechtigkeit und Sozialismus, Walter Eucken Institut (Hrsg.), Vorträge und Aufsätze 63, Tübingen 1977, S. 55.

[4] Ebenda.

[5] Siehe Hardy Bouillon, Die Irrtümer des Sozialismus. Zu dem Werk „The Fatal Conceit“ von Friedrich A. von Hayek. In: ORDO, Jahrbuch für die Ordnung von Wirtschaft und Gesellschaft Bd. 41 (1990), S. 279.

[6] Hayek, Drei Vorlesungen, a.a.O., S. 55 (Hervorhebung im Original).

des Marktes „erfordere einen Rahmen angemessener Regeln“ innerhalb derer „der Markt reibungslos ablaufen“ kann[7]. Und er betont – wie viele vor ihm – daß die Regierung im allgemeinen Interesse außerhalb des Marktes Güter anbieten müsse, die der Markt selbst nicht hervorbringt. Er bestreitet jedoch, daß sich daraus ein Anspruch auf die Begründung staatlicher Monopole ableite[8], vielmehr müsse sich jede staatliche Dienstleistung dem Wettbewerb stellen.

Läßt man Hayeks umfangreiches sozialphilosophisches Schrifttum, das aus seiner lebenslangen Auseinandersetzung mit freiheitsfeindlichen oder -gefährdenden Strömungen hervorgegangen ist, Revue passieren, so ist es konsequent auf die Bewahrung einer freien Gesellschaft ausgerichtet. Er ist der ständige Mahner vor Versuchen, sozialistische Ideale, wie die Egalisierung der Einkommen, in die Praxis umzusetzen, weil sie aller Voraussicht nach die freiheitliche Demokratie und die Marktwirtschaft nachhaltig schwächen, wenn nicht sogar zerstören würden. Der totalitäre Sozialismus, wie er sich zuerst in Rußland entwickelte, und ebenso der deutsche Nationalsozialismus aber sind für ihn Beispiele für die Folgen einer Zerstörung von Demokratie, Rechtsstaat und Marktwirtschaft und deren Ersetzung durch Parteidiktatur und zentrale Wirtschaftslenkung.

Hayek hat, auch wenn er nicht unmittelbar in die deutsche Diskussion verwickelt war, nicht den Fehler der Faschismustheorie begangen, lediglich die deutsche Spielart des Totalitarismus als inhuman und zerstörerisch zu kritisieren. Ebenso wie Popper[9] vermag er keinen praktisch erheblichen Unterschied zwischen der Klassen- und der Rassen-

---

7 Ebenda.

8 Ebenda.

9 Karl R. Popper, The Open Society and Its Enemies, Band 2, deutsch unter dem Titel: Falsche Propheten. Hegel, Marx und die Folgen, Bern 1958, S. 188ff.

theorie zu entdecken. Beide Theorien dienen als Rechtfertigung für die brutale Verfolgung von Menschen, sei es als „Klassenfeinde" oder als angeblich rassisch Minderwertige. Daß solche Regime schließlich ihre Bürger als „Staatsfeinde" verdächtigen und viele gnadenlos verfolgen, liegt in ihrer inneren Logik.

Hayeks Anliegen in der geistigen Auseinandersetzung ist die Abwehr jeglicher kollektivistischer Tendenzen, die Stärkung freiheitlicher Strömungen und das Bemühen, seine Mitmenschen über die Vorzüge einer freiheitlichen Gesellschaft aufzuklären. Soweit mir bekannt – aber dies steht unter dem Vorbehalt, daß mir längst nicht alle seine Schriften zugänglich sind – fehlt bei ihm jedoch eine Thematik: Was tun, wenn es gilt, zusammengebrochene totalitäre Gesellschaften wieder auf den Weg der Freiheit zurückzuführen?

Hayek war in der Mitte seines Lebens Zeuge des westdeutschen Übergangs zu Rechtsstaat, Demokratie und Marktwirtschaft – den Begriff „Soziale Marktwirtschaft" hat er in diesem Zusammenhang immer abgelehnt – und er hat die Rückkehr der Bundesrepublik in den Kreis der westlichen Demokratien häufig als Beispiel eines geglückten Übergangs zur freien Gesellschaft hervorgehoben. Auf den Tagungen der von ihm mitbegründeten Mont-Pelerin-Society hat er oft betont, daß auf dem Weg zur Freiheit Überzeugungsarbeit zu leisten und der Wandel des geistigen Klimas anzustreben sei. Aber eine ausführlichere Behandlung des Übergangsproblems selbst fehlt nach meiner Kenntnis bei ihm, wie übrigens auch weitgehend in der engeren Fachliteratur vor den revolutionären Umwälzungen in den ehemals kommunistischen Staaten[10].

---

[10] Angesichts des Übergangs zu Marktwirtschaft und Demokratie in osteuropäischen Ländern wird verschiedentlich das Fehlen einer Lehre vom Wirtschaftssy-

Auch in einer Hayek gewidmeten Festschrift, die den Titel „Roads to Freedom“[11] trägt, wird das Thema nicht im Sinne des Übergangs vom totalitären Sozialismus zur Marktwirtschaft behandelt. Das gibt mir die Freiheit, auf diesen Titel anzuspielen.

Im nachhinein und angesichts der historischen Erfahrungen ist es überraschend, daß Hayek die Übergangsproblematik nicht erörtert. Denn in umgekehrter Richtung, beim Übergang vom sogenannten Kapitalismus zum Sozialismus, ist sie Gegenstand einer nicht mehr überschaubaren sozialistischen Literatur. Marx selbst hat die Übergangsproblematik in sein geschichtstheoretisches Schema zu pressen versucht. Hunderte vonAutoren sind ihm gefolgt[12]. Popper[13]

---

stemwandel beklagt. (So bei Norbert Kloten, Zur Transformation von Wirtschaftsordnungen. In: ORDO, Jahrbuch für die Ordnung von Wirtschaft und Gesellschaft Bd. 40 (1989). S. 108f. und bei Andreas Wass von Czege, Ungarns Integration in die Weltwirtschaft. Vision oder Alptraum. In: Außenwirtschaft, 44. Jg. (1989) S. 153.) Wie jedoch eine solche Theorie des Wirtschaftssystemwandels beschaffen sein und was sie leisten soll, ist offen. Systemwandel ist jedoch keineswegs so selten, wie manchmal angenommen wird. Nicht nur die westdeutsche Wirtschafts- und Währungsreform von 1948 ist hierfür ein Beispiel, sondern auch der Übergang vieler Entwicklungsländer von sozialistischen zu marktwirtschaftlichen Ordnungen. (Siehe hierzu auch C. Watrin, Der schwierige Weg von der sozialistischen Planwirtschaft zur marktwirtschaftlichen Ordnung. In: Theorie der Wirtschaftspolitik, hrsg. von J.-M. Graf von der Schulenburg und Werner Sinn, Tübingen 1990, S. 28. Speziell zum Systemwechsel in Entwicklungsländern siehe Lutz Hoffmann, Preise, Politik und Prioritäten. In: Frankfurter Allgemeine Zeitung Nr. 28 vom 2. Februar 1991, S. 13.) Eine auch heute noch lesenswerte Darstellung wichtiger Aspekte der Transformation einer Zentralverwaltungswirtschaft in eine Marktwirtschaft findet sich bei Propp. Er erörtert vor allem die bei der Eigentumsordnung, den Unternehmen, dem Preissystem und der Geld- und Fiskalpolitik auftretenden Probleme. (Peter Dietrich Propp, Zur Transformation einer Zentralverwaltungswirtschaft sowjetischen Typs in eine Marktwirtschaft, Berlin 1964, Nachdruck Köln 1990, S. 278ff.)

11 Roads to Freedom, Essays in Honour of Friedrich A. von Hayek, hrsg. von Erich Streissler u.a., London 1969. Das Werk befaßt sich aus der Perspektive demokratisch-marktwirtschaftlich verfaßter Ordnungen mit Reformproblemen in einer freiheitlichen Gesellschaft und Wirtschaft.

12 Der prominenteste ist W. I. Lenin, Die nächsten Aufgaben der Sowjetmacht. In: W. I. Lenin, Ausgewählte Werke in sechs Bänden, Bd. IV, Berlin 1988, S. 329ff.

13 Popper, a.a.O., Bd. 2, S. 179ff., 185ff.

hat in kritischer Absicht Mitte der vierziger Jahre den revolutionären mit dem demokratischen Weg zum Sozialismus verglichen – ein Thema, das sich ganz im Widerspruch zu seiner Geschichtstheorie auch beim späten Marx findet[13a].

Die Problematik des Übergangs vom sog. Kapitalismus zum Sozialismus wird auch in einem einflußreichen Buch, dessen erste englische Ausgabe zwei Jahre vor Hayeks „Weg zur Knechtschaft“[14] erschien, behandelt, und zwar in Schumpeters Werk „Kapitalismus, Sozialismus und Demokratie“[15]. Sein Autor, wie Hayek der österreichischen Schule der Nationalökonomie angehörend, schlägt vor, für den Fall, daß der Übergang zum Sozialismus bereits „im Stadium der Unreife“ erfolge, eine Inflation in Gang zu setzen, um das nach seiner Meinung unvermeidbare Endstadium der künftigen Entwicklung zu erreichen. Als Schumpeter seine Empfehlung abgab, hatte man in Europa bereits mehrfach versucht, mittels völliger Geldentwertung das den vermeintlichen Kapitalismus kennzeichnende Geldwesen zu zerstören, so in Ungarn und vor allem in der russischen Oktoberrevolution von 1917. Das menschliche Leid, das diese Politik erzeugte, wurde ebenso wie ihr schnelles Scheitern später als „Kriegskommunismus“ zu kaschieren versucht. Gleichwohl waren die damaligen Zerstörungen des Geldwesens der erste Versuch in neuerer Zeit, den Übergang zu einem kommunistischen System einzuleiten; ihm sollten weitere, in der Mittelwahl meist schlimmere Schritte folgen.

13a Siehe hierzu Julius I. Löwenstein, Vision und Wirklichkeit. Marx contra Marxismus, Basel und Tübingen 1970, S. 106ff.

14 Friedrich A. von Hayek, The Road to Serfdom, 1944, deutsche Übersetzung unter dem Titel: Der Weg zur Knechtschaft, Erlenbach-Zürich o. J. (1952).

15 Joseph A. Schumpeter, Capitalism, Socialism and Democracy, Erstausgabe 1942. Deutsche Übersetzung unter dem Titel: Kapitalismus, Sozialismus und Demokratie, 2. erw. Aufl. München 1950, Kap. 19, besonders S. 360.

b) Warum scheitert die sozialistische Idee?

Aus den Verstrickungen, die der Sozialismus mit seiner Einparteiendiktatur als politisches und wirtschaftliches System hervorgebracht hat, versuchen sich jetzt mehrere osteuropäische Länder und möglicherweise auch die Sowjetunion, ganz oder in einzelnen Landesteilen, zu lösen. Dort, wo freie Wahlen stattgefunden haben, wurde mit großer Mehrheit für die Hinwendung zur westlichen Demokratie und zur Marktwirtschaft votiert. Die betreffenden Länder befinden sich, vorausgesetzt kommunistische Konterrevolutionen finden nicht statt oder werden erfolgreich verhindert, auf dem Weg zur Freiheit.

Hayeks Frage (anläßlich eines für 1978 geplanten, aber am Ende nicht zustandegekommenen Symposions[16]) „Was Socialism a Mistake?", ist mittlerweile eindeutig gerade von Vertretern des ehemaligen sozialistischen Lagers beantwortet worden. So forderte die Wirtschaftsministerin der kommunistischen Modrow-Regierung, Frau Luft, selbst jahrzehntelang zum harten Kern gehörend, wenige Wochen nach dem Fall der Berliner Mauer, daß „mit der früheren zentralistischen Kommandowirtschaft radikal zu brechen" und „statt dessen zu einer funktionsfähigen Marktwirtschaft überzugehen" sei. Dabei geht es – so Frau Luft – um „eine Marktwirtschaft, die ökonomisch effizient ist und

16 Dieses Symposion war als eine mehrtägige öffentliche Diskussion zwischen zwei gleich großen Gruppen von Vertretern freiheitlich-marktwirtschaftlicher und sozialistisch-planwirtschaftlicher Positionen in westlichen Universitäten zu einer Reihe von Sachthemen geplant. Es kam u.a. nicht zustande, weil sich nicht genügend erstklassige Ökonomen, Sozialphilosophen und Rechtswissenschaftler fanden, die bereit waren, für die zweite Auffassung einzutreten. Angesichts des Scheiterns wurde Hayek, der diese Auseinandersetzung mit einem Katalog von Thesen auf seiner Seite eröffnen wollte, von mehreren seiner Kollegen ermuntert, seine Ideen weiter auszuarbeiten. Sein letztes Buch, The Fatal Conceit. The Errors of Socialism, The University of Chicago Press, 1988, geht auf den obigen Plan zurück. Siehe hierzu auch das Vorwort des Herausgebers W.W. Bartley III zu diesem Buch.

die sich international als wettbewerbsfähig erweist, die demokratisch gestaltet wird, (die) sozialen und ökologischen Erfordernissen gleichermaßen Rechnung trägt und (die) zu ständiger Erneuerung fähig ist“[17].

Es gibt allerdings auch andere Stimmen. Danach ist im Osten Europas nicht „die sozialistische Produktionsweise sondern ihre stalinistische Perversion gescheitert“. Denn erstere hatte „infolge der ... stalinistischen Entartung keine reale Chance, ihre Lebenskraft und ihre Vorzüge zu beweisen“. Diese Position wäre respektabel, wenn gleichzeitig eine Alternative aufgezeigt werden könnte, der nicht der Makel des Ausweichens in neue oder alte Utopien oder in fehlgeschlagene Experimente anhaftet. Umschreibt man jedoch die neue sozialistische Gesellschaft durch Entstaatlichung und Demokratisierung, Gemeineigentum, Leistungsprinzip und durch die „Verknüpfung gesamtwirtschaftlicher Planung ... mit den marktwirtschaftlichen Gesetzen und Prinzipien[18]“, dann wird ein Vorschlag wiederholt, der sich weder in der Form der „indikativen Planung“ oder „gelenkten Marktwirtschaft“ noch in der Form der „Planwirtschaft der leichten Hand“ oder den Liberalisierungsschritten nach dem Liberman-Modell bewährt hat. Im übrigen aber bestätigt der Vorwurf, daß der sogenannte realexistierende Sozialismus trotz der Zurückdrängung stalinistischer Methoden in vielen Lebensbereichen, trotz mehrerer großer Wirtschaftsreformversuche und trotz des Gorbatschowschen Perestroika-Experiments die „stalinistische Perversion“ bis in die Gegenwart hinein nicht abstreifen konnte, jene ord-

---

17 Christa Luft, Redemanuskript der Ansprache vor der Industrie- und Handelskammer vom 16. Januar 1990, S. 2.

18 So W. Schließer in der ersten Nummer der 1990 in der ehemaligen DDR wiederbegründeten Zeitschrift „Die Wirtschaft“.

nungspolitischen Analytiker, die wie Franz Böhm[19] gezeigt haben, daß die innere Logik eines zentralverwaltungswirtschaftlichen Systems „notwendig zu einer ... monumentalen Konzentration von *politischer Gewalt* führt, und zwar entweder in den Händen der verfassungsmäßig bestellten *Staatslenker* oder aber in den Händen *rivalisierender Aktivistengruppen*, die untereinander in der Form von Palastrevolutionen um die Macht" kämpfen. Dieser Konsequenz entgeht man auch nicht, wenn man die neue „Aneigungsweise" (im Sinne von Marx) durch Entstaatlichung und Demokratisierung des gesellschaftlichen Eigentums umschreibt. Denn dies ist nur eine andere Umschreibung einer gesamtwirtschaftlichen Planung mittels eines Rätesystems. Der Rätesozialismus aber hat sich in der Praxis ebensowenig bewährt wie der eng mit ihm verwandte Selbstverwaltungssozialismus.

Der gleiche Einwand gilt auch für die in jüngerer Zeit oft vorgetragene These, in Wahrheit sei im Ostblock lediglich der „Patriarchen-Sozialismus" gescheitert. Das impliziert die Behauptung, der bloße Übergang der politischen Macht in jüngere Hände könne bereits eine Wende zum Besseren bewirken. Gerade so aber läßt sich das ordnungspolitisch zentrale Machtproblem nicht lösen. Es stellt sich auf allen Ebenen des menschlichen Zusammenlebens, in besonderer Schärfe aber in einer Subordinationsordnung mit Einparteiendiktatur und zentraler Planwirtschaft[20].

In der großen Wirtschaftsordnungsdebatte der letzten siebzig Jahre hat Hayek diese kritischen Einwände unterstützt und vor allem auf Gefährdungen der menschlichen Freiheit verwiesen, die – auch in Demokratien – aus der

---

[19] Franz Böhm, Freiheit und Ordnung in der Marktwirtschaft, hrsg. von Ernst-Joachim Mestmäcker, Baden-Baden 1980, S. 356 (Hervorhebungen im Original).

[20] Ebenda S. 25.

Verwirklichung zentralplanerischer Ideen resultieren. Sein besonderer Beitrag zur Kritik des Versuches, die moderne arbeitsteilige Wirtschaft zentral durch eine Planbürokratie zu lenken, aber ist das Argument der Nichtbeachtung der Grenzen menschlicher Erkenntnisfähigkeit. Jenseits der kleinen hierarchisch strukturierten menschlichen Gruppen ist die moderne, aus einem anhaltenden Bevölkerungswachstum hervorgegangene „ausgedehnte Gesellschaft" (extended society) viel zu komplex und undurchschaubar, um von einer Zentrale hinreichend effizient gelenkt zu werden.

Dieses Hayeksche Argument wird heute weitgehend akzeptiert[21]. Der hochdifferenzierte interdependente volkswirtschaftliche Produktionsprozeß mit seinen zahllosen Liefer- und Bezugsbeziehungen zu verschiedenen Zeitpunkten und an verschiedenen Orten kann von einer Zentrale, ihren nachgeordneten Behörden und Ministerien weder ausreichend überwacht noch koordiniert werden. Die arbeitsteilige Produktion kommt hier oft genug schon dadurch zum Erliegen, weil „das Material fehlt".

Die Zentralplanung verfügt ferner über kein volkswirtschaftliches Signalsystem analog dem System variabler Preise in der Marktwirtschaft, an dem sich alle Wirtschaftsteilnehmer orientieren können; statt dessen ist ein nicht aufeinander abgestimmtes Konglomerat von Planauflagen, Kennziffern und Normen vorgegeben, das weder in der Mikro-

---

21 Es findet sich an vielen Stellen in Hayeks Schriften, siehe beispielsweise Friedrich August von Hayek, Individualismus und wirtschaftliche Ordnung, Erlenbach-Zürich, 1952, S. 49ff. – Derselbe, Mißbrauch und Verfall der Vernunft. Ein Fragment, Frankfurt 1959, S. 120ff. – Derselbe, Die Irrtümer des Konstruktivismus und die Grundlagen legitimer Kritik gesellschaftlicher Gebilde, Salzburg 1970, S. 13ff. – Derselbe, Freiburger Studien, Gesammelte Aufsätze, Walter Eucken Institut (Hrsg.), Wirtschaftswissenschaftliche und wirtschaftsrechtliche Untersuchungen 5, Tübingen 1969, S. 84f. – Derselbe, New Studies in Philosophy, Politics, Economics and the History of Ideas, London 1978, S. 232ff. – Derselbe, The Fatal Conceit, a.a.O., S. 71ff., S. 85ff.

noch in der Makroordnung konsistente Dispositionen der Wirtschaftssubjekte zuläßt. Die zentrale Planbehörde selbst aber erweist sich als außerstande, über das Stadium „einer vorwiegend naturalwirtschaftlichen Direktplanung[22] hinauszugelangen. Dadurch entstehen jene schweren Effizienzmängel, die schon in der Wirtschaftsrechnungsdebatte der zwanziger Jahre kritisiert wurden[23].

Die mangelhafte Lösung des gesamtwirtschaftlichen Koordinationsproblems hat zur Folge, daß sich die Zentrale mit äußerst groben Produktionsvorgaben begnügen muß. Das führt auf der Ebene der Betriebe zur Herstellung von Gütern und Zwischenprodukten, die in Menge, Qualität und Lieferzeitpunkt nicht zusammenpassen, und auf der Konsumentenebene zu Gütern, die in den produzierten Mengen und Qualitäten nicht mit den Verbraucherwünschen übereinstimmen. In der betrieblichen Sphäre hat die unzureichende gesamtwirtschaftliche Planung den Versuch zur Folge, sich „störfrei zu machen", indem möglichst alle Vorprodukte von den Unternehmen selbst erstellt werden. Das wiederum läßt die wirtschaftlichen Vorteile der zwischenbetrieblichen Arbeitsteilung nicht zum Zuge kommen. Auf der Endverbraucherebene aber hilft nur der Rückzug in die Eigenwirtschaft, also wiederum der Verzicht auf Vorteile der gesellschaftlichen Arbeitsteilung.

Allfälliger Ausdruck der mangelnden Koordinationsfähigkeit einer zentralen Planung ist auch die Ausrichtung der Betriebe an der Planerfüllung und die damit nicht zu vereinbarende Bindung des Lohn- und Prämiensystems an die

---

22 Luft, a.a.O., S. 2.

23 Siehe besonders Ludwig von Mises, Die Wirtschaftsrechnung im sozialistischen Gemeinwesen. In: Archiv für Sozialwissenschaft und Sozialpolitik, Bd. 47, 1920/21. – Derselbe, Die Gemeinwirtschaft. Untersuchungen über den Sozialismus, 2. Aufl. Jena 1932, Neudruck München 1981, S. 188ff.

*Über*erfüllung der Pläne – ein Widerspruch in sich in einem auf Planbilanzen und Planmäßigkeit gegründeten System, das im sogenannten „Gesetz von der planmäßigen und proportionalen Entwicklung der sozialistischen Volkswirtschaft“ die Idee einer umfassenden und reibungslosen Abstimmung aller Teilpläne propagiert.

Schließlich aber erweist sich das zentrale Planungssystem als unfähig, dem von der österreichischen Schule in den Mittelpunkt gerückten Gesichtspunkt Rechnung zu tragen, daß gesellschaftliches Wirtschaften nicht in der Lösung eines gigantischen Allokationsproblems besteht, durch das die gesamten Ressourcen einer Volkswirtschaft optimal eingewiesen werden. Es geht vielmehr darum, in einer Welt der Unsicherheit und des permanenten Wandels Institutionen zu entwickeln, die die Wirtschaftspläne der einzelnen Akteure stets neu koordinieren und sie ständig veranlassen, sich den sich wandelnden Bedingungen effizient anzupassen.

Die einzig befriedigende Methode, um diesen Koordinationsprozeß in die Wege zu leiten, sind Märkte, die aus dem spontanen Zusammenwirken der Beteiligten hervorgehen und auf denen sich freie Preise bilden. Nur freie Märkte sind in der Lage, das Auseinanderdriften der Wünsche, Ansichten und Pläne der jeweiligen Nachfrager oder Anbieter zu vermeiden, und so die Handlungen aller aufeinander abzustimmen und Ungleichgewichte zu überwinden. Die gegenseitige Abstimmung über Märkte und die Orientierung an variablen Preisen aber ist, wie Hayek nicht müde wird zu betonen, der Alternative, diese Koordinierungsaufgabe einer Zentralbehörde zu übertragen, eindeutig überlegen. Sie erlaubt es, das auf eine Vielzahl von Menschen verstreute Wissen über sich wandelnde Produktions- und Versorgungsmöglichkeiten zu nutzen. Es wird wirkungsvoll koordiniert und führt durch die fortwährende Verfeinerung der Arbeitsteilung zu steigendem gesellschaftlichen Wohlstand.

Die Vertreter der sozialistischen Planung hingegen versuchen, durch fortwährende Kritik an den Mängeln eines auf spontaner Koordination beruhenden Marktsystems die Überlegenheit ihrer Alternative zu demonstrieren. In der Praxis scheitert die Zentralplanung – anders als die preisgesteuerte Marktwirtschaft – jedoch an der Unmöglichkeit, die erforderliche Menge an Informationen zeitgleich zu erfassen, zu speichern und wirtschaftlich umzusetzen. Ungewollt, aber aus theoretischer Sicht gleichzeitig unvermeidbar, hat eine solche Politik statt der versprochenen ständig steigenden „Befriedigung der materiellen und kulturellen Bedürfnisse der Werktätigen" das Aufkommen einer „Mangel-Wirtschaft" zur Folge. Ferner entfaltet sich statt der vermeintlich planmäßigen Steuerung des Wirtschaftsablaufs eine durch politische Erwägungen bedingte regellose Interventionspolitik. In ihr wird es unmöglich, güterwirtschaftliche und monetäre Erfordernisse miteinander in Einklang zu bringen. Es entstehen kaufkraftarme Einkommen und die produktiven Möglichkeiten der sozialistischen Länder werden so unzureichend genutzt, daß das internationale Wohlstandsgefälle sich ständig verstärkt.

Die von Hayek in das Zentrum der Diskussion gerückte Frage nach der unterschiedlichen Leistungsfähigkeit verschiedener Wirtschaftssysteme und deren Möglichkeiten, die gesellschaftliche Wohlfahrt zu verbessern, erlaubt somit aus heutiger Sicht eine eindeutige Antwort. Planwirtschaften sowjetischen Typs haben sich nicht bewährt. Das gilt auch, wenn die gern verwendete Unterscheidung zwischen Allokation und Distribution – in Wirklichkeit zwei Seiten derselben Medaille – herangezogen wird. Der Versuch, für die „realexistierenden" sozialistischen Wirtschaftssysteme ein höheres Maß an distributiver Gerechtigkeit zu reklamieren, begegnet einer Wirklichkeit, in der zwar die monetären Einkommen der „Werktätigen" weitgehend egalisiert sind, in der aber gleichzeitig die „Avantgarde des Proletariats" – verkörpert durch die Mitglieder des Parteiapparates und die sie stützenden Schichten – über zahlreiche Privilegien verfügt, die inmitten des allgemein vorherrschenden Mangels an Gütern den Begünstigten einen wesentlich höheren Lebensstandard erlauben als ihren Mitbürgern. Daß diese auf Macht und Einfluß und nicht auf wirtschaftlicher Leistung beruhende Vorzugstellung sich im Ost-West-Vergleich am Ende als ärmlich herausstellte, ändert an der Privilegierung im System nichts.

II. Der Weg aus der Knechtschaft

a) Die Erosion des sozialistischen Machtmonopols durch Wettbewerb und Abwanderung

Die Möglichkeiten, ein totalitäres Gesellschafts- und Wirtschaftssystem zu überwinden, sind in der Vergangenheit verschieden beurteilt worden. Als unhaltbar hat sich die oft vorgetragene Irreversibilitätsthese erwiesen, nach der die im Zuge des sozialistischen Aufbaus entstandenen gesellschaftlichen Umwälzungen nicht mehr rückgängig gemacht werden können[24]. Geistesgeschichtlich ist diese Behauptung nichts anderes als eine späte Spiegelung der Marxschen Geschichtstheorie, des Glaubens an die Determiniertheit der Menschheitsgeschichte. Die Erfahrungen in der ehemaligen DDR und den osteuropäischen Ländern (besonders Polen, der Tschechoslowakei und Ungarn) zeigen jedoch, daß weder das Kollektiveigentum noch die zentrale Wirtschaftsplanung noch die Einparteienherrschaft unüberwindbar sind. So ist durch eine Verkettung einmaliger historischer Umstände in unserem Lande das Machtmonopol der Sozialistischen Einheitspartei, sein sich über die gesamte Gesellschaft erstreckender geheimpolizeilicher Kontrollapparat und sein Wirtschaftslenkungssystem durch eine friedliche Revolution hinweggespült worden. Diese ging vom Volke und nicht von Führungsgruppen oder Intellektuellen aus; es war ein spontaner Prozeß im Sinne Hayeks.

Aus ökonomischer Sicht sind die dramatischen Ereignisse nur unvollständig zu erklären. Auf vielen Gebieten war Wettbewerbsdruck wirksam: über den Äther, durch Besuchsreisen in den Westen, durch viele private Kontakte über die Grenzen hinweg, durch die Politik der Perestroika und durch den erfolgreichen Widerstand, dem das kommu-

---

24 Siehe hierzu u. a. Propp, a.a.O., S. 289, Fußnote 24 und die dort zitierte Quelle.

nistische Regime in Polen begegnete[25]. Der Wettbewerb höhlte auch das Philosophie- und Weltanschauungsmonopol des Marxismus aus und entwertete alle zu seiner Befestigung ergriffenen Maßnahmen, angefangen von Terror und Einschüchterung über die sozialistische Erziehung bis hin zur Blockierung des Zugangs zu besseren Lebensmöglichkeiten für Dissidenten.

Das politisch auslösende Ereignis für den Sturz des Systems war in Deutschland die unvorhergesehene Möglichkeit zur Abwanderung in den Westen. Die Öffnung der ungarischen Grenze im Spätsommer 1989 machte den politischen „Widerspruch" im Sinne des Hirschmanschen Schemas von „Abwanderung und Widerspruch"[26] weniger gefährlich. Massendemonstrationen gegen das System erzeugten politische Reaktionen, die seinen schnellen Zusammenbruch bewirkten. Der Vergleich der Lebensumstände in Ost und West durch die nach dem Fall der Mauer in beide Richtungen möglich werdenden Reisen tat ein übriges, um den „Wettkampf der Systeme" nicht im Sinne der Konvergenzlehre sondern zugunsten einer freiheitlichen Ordnung zu entscheiden.

Die Sprengwirkung marktwirtschaftlicher Enklaven, auf die beispielsweise Böhm[27] Hoffnungen bei der Überwindung totalitärer Wirtschaftssysteme setzt, spielte in diesem Prozeß keine Rolle. Die friedlichen Revolutionen gingen nicht mit Liberalisierungen und Öffnungen des Wirtschaftssystems einher. Und im chinesischen Fall konnten die politi-

---

[25] Siehe hierzu auch C. Watrin, Ordnungspolitische Defizite der DDR-Wirtschaft und Möglichkeiten zu deren Überwindung durch marktwirtschaftliche Reformen. In: Fragen zur Reform der DDR-Wirtschaft, Heft 37 der Beihefte der Konjunkturpolitik, Zeitschrift für angewandte Wirtschaftsforschung, Berlin 1990, S. 10.

[26] Albert O. Hirschman, Abwanderung und Widerspruch, Tübingen 1974, S. 17ff. und 25ff.

[27] Böhm, a.a.O., S. 85.

schen Auswirkungen einer teilweisen Liberalisierung der Wirtschaft durch rücksichtslose Gewaltanwendung leider wieder unter Kontrolle gebracht werden.

Auch die von vielen Ostexperten favorisierte These vom allmählichen, sich über Jahrzehnte erstreckenden Wandel kommunistischer Systeme zu demokratischen Ordnungen erwies sich als unzutreffend. Zwar läßt sich ein plötzlicher und unerwarteter Umsturz im nachhinein als das „allmähliche Heranreifen einer revolutionären Situation" interpretieren. Aber die allgemeine Überraschung über die Schnelligkeit des Zusammenbruchs und das Staunen über den Eintritt von Ereignissen, die noch kurz zuvor in das Reich der Fabel verwiesen wurden, ist ein Beleg dafür, daß auch Sachkenner den tatsächlichen Verlauf nicht vorhergesehen haben. Die kulturelle Evolution im Sinne Hayeks ist eben nicht, wie u.a. die deutsche historische Schule und auch Marx glaubten, ein durch historische Entwicklungsgesetze oder Stufenfolgen determinierter Prozeß. Auf den „Kapitalismus" folgt nicht notwendig der „Sozialismus" und dann die „klassenlose Gesellschaft". Vielmehr besteht das Eigenartige evolutionärer Prozesse darin, daß sie zur „Entdekkung neuer Tatsachen und neuen Wissens" führen und daß diese neuen Erkenntnisse selbst nicht vorausgesagt werden können[28]. Die Anpassung an die unvorhergesehenen und unvorhersehbaren Änderungen und Ereignisse aber folgt im Wege von Experiment, Selektion und Imitation, wobei sich nach Meinung Hayeks auf lange Sicht (nicht in jedem Einzelfall[29]) die besseren Lösungen durchsetzen. Ein bedeuten-

[28] Siehe hierzu Friedrich A. von Hayek, Evolution und spontane Ordnung, Sonderdruck der Bank Hofmann AG eines Vortrages am 3. Juli 1983 in Zürich, S. 21.

[29] Hier zeigt sich auch, daß die Idee der kulturellen Evolution eben keine Entwicklungstheorie im landläufigen Sinne ist und daß der Einwand, in ihr hätte beispielsweise das Entstehen des modernen Totalitarismus keinen Platz, unzutreffend ist. Vom evolutorischen Standpunkt aus handelt es sich hier um eine Fehlanpassung größten Ausmaßes. Der Zusammenbruch des Kommunismus ist daher eher ein Argument, das die Hayeksche Position stützt.

des Element des langfristigen Evolutionsprozesses aber ist nach Hayek das Aufkommen des Sonder- oder (Privat-) eigentums in westlichen Gesellschaften.

b) Das zentrale Problem – der Übergang vom gesellschaftlichen zum privaten Eigentum

Hayek ist nicht müde geworden, die zentrale Bedeutung des Privateigentums für den Aufbau und die Sicherung einer freiheitlich verfaßten Gesellschaft zu betonen. Seine Auffassung wird durch neuere wirtschaftshistorische Untersuchungen über die europäische Sonderentwicklung seit dem frühen Mittelalter gestützt. Danach ist der wirtschaftliche Aufstieg Europas nicht in erster Linie durch den technischen Fortschritt zu erklären, sondern er ist das Resultat des Entstehens von Privateigentum[30]. Technischer Fortschritt kann sich auf breiter Front erst auf der Basis eindeutiger und gesicherter Eigentumsrechte in wirtschaftlichen Fortschritt verwandeln. Denn ohne die rechtlich geschützte Möglichkeit, sich die Erträge besonderer Leistungen aneignen zu können, entstehen weder die erforderlichen Anreize zur Innovation noch zur Arbeit. Sie sind aber nötig, um den wirtschaftlichen Expansionsprozeß in Gang zu setzen. Eigentum und Eigentumsschutz haben somit ökonomisch gesehen die Aufgabe, Innovationsanreize zu schaffen.

Die Chance, höhere Einkommen zu erzielen, erzeugt gleichzeitig Anreize, Marktsignalen zu folgen. Die Rolle des Privateigentums aber besteht darin, daß es autonome Handlungsrechte einräumt, die ihrerseits wie Eucken und Hayek betonen, die unerläßliche Voraussetzung für das Entstehen

---

30 Siehe hierzu ausführlich Erich Weede, Wirtschaft, Staat und Gesellschaft. Zur Soziologie der kapitalistischen Marktwirtschaft und der Demokratie, Tübingen 1990, S. 58f.

von Märkten, für Wettbewerb und für wirtschaftliche Dynamik sind[31]. Das Fehlen privater Handlungssrechte zur Durchführung von Innovationen hingegen erweist sich als Quelle von Stagnationstendenzen[32].

Wenn dem so ist, dann liegt es nahe zu erwarten, daß sich politische Prozesse entfalten, in denen der Übergang vom sogenannten Volkseigentum zum privaten Eigentum auch an Produktionsmitteln schnell vollzogen wird. Tatsächlich handelt es sich jedoch hier um das schwierigste Problem im gesamten Übergangsprozeß. Dafür können zwei Gründe angeführt werden: einmal das Fortwirken sozialistischer Denkmuster und zum anderen ein Verfassungsproblem, die Umwandlung einer sozialistischen in eine private Eigentumsordnung.

1. Die These von der höheren moralischen Qualität des Gemeineigentums

Es sind nicht nur unsere aus der kleinen Gruppe überkommenen atavistischen Antriebe, auf die Hayek so oft hinweist, die uns in Fragen des Zusammenlebens in großen und weitgehend anonymisierten Gesellschaften oft ungewollt in Denkkategorien der Kleingruppe und des Gemeineigentums zurückfallen lassen. Von gleichem Gewicht ist die jahrhundertelange Sozialkritik am Privateigentum, die viele Partei ergreifen läßt für die Idee, Gemeineigentum habe eine höhere moralische Qualität als Privateigentum, bedeute letzteres doch, daß der Nachbar sowohl vom Gebrauch der Güter als auch der Aneignung von Früchten aus Kapitalbesitz ausgeschlossen werde. So schreibt von Dohnanyi, der aus der Einsicht heraus, daß Gemeineigentum überall versagt habe, für Privateigentum an den Produktionsmitteln

31 Ebenda, S. 59.

32 Ebenda, S. 59.

plädiert, in den Monaten des gesellschaftlichen Umbruchs in der DDR:

„... für die Wirtschaftsreform in der DDR wird die Eigentumsfrage eine zentrale Rolle spielen. Und das ist politisch sehr unbequem, denn das Eigentum an Produktionsmitteln hat alle moralischen Argumente gegen sich: Es verleiht Macht über Arbeitnehmer; es erlaubt den Zugriff auf den „Mehrwert" der Arbeit; es verschafft (insbesondere für Erben und Aktionäre) arbeitsloses Einkommen; es orientiert seine Ziele am Gewinn des Eigentümers und nicht an einem übergeordneten wirtschaftlichen Interesse ..."

Und er fährt fort:

„... und es ist dennoch unentbehrlich."

Aber läßt sich diese Verbindung von moralischer Inferiorität mit vermeintlicher wirtschaftlicher Notwendigkeit rechtfertigen? Wäre damit nicht die Rückkehr zur kapitalistischen Klassengesellschaft programmiert? Nach Meinung von Dohnanyis gibt es einen Ausweg. Denn Eigentum kann Regulierungen unterworfen werden – sie reichen „von der Betriebsverfassung über das Sozialrecht, das Umweltrecht (bis hin) zum Steuerrecht und zum Erbrecht" – die es soweit eingrenzen, daß es „relativ unbedeutend" wird[33].

Aber ist Eigentum wirklich so bedeutungslos, vor allem sollte es verflüssigt und aufgelöst werden, wie von Dohnanyi empfiehlt? Politisch wäre ein ausgehöhltes Eigentum der Rückfall in das Gemeineigentum mit seinen Stagnationstendenzen und mit der Gefahr des Wiederabgleitens in nichtdemokratische Herrschaftsformen. Deshalb ist zu fra-

---

[33] Klaus von Dohnanyi, Brief an die deutschen demokratischen Revolutionäre, München 1990, S. 55f.

gen, hat besonders das private Eigentum an Produktionsmitteln wirklich „alle moralischen Argumente gegen sich"?

„Eigentum" heißt zunächst, daß der jeweilige Eigentümer über Handlungsrechte verfügt. Je nach Freiheitsgehalt einer Wirtschaftsordnung erstrecken sie sich auf einen weiteren oder engeren Handlungsraum. In sozialistischen Systemen sind Freiheitsrechte eng auf das Eigentum an Konsumgütern begrenzt; manchmal umfassen sie auch das Recht auf Vererbung eines langfristigen Konsumgutes wie Einfamilienhäuser. Andere Freiheitsrechte wie das Recht über Devisen zu verfügen, den Konsum- und den Arbeitsort im In- oder Ausland nach eigenem Gutdünken zu wählen (d.h. sein „Humankapital" über die Grenzen hinweg zu transportieren), fehlen in sozialistischen Gemeinwesen ebenso wie das Recht zur unternehmerischen Betätigung oder aber das Recht, Ersparnisse anders als auf von der Partei kontrollierten Konten anzulegen.

„Eigentum" ist somit ein anderes Wort für Handlungs- und Dispositionsfreiheit des einzelnen innerhalb und gegenüber dem politischen Gemeinwesen. Das impliziert, daß es nicht schrankenlos ist, also in einer freien Gesellschaft durch geschriebenes oder ungeschriebenes Recht dort zu begrenzen ist, wo sich das aus Erwägungen der Gerechtigkeit, der Freiheitsrechte Dritter oder des Gesamtinteresses als notwendig erweist. Daß die in einer historischen Situation gezogenen Grenzen nicht für alle Zeiten sakrosankt sind, illustriert das Aufkommen der Umweltproblematik. Hier müssen lange Zeit für selbstverständlich gehaltene Handlungsrechte aus übergeordneten Gesichtspunkten neu überdacht und geordnet werden.

Wie aber steht es mit dem privaten Eigentum an Produktionsmitteln, von dem von Dohnanyi in der Tradition von

Marx meint, es verschaffe Macht über Arbeitnehmer, erlaube den Zugriff auf den „Mehrwert“ der Arbeit und schüfe besonders für Erben und Aktionäre arbeitsloses Einkommen?

Es gibt zwei Möglichkeiten, den gesellschaftlichen Produktionsprozeß zu organisieren: die auf staatlich-politischem Zwang beruhende Planwirtschaft oder die auf Eigentum und Verträgen aufbauende Marktwirtschaft. Entschließt man sich für letztere, so bedarf es der Unternehmer im Schumpeterschen Sinne (nicht der bürokratischen Verwalter des Allokationsmodells). Sie haben die Aufgabe, den Produktionsprozeß auf privatwirtschaftlicher Grundlage zu organisieren, also Kapital und Arbeit zusammenzubringen. Da der Einsatz der Produktionsfaktoren notwendigerweise dem Erzielen von Erträgen vorangeht, sind die Inhaber knapper Ressourcen nur dann auf der Basis von freiwilligen Verträgen zur Mitwirkung bereit, wenn ihnen ein Entgelt, also neben dem Lohn auch ein Zinseinkommen, zugesichert wird. Das ist nur dann nicht der Fall, wenn – wie Marx in seinem Dekalog für die kommunistische Gesellschaft in Punkt 8 fordert – „gleicher Arbeitszwang für alle“ herrscht und wenn die Kapitalbildung nicht aus freiwilligen Ersparnissen, sondern aus staatlich verordnetem Zwangssparen hervorgeht. Zinsen aber sind der Preis für freiwilliges Bereitstellen von Kapital. Sie beruhen also auf „Vorleistungen“. Sie sind mithin kein „arbeitsloses Einkommen“, auch dann nicht, wenn später ein Erbe in ihren Genuß gelangt. Ob aber das Vererben größerer Vermögen moralisch mißbilligenswert ist und im Wege des staatlichen Zugriffs erschwert oder ganz verhindert werden soll, ist ökonomisch unter dem Blickwinkel zu beurteilen, ob und wie dadurch die volkswirtschaftliche Kapitalbildung beeinflußt wird, vor allem, ob der Preis eines Vererbungsverbotes eine verschlechterte Ausstattung der Arbeitenden mit Produktionsmitteln ist.

Der vermeintliche Zugriff auf den „Mehrwert" der Arbeit, die kapitalistische Ausbeutung, aber läßt sich allenfalls für jene Fälle belegen, in denen die Marktposition der Anbieter von Arbeitsleistungen so schwach ist, daß sie auf Dauer nur Existenzminimumlöhne erzielen. Für westliche Volkswirtschaften mit funktionsfähigen Arbeitsmärkten gilt dies sicher nicht, und es trifft überraschenderweise auch schon nicht mehr auf die im Übergang befindlichen Wirtschaften im Osten zu[34]. Damit entschärft sich auch die Frage nach der Macht über Arbeitnehmer. Ob sie existiert, das hängt einmal von den Alternativen ab, die sich für den einzelnen auf dem Arbeitsmarkt bieten, zum anderen aber von der Offenheit des Markteintritts, also der Chance wirtschaftlich selbständig zu werden.

Was aber ist von dem Argument zu halten, daß in der Marktwirtschaft sich das Wirtschaften am Gewinn und nicht an einem übergeordneten gesellschaftlichen Interesse orientiere. Es entspringt dem verhängnisvollen Mißverständnis, daß ein von einer zentralen Behörde geplanter und mit staatlicher Zwangsgewalt betriebener ökonomischer Prozeß zu einer besseren Befriedigung von Konsumentenbedürfnissen führe als der spontan verlaufende Wirtschaftsprozeß unter marktwirtschaftlichen Regeln. Das Gegenteil ist jedoch der Fall.

Die schweren Schäden am Kapitalbestand der ehemals sozialistischen Länder, das Unterlassen von Reinvestitionen in

---

[34] Schon nach den ersten bescheidenen Umstellungserfolgen läßt sich z. B. in Polen eine starke Zuwanderung von ausländischen Arbeitskräften beobachten. Heimische Arbeitskräfte sind nicht mehr bereit, bestimmte Tätigkeiten zum herrschenden Lohnsatz zu verrichten. An ihre Stelle treten Zuwanderer aus dem Osten. Aber auch die Zuwanderer aus der in chaotischer Verfassung befindlichen sowjetischen Wirtschaft werden nicht ausgebeutet, da ihr Einkommen – angesichts der Eigenheiten der Devisenbewirtschaftung – ein mehrfaches dessen ist, was sie in ihrer Heimat erzielen können.

großem Stil, die Mißachtung der Erneuerungs- und Expansionsbedürftigkeit der Infrastruktur und die Vernachlässigung des Umweltschutzes konnten nur durch die Verblendung und Heilsgewißheit entstehen, die der Glaube an die vermeintliche Überlegenheit der zentralen Planung erzeugte. Der theoretische Kern des daraus resultierenden „Staatsversagens“ aber ist die mangelnde Einsicht in das Principal-agent-Problem. Es tritt nicht nur in modernen Kapitalgesellschaften sondern auch in auf Kollektiveigentum basierenden Gesellschaften auf. Denn der Übergang vom Privateigentum zum Kollektiveigentum, der in unserem Jahrhundert überall dort, wo er vollzogen wurde, gewalttätig ablief, schuf keineswegs jenes „gesellschaftliche Eigentum“, das idealistische Sozialisten herbeiwünschten. Statt dessen wechselten lediglich die Eigentumsrechte in andere Hände. Sie wechselten – getreu der Marx-Engelsschen Empfehlung der Zentralisierung aller „Produktionsinstrumente in den Händen des Staats“ – von den privaten Besitzern zur regierenden Partei. Für diese aber waren sie das willkommene Instrument, um das politische Machtmonopol auch auf der wirtschaftspolitischen Seite abzusichern und effektiv zu machen; denn „das Kommando über die Güterproduktion ist das Kommando über das menschliche Leben schlechthin“[35].

Die praktischen Konsequenzen einer von der „Avantgarde des Proletariats“ getragenen Treuhandschaft sind bekannt. Trotz aller Anstrengungen, die Investitionsquote mit Zwangsmitteln weit über diejenige der westlichen Länder zu heben, entstand in den sozialistischen Ländern nicht die oft beschworene „Überflußgesellschaft“. Die schweren Schäden am volkswirtschaftlichen Kapitalbestand, an der Infrastruktur und auch beim Umweltschutz lassen sich unter Rück-

---

[35] Hilaire Belloc, The Servile State, 3. Aufl., S. 11, zitiert nach der Übersetzung in F.A. Hayek, Der Weg zur Knechtschaft, Erlenbach-Zürich, 1952, S. 119.

griff auf den Principal-agent-Ansatz damit erklären, daß das Produktionsmitteleigentum keinen fähigen Anwalt hatte, der es schützte. Denn in einer Gesellschaft, die im wesentlichen auf Gemeineigentum beruht, richten sich alle Verteilungsansprüche gegen den „universellen Kapitalisten". Dieser müßte sich aus gesamtwirtschaftlichen Gründen und im Interesse der Erhaltung und Mehrung des gesellschaftlichen Kapitalbestandes gegen Verteilungsansprüche in dem Maße zur Wehr setzen, wie sie die künftige Kapitalbildung gefährden, denn die Produktivität der menschlichen Arbeit ist entscheidend von ihrer Kombination mit Kapitalgütern abhängig. Die Inhaber der Verfügungsrechte, die Spitzen der kommunistischen Partei, müßten also die allen Bürgern gemeinsamen „Kapitalinteressen" gegen die Lohn- und Konsumansprüche der Werktätigen verteidigen. Soweit sie sich jedoch als Treuhänder der Werktätigen verstanden, waren ihnen auf der einen Seite ideologisch die Hände gebunden. Gleichzeitig versuchten sie allerdings durch rigoroses Abpressen von Konsumverzichten und mit dem Versprechen auf eine bessere Zukunft, die Kapitalakkumulation voranzutreiben. Aufgrund der bürokratischen Struktur des Wirtschaftssystems war die herrschende Partei jedoch nicht in der Lage, die Zwangsersparnisse in ökonomisch sinnvolle Verwendungen zu lenken. Sie flossen teils in gigantische Prestige-Investitionen, teils verkamen sie in Investruinen, teils wurden sie in gigantischem Umfang als Subventionen verschwendet. Und schließlich waren die Machthaber selbst nur insoweit daran interessiert, einem „übergeordneten wirtschaftlichen Interesse" zu dienen, als diese Politik ihr Machtmonopol sicherte. Im übrigen aber betrachteten sie das gesellschaftliche Eigentum quasi als ihr „Eigentum" und handelten – wie alle parasitären Oberschichten in der Geschichte – selbstinteressiert.

Um all dies zu verhindern, hätten die sozialistischen Systeme eines starken „Treuhänders“[36] zur Sicherung des allgemeinen Interesses an einem ausreichenden Kapitalstock und an einer ausreichenden Kapitalbildung bedurft. Die sozialistische Utopie verstellt jedoch den Blick für diese Dimension des Wirtschaftslebens. Dort, wo es gilt, ein schwieriges Ordnungsproblem zu lösen, wird ohne jede Fundierung in der sozialen Realität mit einer moralischen Kritik am Privateigentum das vermeintlich „gesellschaftliche“ Eigentum ohne nähere Prüfung als die ordnungspolitisch überlegene Alternative verkündet. Der Mißerfolg der Marxschen Konzeption einer Gesellschaft „assoziierter Produzenten“ mit zentraler Planung und Kollektiveigentum an den Produktionsmitteln ist somit vorprogrammiert.

Daraus folgt nicht, daß die in marktwirtschaftlichen Ordnungen bestehenden Systeme der Kapitalbildung und -erhaltung die beste aller Welten darstellen. Vermögenskonzentrationen in Händen einzelner (oder auch juristischer Personen) sind stets ein Stein des Anstoßes in einer Welt von Gleichen. Aber die dezentrale Struktur der Marktwirtschaft, die Entscheidung von unzähligen Menschen über die Höhe und Struktur des Kapitalangebots, die Entstehung von weltumspannenden Kapitalmärkten, auf denen eine unbekannte Zahl von Nachfragern nach Investitionsmitteln agiert, sind eine wesentlich bessere Anordnung, um Kapitalfehlleitungen in großem Stil zu verhindern als ein System, das auf zentraler Kontrolle und Disposition beruht.

---

36 In einer bürokratisch verfaßten Gesellschaft liegt es nahe, diesen als Behörde zu definieren. In einer Marktwirtschaft wird dieses Ordnungsproblem über den Markt und die dort wirksamen individuellen Interessen (vor allem der Kapitalanleger) gelöst.

2. *Die Ausgestaltung der Privateigentumsordnung*

Anders als in Westdeutschland nach Kriegsende, wo die Eigentumsrechte zwar durch die staatliche Wirtschaftslenkung weitgehend ausgehöhlt, aber nicht abgeschafft waren, gibt es in den Reformländern mit Ausnahme von Teilbereichen in der Landwirtschaft und in Randzonen des Kleingewerbes vorerst kein privates Eigentum an Produktionsmitteln in größerem Umfang. Solange seine Einführung nicht gelingt, ist der Übergang zur Marktwirtschaft nicht vollzogen. Auch wenn die übrigen für eine Marktwirtschaft wesentlichen Elemente wie freie Preisbildung, funktionsfähiges Geldwesen und offene Märkte eingeführt sind, aber gleichzeitig noch Staatseigentum an den Produktionsmitteln vorherrscht, besteht allenfalls eine staatskapitalistische Wirtschaft, deren Funktionsweise sich grundlegend von einer auf privatem Eigentum beruhenden Ordnung unterscheidet. Das gilt auch für die sogenannte Treuhandlösung, die Übertragung der Eigentumsrechte auf eine staatliche Behörde. Diese ist in einer demokratischen Ordnung allen politischen Zwängen ausgesetzt, die auch sonst im demokratischen System entstehen. Das gilt auch, wenn die Treuhänder den klaren Auftrag zur schnellen Veräußerung des Produktivvermögens und der Stillegung nicht mehr rentabler Unternehmen haben. Die Gefahr, daß politische Kräfte sich einer solchen „Privatisierungsagentur“ im Dienste beschäftigungs- oder regionalpolitischer oder anderer Ziele bemächtigen, ist nicht von der Hand zu weisen. Der Rubikon ist erst überschritten, wenn große Teile des Kollektiveigentums wirklich privatisiert sind. Ein solcher Schritt setzt voraus, daß die „sichtbare Hand des Rechtes“ (Mestmäcker) die gesetzlichen Erfordernisse schafft und die Administration sie umsetzt. Beides erweist sich gegenwärtig als äußerst schwierig und droht den Aufholprozeß zu den fortgeschrittenen Ländern ernsthaft zu behindern.

Um dies zu verdeutlichen, sei an das Fortbestehen privater Eigentumsrechte in Westdeutschland im System der zentralen Wirtschaftslenkung vor 1948 erinnert. Es war eine wesentliche Erfolgsvoraussetzung für den Aufschwung nach der Wirtschafts- und Währungsreform. Denn die privaten Eigentumsrechte gewannen mit der Aufhebung der Preiskontrollen in vielen Bereichen – quasi über Nacht – ihre ursprüngliche Bedeutung und Funktion zurück. Als Nebeneffekt ergab sich, daß die Wirtschaftsverwaltungsbürokratie in gleichem Zuge ihre Kontroll- und Dispositionsrechte faktisch verlor. Dies wiederum schuf günstige Vorbedingungen für ihre schnelle Auflösung. Erst mit der Wiederentstehung privater Eigentumsrechte aber war damals die Erwartung berechtigt, daß die für die marktwirtschaftliche Ordnung typischen Verhaltensweisen von Anbietern und Nachfragern an den Märkten wieder Platz greifen würden, so das Einpendeln der Preise auf ein neues Gleichgewichtsniveau, die schnelle Ausweitung der Produktion und der Abbau der erheblichen Arbeitslosigkeit, die sich im Anschluß an die Beseitigung der zurückgestauten Inflation durch die Währungsreform und die Anpassung der Produktion an die neuen Nachfragekonstellationen auf den Güter- und Faktormärkten zwangsläufig ergab. Die Wiederherstellung der Funktionsfähigkeit der Marktwirtschaft vollzog sich gerade wegen der im Kern noch vorhandenen Eigentumsrechte an den Produktionsmitteln erstaunlich rasch[37]. Die hohen Wachstumsraten des realen Bruttosozialproduktes im ersten Jahrzehnt der marktwirtschaftlichen Ordnung in der Bundesrepublik erzeugten schließlich bei zahlreichen Beobachtern die irrige Vorstellung, daß es sich nicht um die Ergebnisse einer mit klaren Zielsetzungen betriebenen Wirtschaftspolitik, sondern um ein ungläubig zu bestaunendes „Wirtschaftswunder“ gehandelt habe.

---

[37] Karl Schiller, Wirtschaftspolitische Konsequenzen der Währungsreform. In: Währungsreform und Soziale Marktwirtschaft: Rückblicke und Ausblicke, hrsg. von Peter Hampe, München 1989, S. 81.

Ähnliche Erwartungen im Hinblick auf die wohlstandserzeugende Kraft einer Marktwirtschaft werden gegenwärtig auch mit der Einführung freier Preise und einer Bereinigung der Währungssituation in den Reformländern verbunden. Statt der Privilegienwirtschaft der Parteiapparate soll künftig einzig ein stabiles Geld den Zugang zur Güterwelt bestimmen. Märkte sollen auf der Basis des Prinzips von Leistung und Gegenleistung ihre wohlstandsschaffenden Wirkungen entfalten.

Kann dies erfolgreich unter Bedingungen geschehen, in denen sich die ökonomischen Dispositionsbefugnisse noch weitgehend in der Hand staatlicher Bürokratien und der sie lenkenden Parteien befinden? Zu Beginn der Diskussion über die Eigentumsfrage in der früheren DDR wurde dies nicht nur in den Reihen der alten Kader, sondern auch in den sich neubildenden demokratischen Parteien bejaht. Mittlerweile ist diese Position jedoch weitgehend aufgegeben worden, und sie hat in den anderen Reformländern wohl nie eine größere Rolle gespielt.

Das ökonomische Argument für die Begründung von echtem Eigentum ist einfach. Auch ein nach erwerbswirtschaftlichen Gesichtspunkten betriebenes Unternehmen, dessen Eigentümer direkt oder indirekt die Gesellschaft ist, zwingt, auch wenn ein der Marktwirtschaft nachgebildetes Konkursrecht existiert, den Eigentümer – die Allgemeinheit – im Verlustfall unweigerlich in die Haftung. Es fehlt somit eine ordnungspolitisch unerläßliche Vorkehrung, um die gesellschaftlich positiven Wirkungen einer wettbewerblichen Marktwirtschaft mit Privateigentum hervorzubringen.

Erfahrungen in Jugoslawien und Ungarn zeigen, daß beispielsweise Arbeiterräte als Treuhänder des gesellschaftlichen Eigentums mit allem Nachdruck versuchen, bankrotte Firmen über Subventionen zu erhalten, auch wenn die volkswirtschaftlichen Kosten höher als die gesellschaftlichen Vorteile sind. Auch anders zusammengesetzte Aufsichtsorgane, die ihren Kontrollanspruch nicht aus privaten Eigentumsrechten ableiten, sehen sich ständig mit der Frage konfrontiert, in wessen Namen sie ein Unternehmen schließen, sanieren oder verkaufen. Hinter all diesen vordergründigen Aufsichtskonstruktionen aber bleibt der Staat und die ihn jeweils steuernde politische Hand als Haftungsträger weithin sichtbar und wirksam, und es kommt nicht ausreichend zur Orientierung an Rentabilitätskriterien.

Daraus folgt, daß eine echte Privatisierung des in Kollektiveigentum befindlichen Produktivvermögens zu erheblichen Teilen notwendig ist, wenn nachhaltige Effizienzverbesserungen erzielt werden sollen. Gerade die Privatisierung wirft jedoch schwierige Übergangsprobleme auf. Wo noch bäuerliche Strukturen bestehen, ist es vielleicht möglich schnelle Fortschritte zu erzielen. Erfahrungen mit einer solchen Politik sind in einigen Reformländern durchweg positiv[38]. Ähnlich verhält es sich mit dem Markteintritt neuer Unternehmen, wenn die entsprechenden eigentumsrechtlichen Voraussetzungen, einschließlich der Streichung des „sozialistischen Eigentums“ aus den Verfassungen, geschaffen werden. Die Hauptschwierigkeit aber liegt in der Schaffung privater Eigentumsrechte am vorhandenen industriellen Vermögen[39] und im Aufbau jener Einrichtungen, die die Manager über Kapitalmärkte, Wertpapierbörsen, Aufsichtsräte und Managerarbeitsmärkte zu gewinnorientiertem Verhalten veranlassen.

---

[38] Siehe Jan Winiecki, Industrial Enterprises in Soviet-Type Economies: The Ruling Stratum's Main Rent Seeking Area. In: Communist Economies, Vol. 1, 1989, S. 363.

[39] Ebenda.

In der gegenwärtigen Privatisierungsdiskussion werden Transfers oder Verkäufe von Anteilscheinen an die Belegschaften oder an die nominellen Eigentümer der volkseigenen Betriebe, an die Bevölkerung oder an Dritte vorgeschlagen. Das alles läßt sich nicht in kurzer Frist bewerkstelligen. Der Zwischenschritt, die Überführung der volkseigenen Betriebe und Kombinate in rechtlich selbständige Unternehmen, die sich jedoch weiterhin in öffentlichem Eigentum befinden, ist möglicherweise unvermeidlich. Für den schnellen wirtschaftlichen Erfolg der Marktwirtschaft ist das jedoch eher abträglich.

Schon Erfahrungen in westlichen Ländern mit großen Unternehmenssektoren in Staatsbesitz zeigen immer wieder, wie stark bei öffentlichem Eigentum die Tendenz zu rentensuchendem Verhalten ist und daß die betroffenen Firmen es trefflich verstehen, über die Mobilisierung politischer Kräfte, alle Arten von ökonomischen Fehldispositionen, die sie selbst zu vertreten haben, auf die Gesellschaft abzuwälzen. Trotz der negativen Wohlstandskonsequenzen für die Allgemeinheit wird eine solche Politik oft über lange Zeit erfolgreich betrieben. Auch ohne unmittelbare Verquickung mit den jeweiligen Sonderinteressen erweisen sich die zuständigen politischen Organe in der Regel als zu schwach, um solche Entwicklungen zurückzudrängen. Allenfalls krisenhafte Zuspitzungen eröffnen Chancen für durchgreifende Reformen.

Im politischen Übergang zu einer Demokratie, bei noch nicht erprobten demokratischen Strukturen und bei noch unzureichend entwickelten Institutionen der öffentlichen Kritik, verschärfen sich diese Probleme. Der Erfolg einer auf die Einführung der Marktwirtschaft ausgerichteten Politik, m.a.W. der Weg aus der Knechtschaft sozialistisch-bürokratischer Strukturen heraus, wird aber entscheidend davon abhängen, ob es gelingt, über die unerläßlichen ökonomischen Reformen in Wirtschaft und Währung hinaus die weiterhin bestehenden kollektiven Verfügungsrechte schnell und größtenteils in private Eigentumsrechte umzuwandeln.

Europäische Integration: Ordnungspolitische Chancen und Risiken*

von

Herbert Giersch

---

* Dieser Beitrag erschien ursprünglich unter dem Titel: „Europa 1992 – Ordnungspolitische Chancen und Risiken."

Vorbemerkungen

Die erste Vorlesung dieser Art am Walter Eucken Institut in Freiburg zu halten – und dies an von Hayeks 90. Geburtstag –, ist für mich eine hohe akademische Ehre und zugleich eine wunderbare Gelegenheit, eine große wissenschaftliche Dankesschuld abzutragen. Das Lebenswerk des Jubilars jetzt zu würdigen, kann nicht meine Aufgabe sein; sie ließe sich ohnedies in einer Vorbemerkung nicht erledigen. Doch wird jeder, der von Hayeks Werk auch nur ansatzweise kennt, beim Zuhören merken, wieviel die Denkweise, die in meinem Vortrag zum Ausdruck kommt, den Schriften dieses großen Gelehrten verdankt. In mir denkt es so seit langem; hier und heute ganz bewußt bezogen auf ein Thema, zu dem von Hayek sich selbst kaum geäußert hat. Und „es" denkt so in mehr und mehr jungen Menschen, die mit Hayeks Sicht der Welt in Berührung gekommen sind.

Das Thema ist Europa. Es war das Thema schon meines ersten wissenschaftlichen Gesprächs mit von Hayek vor über vier Jahrzehnten an der London School of Economics. Den Rahmen bildete ein Seminar über internationale Wirtschaftsbeziehungen unter Leitung von James Meade. Die Thesen, die von mir damals zur Diskussion gestellt wurden, betrafen die Standortwirkungen einer Wirtschaftsunion, also des vollendeten Binnenmarktes, wie wir heute sagen würden; und Hayek wie Meade halfen später, das Seminarreferat in einer englischen Fachzeitschrift zu publizieren. Außer Meade und Haberler hat seither kein Gelehrter mein wirtschaftspolitisches Denken so stark beeinflußt wie Friedrich von Hayek.

Mein Bekenntnis zu von Hayek enthält natürlich keinen Verzicht auf ein eigenständiges Urteil, auch keinen Verzicht auf kritische Distanz, so zu manchen wirtschaftstheoretischen Ansätzen und Konstrukten, die mir unfruchtbar zu sein scheinen. Herr von Hayek wird dies respektieren. Es ist ja – auch ganz allgemein – nicht das Gleiche, Einheitliche oder Gemeinsame, das im gesellschaftlichen Leben Produktivität verspricht. Im Gegenteil. Evolutorische Kräfte erwachsen aus Unterschieden, nicht aus der Einfalt. Produktiv ist die Vielfalt, die wir in Form der spontanen Arbeitsteilung nutzen, die Arbeitsteilung der Köpfe wie der Hände. Womit wir fast schon beim Leitmotiv der folgenden Anmerkungen zum Thema EG 1992 wären.

Die Vollendung des Binnenmarktes bis Ende 1992 ist nichts grundsätzlich Neues, wohl aber ein letzter großer Schritt auf einem langen Wege durch vier Jahrzehnte. Wir erinnern uns

- an den Beginn 1952 mit der Montanunion, einem supranationalen Kartell — auf Anregung von Jean Monnet und Robert Schumann — mit Frankreich, der Bundesrepublik, Italien und den Beneluxländern als Mitglieder;
- an die Verträge von Rom 1957 über die Sechsergemeinschaft von EWG und Euratom, ab 1. 1. 1958 mit der Verpflichtung, bis Ende 1969 für gewerbliche Erzeugnisse die Binnenzölle zu beseitigen und einen gemeinsamen Außenzoll einzuführen;
- an die Gründung der EFTA 1960 (mit 7 Mitgliedern: UK, Dänemark, Schweden, Norwegen, Österreich, Portugal und der Schweiz) als erste Reaktion auf die Handelsablenkung, die die Zollunion mit sich brachte;
- an den EG-Beitritt von Großbritannien, Irland und Dänemark 1973, die sogenannte Norderweiterung als zweite Reaktion auf die Handelsablenkung;
- an den Abschluß des Freihandelsabkommens zwischen der EG und der Rest-EFTA für den Bereich der Industrie ebenfalls 1973 als dritte Reaktion;
- an die Süderweiterung der EG durch den Beitritt von Griechenland 1981 und von Spanien und Portugal 1986.

So entstand ein zollfreier Industriegütermarkt für über 350 Millionen Menschen. Ausgespart blieben: die Landwirtschaft mit ihrer Überproduktion und ihrem Grenzausgleich, das Beschaffungswesen der öffentlichen Hände, der Sektor der modernen Dienstleistungen, die freien Berufe und die

Freizügigkeit des Kapitals. Auch deshalb gibt es nach wie vor Grenzkontrollen. Das Vorhaben 1992 zielt auf ihren Wegfall. Was kann man sich davon erhoffen? Was bleibt zu tun? Welche Chancen werden greifbar? Wo liegen die Risiken?

Im Vergleich zu dem, was vor vier oder drei Jahrzehnten aus marktwirtschaftlicher Sicht zu erhoffen stand, zeigt das bisherige Ergebnis ein großes Manko. Es läßt sich wie folgt erklären:

Erstens: Wir hatten in der Realität zu wenig Marktintegration, zu viel institutionelle Integration. Warum? Die geistige Führung auf dem Kontinent hatte nach 1945 als Siegermacht Frankreich, zumal Großbritannien noch seinem Commonwealth zugewandt war. Zudem verlangte damals der wirtschaftspolitische Zeitgeist bei allen Alliierten, auch den angelsächsischen Mächten, noch nach Planung, zumindest nach einem Rahmenplan. Der Mann der Stunde für die wirtschaftliche Integration Europas hieß daher Jean Monnet. Er war zwar Unternehmer von Beruf, aber ordnungspolitisch eher ein Dirigist, gestützt auf seine frühen Erfahrungen als Koordinator im Bereich der alliierten Kriegsproduktion und auf sein späteres Renommee als Initiator der französischen Planung. Seine Koordinationsphilosophie beruhte nicht auf dem Prinzip des Zwanges von oben. Vielmehr setzte er auf eine sanfte Lenkung und bei den Gelenkten auf die Einsicht, daß ihnen eine Kooperation, wie sie auch im Kartell stattfindet, Vorteile bringt. Am besten zu kennzeichnen ist dieses Wirtschaftsmodell mit dem Begriff der Investitionslenkung.

Die Lenkungsideen, die sich — trotz liberaler Bemühungen von deutscher Seite — in Brüssel in der Hohen Behörde für Kohle und Stahl, in Euratom und in der Agrarpolitik niedergeschlagen haben, entsprechen einer geistigen Richtung, die Friedrich von Hayek als konstruktivistischen Rationalismus bezeichnet. Dieser Rationalismus wurzelt in der Philosophie Descartes (1596—1650). Die Ratio sagt uns, was richtig ist; und das können wir — gleichsam auf dem Reißbrett — durchkonstruieren und nach Plan durchsetzen. Hayek kritisiert dieses Denken als eine Anmaßung des Wissens. Die Konsequenzen dieser Anmaßung können, wie die Geschichte des Totalitarismus lehrt, fatal sein. Die Gegenposition zum konstruktivistischen Rationalismus ergibt sich aus den Schriften von Adam Smith und der englischen und schottischen Philosophen des 18. Jahrhunderts. Diese andere Denkweise setzt auf das Erfahrungswissen der vielen, auf den Wettbewerb als Entdeckungsprozeß, auf die natürlichen Ordnungskräfte des Marktes und somit auf anonyme Preissignale als Mittel der Information und Motivation. Bewährt hat sich diese Philosophie in vielfacher Weise, nicht zuletzt im ungestümen Entfalten der westlichen Zivilisation während der letzten zwei Jahrhunderte, hierzulande im raschen Wiederaufbau nach 1948 und neuerdings im Aufholprozeß der ostasiatischen Schwellenländer nach ihrer Öffnung in jüngerer Zeit. Sie hat sich als Erfolgsrezept weltweit bestätigt in der Liberalisierung, wie sie nach 1948 das GATT, die OEEC und später die OECD betrieben und war daher die Grundlage für die wundersame Entfaltung der Weltwirtschaft in der Zeit nach der großen Depression und dem großen Kriege.

Zweitens: Zwar vollzog sich in der EWG die Marktintegration dort, wo es sie geben durfte, schneller als erwartet. Aber die nationalen Regierungen gaben an den Markt und an Brüssel nur ab, was sie mußten. So beschränkte man sich auf den Abbau der Zölle für gewerbliche Erzeugnisse im Innern und auf das vereinheitlichen der Zölle gegenüber Drittländern. Der Anpassungsbedarf für die Wirtschaft im Innern war gering, weil die EG der Sechs nur Länder mit ähnlich hohen Entwicklungs- und Industrialisierungsniveaus umfaßte und Freihandel unter diesen Umständen vor allem den intra-industriellen Austausch zum Zuge kommen läßt: mehr deutsche Automobile nach Frankreich, mehr französische nach Deutschland. Ein solcher Handel läßt die Grobstruktur der Industrie ziemlich unberührt, im Gegensatz zu einem arbeitsteiligen Handel mit weniger entwickelten Ländern, der ganze Industriezweige zum Erliegen bringen kann. Als die Vorteile dieser intra-industriellen Arbeitsteilung 1968 ausgeschöpft waren, geriet in Europa die Marktintegration ins Stocken. Nicht-tarifäre Handelshemmnisse im Warenverkehr blieben bestehen, neue kamen hinzu, meist als direkte Vertragsverstöße. Nationale Subventionen wurden erhöht und Kartelle im Stahlbereich genehmigt; 1974 gab es 30 Verfahren wegen protektionistischer Vertragsverletzung, 1979 schon 200, 1985 sogar über 500. Häufig reagierten die Staaten gar nicht, wenn ihnen in EuGH-Urteilen eine Vertragsverletzung attestiert wurde. In diesem Rollback liegt das zweite Manko.

Drittens: Wie jede Vereinigung, auch eine Vermählung, hatte auch die Zollunion einen Abschließungseffekt gegenüber Dritten. Er wurde zwar gemildert durch den Beitritt von Großbritannien, Irland und Dänemark (1973), durch den Zollabbau im Verkehr mit den EFTA-Ländern, durch die Süderweiterung der EG und die Zollsenkungsrunden im Rahmen des GATT. Doch wurden im Außenverhältnis vermehrt nicht-tarifäre Handelsrestriktionen angewandt, am häufigsten in Frankreich, in den meisten Ländern vor allem für Textilien und Stahl, im Falle Frankreichs aber auch für Fahrzeuge und Maschinen. Die EG hat also protektionistische Rückschläge toleriert.

Viertens: Viele Hemmnisse verblieben auf dem Gebiet der modernen Dienstleistungen, denen die Zukunft des Wachstums gehört. (Der Trend zur Dienstleistungsgesellschaft ist wachstumsbedingt; und er wird weltwirtschaftlich erzwungen. Wachstumsbedingt ist er, weil bei steigendem Einkommen nicht mehr so sehr die materiellen Grundbedürfnisse zählen — der gefüllte Magen, das Obdach, das Transportmittel —, sondern die Genüsse, die früher den feinen Leuten vorbehalten waren: delikates Essen, auch mit den Augen; schöner Wohnen, mal hier und mal dort; Reisekomfort und Freizeitvergnügen; Gesundheit für ein langes Leben; und viel Kultur und Information, damit keine Langeweile aufkommt. Weltwirtschaftlich geboten ist der Rückzug der Industrie aus den relativ reichen Regionen, weil die Menschen in den Schwellen- oder Aufholländern lernen, was hierzulande früher gelernt und erfunden wurde, und weil sie heutzutage alles das auf die Beine stellen können, was vor zehn, fünfzig oder hundert Jahren das Privileg der alten Industrieregionen zu sein schien, nur daß die Aufholländer es heute zu Preisen anbieten können, die nach unseren Maßstäben den Preisen von gestern und vorgestern entsprechen.) Der wachstumsträchtige Dienstleistungsbereich umfaßt das meiste von dem, was zur Binnenmarktliberalisierung ansteht: das Verkehrswesen und die Telekommunikation, die Finanzdienste und den Kapitalmarkt, das Versicherungswesen und die persönlichen Dienste der Freiberufler. Warum, so mag man sich fragen, liegen hier so große Liberalisierungsschwierigkeiten, daß die EG in der Vergangenheit keine wesentlichen Schritte zur Marktintegration erzielen konnte? Die Antwort ist nicht schwer: Diese Bereiche sind in den Mitgliedsländern sämtlich sehr stark reguliert; eine Integration der nationalen Regulierungssysteme hätte eine Superharmonisierung erfordert oder erbracht. Dies war wohl selbst für die Befürworter der institutionellen Integration — im Gegensatz zur Marktintegration — zuviel.

Man kann geradezu von einem Glück für Europa sprechen, daß in den achtziger Jahren, als die Integration der tertiären Bereiche auf die Agenda kam, der Ruf nach weniger Staat und mehr Markt zunehmend Widerhall fand — in Großbritannien durch Margaret Thatcher, in Frankreich nach dem Scheitern des Mitterand-Experiments 1980/81; und eigentlich überall hört man den Ruf nach mehr Markt dank einer Wende im Denken, die mit Deng in China und mit Gorbatschow in der Sowjetunion selbst den sozialistischen Teil der Welt erfaßt. Auf der anderen Seite gilt vielleicht auch, daß ohne diesen weltweiten Trend zu mehr Markt die Vollendung des Binnenmarktes nicht mit Verve auf die Tagesordnung gesetzt worden wäre. Was die Bundesrepublik anlangt, so mag die Vollendung des Binnenmarktes als Markt ein willkommener Zwang dazu sein, eine laue Wenderhetorik mit marktwirtschaftlichem Geist anzureichern und sich mit der abendländischen Europabegeisterung unter einen Deregulierungszwang zu setzen. Viel hängt für Europas Zukunft davon ab, ob das Projekt 1992 ein Mehr an Wettbewerb bringt, auch durch Privatisierung, Deregulierung und Liberalisierung und ein Mehr an Wettbewerb nicht nur für die Privatunternehmen, sondern auch für die Gebietskörperschaften.

Beginnen wir mit den Gebietskörperschaften. Sie stehen im Standortwettbewerb um die Investitionen und Arbeitsplätze, um die tüchtigen Fachkräfte und guten Steuerzahler. Städte konkurrieren mit Städten, Regionen mit Regionen, Steuersysteme mit Steuersystemen. Ähnliches gilt für die Systeme der sozialen Sicherheit mit ihren Leistungen auf der einen Seite, ihren Zwangsabgaben auf der anderen. Wo viel geboten wird an öffentlichen Gütern und Leistungen, im Vergleich zu dem, was die Behörden dafür an Steuern und Abgaben verlangen, ist man attraktiv für die international mobilen Ressourcen, für das Humankapital wie für die

Sachinvestitionen. Was zählt, ist das Preis-Leistungs-Verhältnis, hier bei den öffentlichen Gütern und Diensten wie sonst auf dem Markt der Kaufleute. Der Standortwettbewerb wird deshalb, so steht zu hoffen, in den öffentlichen Bereich hineinwirken, zum Beispiel als Triebkraft für Hilfe beim Ansiedeln und Gründen neuer Unternehmen, als Mahnung zur Sparsamkeit beim Ausgeben von Steuergeldern. Einer populistischen Umverteilungspolitik wird der innereuropäische Standortwettbewerb Grenzen setzen, und zwar deshalb, weil die Ansässigen daran interessiert sind, daß nur gute Steuerzahler angelockt werden. Stichwort: Ausländerproblematik. Selektieren durch Zuwanderungsverbote kann man in einem Europa der Freizügigkeit nur begrenzt. Also bleibt als Ausweg nur, daß man den Tüchtigen nicht zuviel wegnimmt im Vergleich zu dem, was man ihnen bietet, und daß man bei populären Wohltaten, die „Nassauer" anlokken, sich eine weise Beschränkung auferlegt. Diese Lektion werden die politischen Parteien im kommunalen Wettstreit noch zu lernen haben.

Das Mehr an Wettbewerb im privaten wie im öffentlichen Bereich wird freilich nur dann voll wirksam werden, wenn sich keine Kartellierungstendenzen durchsetzen. Was die Unternehmen anlangt, so bin ich, soweit der Wettbewerb von außen in die EG hineinwirkt, ziemlich optimistisch, aber für räumlich enge Märkte im Binnensektor ist immer noch richtig, was Adam Smith vor über 200 Jahren sagte: Produzenten desselben Gewerbes treffen sich selten, ohne höhere Preise zu verabreden, also ein Kartell gegen die Kundschaft zu bilden. Die Produzenten und Anbieter im öffentlichen Bereich, also die Politiker, verhalten sich im Prinzip ähnlich wie diese Gewerbetreibenden; doch konnten sie die Kartelle, die den Politikwettbewerb — zum Nachteil der Bürger — hemmen, bisher werbewirksam schmücken mit Etiketten wie Gipfeltreffen, Kooperation, Koordination, Harmonisierung, Normung, Vereinheitlichung. Während wir uns im Markt allmählich daran gewöhnt haben, den Wettbewerb als produktiven Prozeß zu verstehen, so denkt man, wenn von Wettbewerb zwischen öffentlichen Händen die Rede ist, immer noch in erster Linie an das Negative: an Subventionswettlauf, Verschwendung, Uneinheitlichkeit, Balkanisierung, gegenseitige Schädigung, vielleicht gar Krieg. Im Grunde sehen viele in Europa — anders als in Nordamerika — den Staat immer noch romantisch oder sehnsuchtsvoll als eine einheitlich gesetzte Ordnung, als Hierarchie, als autoritäres System, als Zentralstaat, als ein Gebilde also, das dem konstruktivistischen Rationalismus entspricht. Förderalismus sieht hier immer noch nach Kleinstaaterei aus. Was uns in Europa bislang fehlt, ist der Sinn für die Dezentralisierung der staatlichen Macht und für Bürgernähe. Doch es gibt starke Regionalisierungstendenzen. Sie lassen hoffen, daß das Europa des freien Binnenmarktes mehr und mehr ein Europa der Regionen und nicht der Nationen werden wird.

Irrwege im Wettbewerb der öffentlichen Hände lassen sich natürlich eingrenzen — durch Absprachen und eine Wettbewerbsaufsicht. Vorbild für derartige Absprachen wäre im weltweiten Rahmen das GATT, ein Kartell der Regierungen gegen ihre protektionistischen Widersacher im Innern. Gegen den Protektionismus im öffentlichen Beschaffungswesen hilft kurzfristig wohl nur die Wettbewerbsaufsicht, aber langfristig wird der Standortwettbewerb dazu zwingen, mit den öffentlichen Geldern möglichst sparsam umzugehen. Nur ungern eingegrenzt sähe ich den Wettbewerb der Steuersysteme um die Ressourcen, die mobil sind. Insgesamt also: Wettbewerb soviel wie möglich, auch im öffentlichen Bereich, doch möglichst ohne Verschwendungen, die zu Lasten der Bürger gehen.

Der evolutorische Wettbewerb, der uns wirklich voranbringt (im Sinne auch der Vorstellungen Hayeks), erhält in Europas Binnenmarkt seine Chance durch das Ursprungslandprinzip. Im Verein mit der gegenseitigen Anerkennung der Rechtsvorschriften, Normen und Standards innerhalb der EG ergibt sich folgende Regel: Was im Ursprungsland in Bezug auf ein Gut oder eine Leistung rechtens ist, bleibt rechtens auch beim Grenzübertritt in das Bestimmungsland. Man verfährt so, als ob der Nachfrager sich in ein anderes Rechtssystem begibt, wie er es als Tourist ohnehin tut, um — sagen wir — ein Gebräu zu genießen, das nicht nach dem deutschen Reinheitsgebot entstanden ist. So bleibt es dem Bürger der Bundesrepublik nach dieser Regel unbenommen, einen Versicherungsvertrag mit einer Gesellschaft abzuschließen, die nicht der (strengen und daher auch teuren) deutschen Versicherungsaufsicht unterliegt. Der Staat mag inländischen Produzenten nach wie vor Beschränkungen auferlegen, aber er darf diese nicht zugleich zum Einfuhrhemmnis erklären. Dieses Prinzip ist inzwischen in der Rechtsprechung des EuGH anerkannt worden, bei Gütern im wegweisenden Cassis de Dijon-Urteil, auch im Falle des Reinheitsgebotes für Bier und Wurst und bei Dienstleistungen im Industrieversicherungsurteil vom 4. 12. 1986, das allerdings nur Großunternehmen die freie Versicherungswahl zuspricht. Das Ursprungslandprinzip hat weitreichende Konsequenzen. Grundsätzlich erklärt es die Verbraucher für mündig; sie dürfen wählen. Und in Ländern mit hoher Regelungsdichte wird sich herausstellen, ob die Bürger soviel Narrensicherheit bei den Produkten und soviel Schutz vor sich selbst, wie ihnen der Staat zugedacht hat, tatsächlich bezahlen wollen im Wettbewerb mit den Gütern und Leistungen, die sie aus liberaleren Staaten beziehen können. Ich bin gewiß, daß die Bürger Europas auf diese Weise für mehr Liberalität votieren werden, also für weniger Bevormundung durch Regulierung. Deshalb steht zu hoffen, daß es einen Wettbewerb zur Entregulierung geben wird, einen Wettlauf zum Abbau aller Regulierungen, die keinen anderen Zweck haben, als den Bürger vor sich selber zu schützen. In diesem Wettbewerb wird es schon zu Angleichungen kommen, zu einer ex post Harmonisierung, aber es handelt sich dann um eine Harmonisierung unter voller Mitsprache der Nachfrager.

Um die Sache auf den Punkt zu bringen, betrachte man den Fall der technischen Normen. Es mag hier in Europa unnötig viel Normenvielfalt geben. Die Konstruktivisten jedenfalls tun so, als wüßten sie es. Sie drängen auf Vereinheitlichung **vor** der Abschaffung der Grenzkontrollen, und sie tun dies in der Annahme, daß eine Kommission von Experten im Einzelfall wissen und sagen kann, welches die beste Norm auch im Sinne der Verbraucher ist. Die andere Seite, zu der ich mich zähle, erwartet eine spontane Tendenz zur Vereinheitlichung im Markt, und zwar durch den verschärften Wettbewerb **nach** Abschaffung der Grenzkontrollen. Diese andere Seite vertraut darauf, daß sich im Wettbewerb jene technische Norm durchsetzen wird, die auch im Urteil der Nachfrager die beste ist. Vergleichen läßt sich das spontane Durchsetzen von Normen mit dem Ausbreiten der Sprachen. Die Konstruktivisten bieten eine Art Esperanto an oder setzen mit Nachdruck auf eine geregelte Sprache wie das Französische unter der Ägide der Academie Française. Die anderen sehen, wie man so sagt, dem Volke aufs Maul und beobachten, wie sich ohne besonderes Zutun eine ziemlich ungeregelte Sprache wie das Englische als relativ einfaches und anpassungsfähiges Kommunikationsmittel durchsetzt. Technische Normen, die von oben herab festgelegt werden, mögen noch so ausgetüftelt sein. Aber als Festpunkte bringen sie Starrheiten in den Strom des technischen Fortschritts, die zum Innovationsstau führen können. Eine technische Entwicklung, die sonst offen wäre, wird in ihrem

Spielraum eingegrenzt. Dies ist der technischen Wettbewerbsfähigkeit abträglich, wenn sich anderswo der Fortschritt freier vollziehen kann. Auch dann, wenn Behörden mit Normen nur Richtpunkte oder Richtgeschwindigkeiten vorgeben, kann man nicht wissen, ob sie mehr Nutzen stiften als sie Schaden anrichten dadurch, daß sie die schlechteren Optionen akzentuieren. Häufig hört man das Argument, Normen brächten Skalenvorteile. Das mag richtig sein. Aber dieses Argument paßt hier nicht. Denn Skalen- oder Kostenvorteile bringen auch Normen, die sich auf freiwilliger Basis im Markt herausbilden, dann aber unter Berücksichtigung der Wünsche der Käufer, die ohne Zweifel die Kosten- und Preisvorteile der Einheitlichkeit honorieren werden.

Es mag zweckmäßig sein, von oben herab Normen als Mindestnormen europaweit festzulegen, um nachteilige Drittwirkungen zu vermeiden, wie sie durch ansteckende Krankheiten, Gefährdung des Straßenverkehrs oder Verschmutzung der Umwelt entstehen. Doch gibt es auch hier Probleme. Mit möglichen Drittwirkungen lassen sich sehr viele Restriktionen rechtfertigen, zumindest im Prinzip; und für Übertreibungen gibt es viel Spielraum. Dieser Spielraum läßt sich begrenzen, wenn die Bürger vor Ort mitreden dürfen. Da entsteht eine Vielfalt, die den jeweiligen Verhältnissen Rechnung trägt. Denken Sie an den Straßenverkehr, auch an örtliche Geschwindigkeitsbegrenzungen. Doch wenn sie europaweit einheitlich sein soll, kann die Schutznorm nicht optimal sein. Wo man bessere Straßen hat, kann schneller gefahren werden, und wo man wohlhabend ist, kann man sich und wird man sich mehr Kosten im Interesse von Gesundheit, Sicherheit und Umwelt leisten als in ärmeren Ländern, für deren Bevölkerung hohe Mindestansprüche, die für uns eine Selbstverständlichkeit sein mögen, noch ein zu großer Luxus wären. Deshalb empfiehlt es sich

sich, entweder auf Einheitlichkeit zu verzichten oder bei Mindestnormen möglichst liberale Maßstäbe anzulegen und darauf zu vertrauen, daß sich — bei Käufern und Nutzern — das Gesundheits- und Umweltbewußtsein in den armen wie den reichen Ländern fortentwickelt.

Das Ursprungslandprinzip sollte nach meinem Dafürhalten auch für die Mehrwertsteuer gelten. Denn diese Steuer dient nicht in erster Linie dem Zweck, den Verbrauch bestimmter Güter zu besteuern, wie es etwa bei der Tabaksteuer der Fall ist, sondern sie soll ganz allgemein den Staat finanzieren, also alles das, was der Staat an öffentlichen Gütern bereitstellt, einschließlich der Sozialleistungen. Diese öffentlichen Angebote kommen der Güterproduktion und allgemein der Standortqualität zugute. Insofern besteht überhaupt kein Unterschied zu den direkten Steuern, für die schon von jeher unbestritten das Ursprungslandprinzip gilt. Die Mehrwertsteuer wird in der Praxis immer noch wie eine Konsumsteuer behandelt, also bei der Ausfuhr rückvergütet oder gar nicht erst erhoben und bei der Einfuhr — dem Preis ohne ausländische Mehrwertsteuer — zugeschlagen. Deshalb meinen viele, auch die EG-Kommission in ihrem Weißbuch, daß man, um die Zollgrenzen aufheben zu können, die Mehrwertsteuer harmonisieren müsse. Dies ist nicht schlüssig. Unterschiede in den Niveaus der Mehrwertsteuersätze gleichen sich nämlich von selbst aus, zum Beispiel über Wechselkursanpassungen. Und erst die angepaßten Wechselkurse sind richtig. Denn Länder mit überdurchschnittlich hohen Mehrwertsteuersätzen sind Länder, die heute für ausländische Touristen übermäßig teuer sind. Müssen diese Länder ihre Währung, die wegen der hohen Mehrwertsteuerbelastung eigentlich überbewertet ist, beim Abbau der Grenzkontrollen abwerten, so werden sie damit billigere Reiseländer. Das heutige System benachteiligt also den Tourismus dort, wo die indirekten Steuern überdurchschnittlich hoch sind. Erfolgt der Niveau-Ausgleich über den Wechselkurs, so ist die direkte Harmonisierung der Niveaus überflüssig; es bleiben als Probleme nur die Abweichungen einzelner Sätze von den Niveaus nach oben und nach unten. Man verweigert sich der Einsicht vom Niveau-Ausgleich über die Wechselkurse in der EG-Kommission. Erklären läßt sich dies nicht, es sei denn, das Harmonisierungsverlangen im Mehrwertsteuerbereich ist Ausfluß eines Kartelldenkens der Politiker, die an einer Harmonisierung nach oben interessiert sind.

Länder mit überdurchschnittlich hohen Niveaus der Mehrwertsteuer können dem Wettbewerbsnachteil, den ihre Unternehmen erleiden, wenn die Mehrwertsteuer auch beim Export erhoben wird (und die Nachbelastung bei der Einfuhr wegfällt), außer durch Abwertung auch durch Lohnmäßigung wettmachen. Denn für die Unternehmen ist es prinzipiell gleichgültig, ob sie die Mehrwertsteuer auf dem Weg über höhere Preise nach vorn wälzen oder über eine Kostenentlastung zurückwälzen. Und auch für die Arbeitnehmer macht es real keinen Unterschied, ob sie bei höheren Löhnen mit höheren Preisen rechnen müssen oder bei niedrigeren Löhnen weniger für die Konsumgüter zu bezahlen haben.

Im internationalen Vergleich ist zu bedenken, daß Länder mit hohen Niveaus der Mehrwertsteuer eigentlich entsprechend geringere Lohnsteuern haben sollten. Ist dies nicht der Fall, so besteht der Verdacht auf Unwirtschaftlichkeit im Staatssektor, sei es denn, es werden entsprechend mehr öffentliche Güter zum Nulltarif bereitgestellt. Dies abzuwägen, ist Sache der mobilen Arbeitskräfte. Öffentliche Schlamperei wird Abwanderung zur Folge haben, eine Abstimmung mit den Füßen. So entsteht Standortwettbewerb durch Freizügigkeit.

Standortwettbewerb ergibt sich auch aus der Freizügigkeit der Investitionsmittel auf dem gemeinsamen Kapitalmarkt. Hier treten die öffentlichen Hände als Kreditnehmer auf. Wenn die Regierungen keinen Zugang zur Notenpresse mehr haben und die Länder und Gemeinden nicht mehr soviel aus zentralen Töpfen erhalten, werden die öffentlichen Hände allesamt mehr darauf achten müssen, daß sie langfristig kreditwürdig bleiben. Eine hohe Verschuldung läßt auf eine geringe Bonität schließen; und Gebietskörperschaften, die ins Gerede kommen, werden eine entsprechend hohe Risikoprämie im Zins zu bieten haben. Auch dies sollte disziplinierend wirken.

Im Wettbewerb der Unternehmensstandorte (um die mobilen Investitionsmittel) zählt die Kapitalrentabilität nach Steuern. Damit kommen die Unternehmenssteuern ins Blickfeld. Wo sie sehr hoch sind, wird man sie im internationalen Standortwettbewerb senken. Auch die immobilen Arbeitnehmer haben einen Vorteil davon, wenn daraufhin Investitionsmittel und Arbeitsplätze angelockt werden, statt abzuwandern. Die Arbeitnehmer werden in Form höherer Reallöhne an den Segnungen dieses Standortwettbewerbs teilhaben. Auf der anderen Seite können sie ihrerseits eine Menge tun, um den Standort attraktiv und ihren Arbeitsplatz sicherer zu machen. Denn die Rentabilität nach Steuern läßt sich auch dadurch steigern, daß die Kosten sinken, zum Beispiel durch höhere Arbeitsproduktivität, durch Lohnmäßigung, durch bessere Auslastung der Maschinenkapazitäten und durch flexible Anpassung an den Wandel der Nachfragestruktur. Wo Kapital und Arbeit innerhalb der Unternehmen gut kooperieren, wird man Wettbewerbsvorteile einheimsen, wo die alten Gegensätze ausgetragen werden, entsteht nachhaltiger Schaden — nicht zuletzt für die Arbeitskräfte — die immobil sind.

Die quantitativen Auswirkungen des Binnenmarkt-Programms werden, wenn es wirklich mehr Wettbewerb gibt, positiv und groß sein, groß wie im Falle der Liberalisierung vor vierzig Jahren, größer vielleicht als im Falle des Zollabbaus vor dreißig Jahren. Eine zahlengläubige Öffentlichkeit will wissen: „Wie groß ist groß?". Sie meint, daß ein Argument erst durch eine Zahl Gewicht erhält: „No argument without a number". Deshalb lassen Sie mich folgendes berichten.

Eine Studie, die von der EG-Kommission in Auftrag gegeben wurde, schätzt das, was vom Abbau der Grenzbarrieren als Einmalgewinn zu erwarten ist, auf zwei bis drei Prozent des Bruttoinlandsprodukts der EG. Anders ausgedrückt: Das Produktionspotential wird um diesen Prozentsatz größer. Es entspricht dies der Wachstumsrate eines Jahres. Hinzu kommen die indirekten Rückwirkungen über den Wandel des allgemeinen Wettbewerbsklimas. Man schätzt sie ähnlich hoch ein, also auf zwei bis drei Prozent des BIP. Grund: Der freiere Markt verringert die administrativen Risiken und gestattet es den Unternehmen, die Größenvorteile (oder Skalenerträge) und die Spezialierungschancen besser zu nutzen. Bei einem Trendwachstum von 2,5 % könnte Europa demnach 5 oder 6 Jahre lang 3,5 % Wachstum erzielen.

Doch ist von der größeren Wettbewerbsintensität noch mehr zu erwarten, wenn sie wirklich auch die — verstaubten — Binnenbereiche erfaßt und Monopolpositionen erschüttert, die derzeit noch durch staatliche Regulierungen geschützt sind. Wenn die Kostenkontrollfunktion des Wettbewerbs auf breiter Front wirksam werden sollte, kann sich die Wachstumsrate im Trend erhöhen, also das Trendwachstum von 2,5 auf — sagen wir — 3,5 %. Europas tatsächliche Wachstumsraten wären dann möglicherweise für einige Jahre noch höher, vielleicht 4—5 %. Das ist eine große Chance, aber sie hat ihren Preis. Die Chance ist kein unrealistischer Wunschtraum. Immerhin lehren uns Erfahrung und internationale Vergleiche, daß der freie Wettbewerb auch dem Wissens- und Technologietransfer zugute kommt und die Aufgeschlossenheit gegenüber dem Neuen positiv beeinflußt. So verspreche ich mir vom freien Binnenmarkt mehr Wachstum durch eine fortschrittsfreundlichere soziale Atmosphäre, vor allem im Raum der Bundesrepublik und auch eine Zunahme des Tempos im Innovationswettbewerb.

Die Unternehmen werden um so mehr bestrebt sein, sich schnell auf den freien Binnenmarkt vorzubereiten, je früher sie Signale dazu von der Wirtschaftspolitik erhalten. Gemeint sind Vorgriffe auf die Entregulierung und Liberalisierung in der Verwaltungspraxis überall dort, wo es sich einrichten läßt. Auch Flexibilität in der tariflichen Lohnpolitik sollte sich im marktwirtschaftlichen Ansiedlungswettbewerb auszahlen. Was der Boden in strukturschwachen Regionen — wie Norddeutschland — durch niedrige Grundstückspreise und billigeres Wohnen an Attraktion zur Geltung bringt, sollte sich auch am Arbeitsmarkt niederschlagen, damit mehr Arbeitsplätze zu den Arbeitslosen wandern, und nicht die Arbeit zum Kapital gehen muß.

Hierzu paßt, was der Sachverständigenrat zur Begutachtung der gesamtwirtschaftlichen Entwicklung in seinem neuesten Jahresgutachten hinsichtlich der Wettbewerbsfähigkeit der Bundesrepublik anmerkt, wenn er sagt, die Investitionstätigkeit sei zu gering, das Niveau der Energiepreise zu hoch, das System der Regulierungen und schutzrechtlichen Vorschriften zu dicht und das behördliche Genehmigungsverfahren zu langwierig[1]. Daher sind auch die Pro-

---

1 Sachverständigenrat zur Begutachtung der gesamtwirtschaftlichen Entwicklung, Arbeitsplätze im Wettbewerb. Jahresgutachten 1988/89. Bonn 1988, Ziffer 16.

duktivitätszuwächse nicht so hoch, wie die Lohnsteigerungen es verlangen, so daß die Wettbewerbsfähigkeit der Arbeitsplätze leidet.

Die Marktverbände, einschließlich der Tarifpartner, sind im neuen Wachstumswettbewerb gefordert, Flexibilität zu predigen und zu praktizieren, um so dafür zu sorgen, daß die Unternehmer und die Arbeitnehmer ihrerseits mehr Freiraum für Flexibilität erhalten: mehr Bewegungsspielraum, und zwar nicht nur dort, wo der Schuh schon drückt, sondern auch in Bereichen, für die der Binnenmarkt neue Chancen eröffnet. Auf dem Arbeitsmarkt werden die Großorganisationen und die großflächigen Tarifverträge an Gewicht verlieren (müssen) und die betriebsnahen Abreden und Mitspracherechte an Relevanz gewinnen. Es mag sein, daß die Organisationsmacht, die nun einmal vorhanden ist, sich dann neue Aktivitätsfelder sucht, etwa in der „sozialen Dimension Europas", aber hier stoßen die Großorganisationen sich an der größeren Vielfalt, die der größere Raum mit sich bringt. So werden sich mit der Zeit allenthalben die Besten unter denen, die sich dem Schutz der Arbeitnehmerinteressen widmen, zunehmend den Betriebsratsaufgaben zuwenden und hier — wegen der Arbeitsplatzsicherheit im Wettbewerb — mehr auf Kooperation als auf Konfrontation eingestimmt sein.

In den Unternehmen selbst wird man gut daran tun, sich auf den Wegfall der Grenzhemmnisse ab Anfang 1993 vorausgreifend anzupassen. Dies verlangt nichts fundamental Neues, wo immer man jetzt schon im Wettbewerb steht. Nur wo Unternehmen bisher Privilegien hatten, etwa bei der Vergabe öffentlicher Aufträge, muß man das Denken in den Kategorien des Wettbewerbs ganz von vorne einüben. Dies mag, wenn die Fähigkeit zum Lernen alters- und mentalitätsbedingt beeinträchtigt ist, einen Personalwechsel erfordern, am besten verbunden mit einem Übergang zu mehr Gewinnbeteiligung. Wo es weniger mühelose Einkommen in den Unternehmenserträgen gibt, auch Renten genannt, kann man auch dem Führungspersonal nicht soviel sichere Einkommen oder Rentenbestandteile in den Einkommen zubilligen. Dieser Gesichtspunkt entspricht einem Prinzip, das sich auch in den unteren Etagen durchsetzen wird, wenn der Wettbewerb in Europa an Intensität gewinnt.

Die Unternehmen im Industrie- und Dienstleistungsbereich haben allen Grund zum Investitionsoptimismus. Denn alle Welt erwartet vom Binnenmarkt eine Wachstumsbeschleunigung, einschließlich der Zentralbanken, und diese sollten nicht versäumen, beim Festlegen des Kurses der Geldpolitik ein Mehr an Spielraum für inflationsfreies Wachstum zu unterstellen. Es wird viel von der wirtschaftspolitischen Diskussion in den nächsten zwei bis drei Jahren abhängen, ob es gelingt, diesen Wachstumsrahmen für die Bundesrepublik in unserem Bewußtsein von zweieinhalb auf dreieinhalb Prozent auszuweiten, für einige Jahre noch stärker.

Unternehmen wachsen (außer durch Sachinvestitionen) auch durch Akquisition vorhandener Sachkapazitäten. Skepsis ist hier angebracht, und zwar nicht nur aus ordnungspolitischen Gründen. Wenn von Synergieeffekten, Skalenerträgen und bloßen Größenvorteilen die Rede ist, darf man auch aus einzelwirtschaftlicher Sicht kritische Fragen stellen. Ist die Führungskapazität des Managements wirklich so groß? Wird sie auch groß bleiben, wenn der Generationenwechsel ansteht? Welches ist das technische Wissen, das durch Zukauf von Produktionskapazität besser genutzt werden kann, und wie lange wird es ein überlegenes Wissen bleiben, wenn diejenigen, die es hervorbrachten, sich nun damit begnügen, es anderen zu übermitteln? Wie erklärt es sich, daß einige das Heil im Kapazitätszukauf sehen, andere dagegen im Vermindern der Fertigungstiefe, also im Abstoßen von Kapazität und im Fremdbezug von Vorleistungen?

Viel von der Unternehmenskonzentration, die wir mit begründeter Skepsis beobachten, läßt sich im Hinblick auf den Binnenmarkt erklären mit dem Hinweis, daß ein Größerwerden dieser Art vielleicht den unternehmensinternen Strukturwandel wesentlich erleichtert, und zwar mehr erleichtert, als es beim organischen Wachstum durch Sachinvestitionen der Fall wäre. Unmittelbar einleuchtend ist dies bei Standortinnovationen, etwa bei dem Versuch, im Absatzgebiet ein Montagewerk zu errichten oder in einem Niedriglohnland eine Bezugsquelle zu erschließen. Da wird durch den Zukauf sofort auch das standortspezifische Wissen, das man braucht, eingeworben — weniger das technische Wissen, das leicht übertragbar ist, mehr das institutionelle Erfahrungswissen, das man oft nur mühsam an Ort und Stelle erwerben kann. Fusionen und Akquisitionen zur Standortinnovation werden daher den Prozeß der Europäisierung unserer Wirtschaft zunehmend begleiten.

Zur Standortinnovation als einer Anpassungsstrategie gehört aber mehr als ein Zukaufen. Ganz allgemein umfaßt sie das Verlagern bedrohter Produktionsstätten in jene Räume, aus denen der bedrohliche Wettbewerbsdruck kommt. Diese Räume gibt es zwar in der Weltwirtschaft schon jetzt genug; aber in Europas Binnenmarkt wird es für das Verlagern mehr an Notwendigkeiten und an Chancen geben. Begünstigt vom Verlagern werden die Regionen in der Nähe der bisherigen Binnengrenzen. Aber große Chancen eröffnen sich auch für Länder wie Spanien, Portugal und Irland, soweit sie den Nachteil der peripheren Lage überspielen können durch niedrige Arbeitskosten und eine Zunahme der Arbeitsproduktivität.

Unternehmen, die in Hochlohnländern bleiben wollen, müssen sich im verschärften Binnenwettbewerb auf Produkt- und Prozeßinnovationen verlegen. Prozeßinnovationen laufen im wesentlichen darauf hinaus, daß man die Arbeitsproduktivität forciert steigert, also (standortgebundene) Arbeit durch mobiles Investitionskapital ersetzt, meist im Verein mit arbeitssparendem technischen Fortschritt. Die Tendenz zum Freisetzen von Arbeitskräften steigt und sinkt mit dem Lohndruck. Wenn der Lohndruck gering ist, bleibt den Unternehmen mehr Spielraum für die offensive Anpassungsstrategie, das heißt für Produktinnovationen.

Produktinnovationen sind für Hochlohnländer gesamtwirtschaftlich besser als Prozeßinnovationen, auch für die Arbeitnehmer. Denn es kommt auch den Arbeitnehmern zugute, wenn die Unternehmen für ihre Produkte Innovations- oder Qualitätsprämien kassieren, sei es von tüchtigen Inländern, sei es von reichen Ausländern. Aber im Gegensatz zu Prozeßinnovationen werden Produktinnovationen nicht mit einem Freisetzen von Arbeitskräften erkauft. Im Gegenteil ergibt sich die Lohnerhöhung, die mit Produktinnovationen einhergeht, aus der Nachfrage nach Arbeitskräften, vor allem nach Fachkräften. Es entsteht ein Lohnsog, nicht ein Lohndruck; und dieser Lohnsog, der bei der Qualifikation ansetzt, bietet — im Gegensatz zu dem Lohndruck von unten — für die Arbeitskräfte einen kräftigen Anreiz, von sich aus eine Art Qualifizierungsoffensive anzustreben, auch in den Betrieben selbst.

Auf der Strecke bleiben bei der „Anpassungsstrategie Produktinnovation" natürlich die Ladenhüter unter den Produkten, die inferioren Güter, die Erzeugnisse, die man im großen Binnenmarkt anderswo ebenso gut, aber wesentlich billiger herstellen kann. Die vorausgreifend aus der Produktpalette auszusortieren, mag manchmal schwerfallen, so lange sie noch einen Beitrag zu den Gemeinkosten leisten. Aber was heute noch marktgängig ist, wird nach dem Wegfall der Grenzhemmnisse oft ziemlich leicht importierbar sein. Das Herausfinden dieser Schwachstellen in der Produktpalette ist grundsätzlich nicht schwierig. Man braucht nur festzustellen, wo die Konkurrenz aus Ländern mit niedrigeren Arbeitskosten Marktanteile gewinnt. Echte Anpassungsprobleme dagegen gibt es im menschlichen Bereich, wenn Mitarbeiter produktspezifisches Wissen haben, also nur bei den alten Gütern etwas Nützliches leisten können, nicht aber bei den neuen. Auch mancher Unternehmer, ob selbständig oder angestellt, wird hier auf Barrieren stoßen. Vor langer Zeit hatte ich einmal ein Wortgefecht mit einem erfolgreichen Unternehmer über die Frage, was bei ihm der Sinn seines beruflichen Lebens sei. Er gab mir die Antwort, sein Berufsstolz verlange, daß er guten Stahl mache — und sonst gar nichts. In meinem jugendlichen Überschwang sagte ich ihm ziemlich unverfroren, es komme für einen Unternehmer einzig darauf an, gutes Geld zu machen; mit Stahl werde ihm das langfristig nicht gelingen. Dies war zu Beginn der EG-Integration vor drei Jahrzehnten. Im Blick auf 1992 ist die Flexibilität des unternehmerischen Denkens noch wichtiger geworden, als sie damals war.

Es bleiben vier ungelöste Fragen der Wirtschaftspolitik. Sie betreffen die Agrarpolitik, die Arbeitslosigkeit, die soziale Dimension und die Währungsunion. Was die Agrarpolitik anlangt, so gibt es auf die Dauer nur eine durchgreifende Lösung: Freigabe der Preise, Öffnung zum Weltmarkt und Entschädigung der Landwirte für die Vermögensverluste, die sie durch den Regimewechsel erleiden. In Betracht kämen als Entschädigung verzinsliche Staatspapiere, die den Landwirten die Möglichkeit gäben, andere Investitionschancen zu nutzen, auch in den ländlichen Räumen selbst, wo die gesunkenen Bodenpreise alternative Verwendungen des Bodens rentabel machen würden. Die Steuerzahler und Konsumenten kämen dabei gewiß billiger weg als im heutigen Regime, dessen Verschwendungen sie ja voll bezahlen müssen. Und die unternehmerischen Kräfte im Agrarsektor fänden den Weg aus der Sackgasse, vielleicht direkt in eine ökologiefreundliche Dienstleistungsgesellschaft auf dem erholsamen Lande.

Die Arbeitslosigkeit wird nur abnehmen, wenn die Löhne und Lohnzusatzkosten zusammengenommen weniger steigen, als der verteilbare Zuwachs der Arbeitsproduktivität ausmacht. Denn nur dann, wenn die zusätzlichen Beschäftigten den Unternehmern mindestens soviel einbringen, wie sie kosten, kann es sich lohnen, sie einzustellen. Das Projekt 92 kann hier helfen, zunächst auf der Seite der Arbeitsproduktivität. Positiv zu Buche schlagen wird das Mehr an Wettbewerb auf den Gütermärkten durch die Kostenkontrollfunktion, die der Wettbewerb ausübt. Auch die Bereitschaft, unter dem Druck des Wettbewerbs in den Betrieben besser zusammenzuarbeiten und die alte Ausbeutungsthese auf den Scheiterhaufen der Geschichte zu werfen, verspricht Produktivitätsfortschritte. Außerdem setze ich auf das Einüben von Flexibilität und auf Fortschritte im Hinblick auf eine gewinnorientierte Entlohnung, die die Motivation erhöht.

Die internationale Mobilität des Kapitals in Europa kann zusammen mit dem freien Gütermarkt dazu führen, daß der alte Kontinent wie ein Magnet auf die internationalen Kapitalströme wirkt. Direktinvestitionen von außerhalb werden angelockt, und man wird sich auf dem Kontinent wundern, wie stark das ehemals nachhinkende England hierbei seine Aufholchancen zur Geltung bringen kann. Schließlich rechne ich damit, daß auch die nationale Arbeitsverwaltung in der Bundesrepublik ihr Vermittlungsmonopol verlieren und unter den Konkurrenzdruck privater Arbeitsvermittler aus dem In- und Ausland geraten wird.

Damit diese Produktivitätsimpulse positiv auf die Beschäftigung durchschlagen, dürfen die tariflichen Löhne nur maßvoll steigen. Dreijährige Tarifverträge, die einen realen Zuwachs der Arbeitskosten pro Stunde von höchstens ein Prozent pro Jahr verursachen, könnten ein Beschäftigungswunder zur Folge haben. Immerhin versprechen Simulationsrechnungen der EG aus dem Jahr 1985 einen Abbau der Arbeitslosigkeit von elf Prozent auf sieben Prozent in fünf Jahren, wenn die Reallöhne statt um zwei Prozent pro Jahr nur um ein Prozent steigen, halb soviel wie der trendmäßige Produktivitätszuwachs ausmacht. Ein Mehr an Produktivitätszuwachs brächte dann einen noch schnelleren Abbau der Arbeitslosigkeit. Ein Senken der direkten Steuern, von denen wir wissen, daß sie die Leistungsanreize vor allem bei Fachkräften beeinträchtigen, kann das Maßhalten bei den Tariflöhnen sehr unterstützen. Internationale Querschnittstudien aus dem Institut für Weltwirtschaft erhärten die Vermutung, daß schon die Steuerreform 1990, so bescheiden sie anmutet, ein Plus von 0,2 Prozent beim Wachstum der Produktion bringen wird, und zwar nicht wegen ihrer Nachfrageeffekte, sondern wegen ihrer Wirkung auf das Arbeitsangebot und das volkswirtschaftliche Leistungsvermögen.

Die soziale Dimension erscheint mir als ein Produkt des europäischen Korporativismus. Man sagt, ohne die Mitwirkung der Gewerkschaften lasse sich der Binnenmarkt nicht verwirklichen. Wenn das Ganze nur Rhetorik wäre, könnten wir es in diesem Zusammenhang vergessen. Auch brauchte es uns nicht zu stören, wenn Helmut Kohl das Phantom etwas konkretisiert durch den Hinweis, der Binnenmarkt dürfe nicht zu einem Sozialabbau bei uns führen.

Da kann man sich freilich immer noch darüber streiten, was dieses Wort bedeutet: Kein freier Ladenschluß unter dem Druck der Binnenmarktkonkurrenz? Keine Einsteigtarife für Jugendliche oder andere Arbeitslose, die am Arbeitsplatz erst noch lernen müssen, was die „Insider" sich in längjähriger Übung an Produktivität angeeignet haben? Kein Verzicht auf die Allgemeinverbindlichkeit der Tarifverträge? Kein Abkoppeln der Maschinenlaufzeiten von der verkürzten Arbeitswoche? Keine Erhöhung des Rentenalters? Keine weitere Rationalisierung des Gesundheitswesens? Doch dies alles kann ja wohl nicht gemeint sein.

Die Gewerkschaften verstehen unter der sozialen Dimension „kein Sozialdumping". Schlösse dies die Mitbestimmung ein, so hieße es, daß sie eine Last wäre, die die anderen auch zu tragen hätten, damit der Wettbewerb im Binnenmarkt nicht zum Nachteil der deutschen Arbeitnehmer verzerrt ist. Doch die Mitbestimmung ist aus der Sicht ihrer Befürworter nicht von Nachteil, sondern ein Element des sozialen Friedens, also ein positiver Standortfaktor. Gemeint mit Sozialdumping kann nur sein, daß anderswo in Europa der Produktionsfaktor Arbeit nicht so teuer ist — im Vergleich zu seiner Produktivität — wie hierzulande. Also sollte es dort höhere Löhne geben oder zusätzliche soziale Rechte, die wie höhere Löhne die Kosten nach oben treiben.

„Kein Sozialdumping" kann daher nur heißen, daß Löhne und Sozialkosten im Binnenmarkt durch Vorab-Harmonisierung nivelliert werden, und zwar in Abweichung von dem Gefälle der Arbeitsproduktivität, die im Zentrum hoch und in den Randgebieten niedrig ist — niedrig vor allem in Irland, Spanien, Portugal und Griechenland. Da bei uns nichts abgebaut werden darf, kann es nur darum gehen, daß die Standorte an der Peripherie künstlich teurer gemacht werden — durch zusätzliche soziale Rechte.

Diesen Ländern und Regionen wäre damit die Chance des Aufholens genommen, also die Chance der Nivellierung durch Leistung. Die Arbeitslosen blieben dort arbeitslos, die Gebiete arm. Allenfalls könnten die peripheren Regionen durchsetzen, daß ihnen ihrerseits das Sozialdumping von außerhalb erspart würde, also der Wettbewerb aus Ländern, die noch ärmer sind und noch mehr Anlaß haben, im Wettbewerb gegen uns aufzuholen. Das Schild „Kein Sozialdumping" ist damit nichts anderes als ein Wegweiser zur Festung Europa. Die übrige Welt hat in der Tat allen Grund, sich vor dieser Festung zu fürchten oder im Vorgriff durch Direktinvestitionen den Fuß in die Türspalte zu setzen.

Zu guter Letzt die Gretchenfrage: Braucht der Binnenmarkt ein eigenes Geld und dafür eine Europäische Zentralbank? Vertreter des konstruktivistischen Rationalismus beantworten diese Frage mit Ja. Die andere Seite sagt: Der Markt wird, wenn er es braucht, sich ganz von selbst sein Europageld schaffen oder aus dem verfügbaren Angebot auswählen. Man muß den Bürgern nur volle Wahlfreiheit geben, auch bei der Nachfrage nach Geld. Der ECU hat nur dann eine Chance, die nationalen Währungen als Recheneinheit zu verdrängen, wenn er wertstabil zu sein verspricht. Dazu müßte er freilich neu definiert werden. Als Währungskorb kann er diese Stabilität nur gewinnen, wenn für jede einzelne Währung der Wertschwund ausgeglichen wird durch eine entsprechende Zunahme der Währungseinheiten. Sobald zum Beispiel der Preisindex in Frankreich um fünf Prozent gestiegen ist, müßte die Anzahl der Franc-Einheiten im Währungskorb um fünf Prozent erhöht werden. Für jede andere Teilnehmerwährung gälte dasselbe. Ein ECU, der nicht in dieser Weise gehärtet ist, wäre weicher als die härteste Mitgliedswährung, zum Beispiel die D-Mark, und könnte sich dann nicht ohne Zwang gegen diese durchsetzen. (Dabei lasse ich die Möglichkeit außer Betracht, daß eine

Währung absolut an Wert gewinnt, also eine negative Inflationsrate aufweist.) Im Lichte der Erfahrungen und auch der Zukunftsperspektiven wäre eine wertstabil definierte Währungseinheit ECU voll ausreichend und (fast) die beste Lösung.

Natürlich könnten die Regierungen auch beschließen, das Europageld nicht im Wettbewerb mit den nationalen Währungen in den Verkehr zu bringen, sondern durch Zwangsumtausch. Man muß diese Möglichkeit deutlich ansprechen, damit die Bürger erkennen, was zur Wahl steht. Mindestens in einem Land würde, so ist anzunehmen, der Geldumtausch und die Umstellung des Geldvermögens zu einem Zwangskurs Schreckensvisionen von Staatsbankrott und Währungsreform hervorrufen. Ich hielte es für verfehlt, die Vollendung des Binnenmarktes mit dieser Gefahr zu belasten.

Insoweit läßt sich die Europaproblematik aus der Perspektive, die ich gern vertrete, auf eine einfache Formel bringen: ein gemeinsamer Binnenmarkt, ja, wenn er Europas Bürgern nicht mehr Zwang bringt, sondern die Freiheit, die wir meinen, gewiß verbunden auch mit einem Mehr an Selbstverantwortlichkeit, das sich der Bürger heute zumuten darf.